Japanese
Economic
Research

日本经济研究

第二辑

主 编 陈子雷
副主编 陆慧海 刘 莹

目 录

前言 ……………………………………………………………… 1

第一章 疫情下的日本经济动向分析 …………………… 陈子雷 1
- 第一节 出台紧急应对计划，日本进入防疫经济阶段 ………… 1
- 第二节 东京奥运会延期对日本经济的影响 ………………… 3
- 第三节 疫情下的供应链改革计划是否影响中日经贸合作 …… 5
- 第四节 "安倍经济学"是否"曲终人散" …………………… 9

第二章 中日区域经济合作关系分析："重回正轨"的十字路口 … 陈友骏 15
- 第一节 中日在区域层面中的互动与合作 …………………… 16
- 第二节 日本转变对华区域合作态度的动因分析 …………… 25
- 第三节 美国因素是影响中日区域合作的主要外部变量 …… 30

第三章 日本在区域一体化上的战略诉求与 RCEP 谈判中的政策取向 ………………………………………………… 蔡 亮 32
- 第一节 制度竞争视阈下日本对华博弈的机会窗口 ………… 34
- 第二节 安倍内阁主导 CPTPP 的战略意图 ………………… 40
- 第三节 安倍内阁在 CPTPP 谈判中的政策取向 …………… 49
- 结论 …………………………………………………………… 58

第四章 增加值贸易视角下中日经济的相互依赖关系研究 … 叶作义 61
- 第一节 问题提出 …………………………………………… 61
- 第二节 文献综述 …………………………………………… 62

第三节　中日两国的贸易结构特征 ………………………………… 64
   第四节　模型和数据 ………………………………………………… 65
   第五节　中日两国出口增加值诱发效应比较分析 ………………… 68
   第六节　出口对服务业的波及效应 ………………………………… 74
   结论 …………………………………………………………………… 75

第五章　新时代中国特色大国外交背景下中日对东盟经济外交比较
　　　　研究 ……………………………………………… 席桂桂　78
   第一节　研究背景与研究框架 ……………………………………… 78
   第二节　"亲诚惠容"打造"命运共同体"：积极进取的中国周边
　　　　　外交 …………………………………………………………… 88
   第三节　适应中的新调整：安倍政府对东盟新经济外交 ………… 97
   第四节　比较视野下中日对东盟的经济外交 ……………………… 106
   结论 ………………………………………………………………… 112

第六章　日本对外贸易政策机制
　　　　——基于日美贸易摩擦案例 …………………… 藤生健　120
   引言 ………………………………………………………………… 120
   第一节　贸易政策的形成过程 …………………………………… 122
   第二节　制定贸易政策的机构 …………………………………… 125
   第三节　影响贸易政策的诸要素 ………………………………… 131
   第四节　具体事例分析 …………………………………………… 132
   结论 ………………………………………………………………… 139

第七章　试论日欧经济伙伴关系协定中原产地规则之适用
　　　　问题 ……………………………………………… 李桦佩　141
   引言 ………………………………………………………………… 141
   第一节　日欧 EPA 之概览 ………………………………………… 142
   第二节　日欧 EPA 的主要诉求 …………………………………… 145
   第三节　原产地规则的适用 ……………………………………… 149

  第四节 对中国原产地规则的启示 …………………………… 154
  结论 ……………………………………………………………… 155

第八章 "一带一路"与中日韩高校的贡献
    ——产学研合作交流新模式探讨 …………… 高翼 157
  引言 ……………………………………………………………… 157
  第一节 产学研合作概述 …………………………………… 159
  第二节 日韩和中国高校传统产学研合作模式及特点 …… 163
  第三节 "一带一路"是中日韩深度合作的优秀平台 ……… 187
  第四节 "一带一路"倡议下产学研合作交流新模式构建 … 195
  结论 ……………………………………………………………… 200

第九章 "一带一路"建设下日本高质量基础设施合作伙伴关系的构建
    及中国的应对 ……………………………… 孟晓旭 202
  第一节 高质量基础设施合作伙伴关系的提出 …………… 202
  第二节 日本构建高质量基础设施合作伙伴关系的原因 … 207
  第三节 日本高质量基础设施合作伙伴关系的推进与深化 … 212
  第四节 日本高质量基础设施合作伙伴关系的新动向 …… 220
  第五节 日本高质量基础设施合作伙伴关系的前景与影响 … 227
  第六节 中国的应对 ………………………………………… 237

第十章 人口老龄化带给日本服务产业的影响分析
    ……………………………………… 聂海松 杨非凡 241
  引言 ……………………………………………………………… 241
  第一节 少子老龄化与个人服务业 ……………………… 243
  第二节 个人服务业扩张与经济成长 …………………… 245
  第三节 个人服务业扩张与财政健全化 ………………… 248
  第四节 老年人就业 ………………………………………… 250
  结论 ……………………………………………………………… 251

第十一章　从税改观念之流变观日本税制沿革 ········· 王　烨　王家俊　252

　引言 ·· 252
　第一节　前肖普税制时期的日本税制沿革 ······················ 253
　第二节　肖普税制的确立及背离 ································· 255
　第三节　财政重建时期的根本性税制改革 ······················ 259
　第四节　当代日本税收改革的情状 ······························ 261
　结论 ·· 264

第十二章　日本高龄者雇用政策考察 ························· 刘　莹　266

　第一节　日本人口高龄化现状概述 ······························ 266
　第二节　促进高龄者雇用的政策和法规 ························· 273
　第三节　近年日本政府促进高龄者雇用措施 ··················· 278
　结论 ·· 283

前　言

《日本经济研究(第一辑)》出版之后,一衣带水的中日两国之间,经济交流和贸易合作仍在未间断地进行着。作为世界重要经济体的中日两国,与经济贸易相关的政策的出台和变化一直是两国政界、企业界和学术界持续关注的焦点。

第二辑仍然依托于上海对外经贸大学日本经济研究中心。上海对外经贸大学日本经济研究中心一直潜心于日本经济和中日贸易等方面的研究,拥有优良的人才储备和丰厚的研究基础,在日本经济和中日经贸等领域有着杰出的研究成果。此丛书集合国内外日本经济和中日贸易等领域的知名专家,以及优秀的中青年学者和研究员,针对日本经济的改革进程、区域合作、中日贸易的热点问题、日本经济政策相关问题进行梳理和研究。

本书按章节构成,主要按以下的逻辑顺序编纂而成。

第一部分主要关注中日区域之间经济框架和相关政策的分析和实证研究,由第一章至第四章组成。

第一章"疫情下的日本经济动向分析",分析了2019年第四季度,受日本国内消费增税计划实施的影响,日本个人消费出现下滑的实际情况。阐述了近期全球经济减速和中美贸易摩擦等外部因素对日本经济的冲击。在此背景下,为了防控经济下行风险,日本政府开始制订和实施系列经济刺激计划。但是在2020年初,由于突发新冠肺炎疫情,日本政府不得已再次出台紧急应对计划。如何兼顾疫情防控和经济复苏,日本政府宏观调控政策开始面临两难选择。在这一章中对疫情下的近期日本经济的相关动向展开了详尽的分析和论述。

第二章"中日区域经济合作关系分析:'重回正轨'的十字路口",从可以高度概括为"政治引领、经济搭台"中日关系的大背景下,聚焦区域合作议题。日本对华态度的战略性改变及安倍政府的积极表态是对中方始终执着改善中日关系的积极回应,也为中日两国在区域层面的互动与合作奠定了良好基础,并为中日两国未来的深入合作释放了重要的积极信号。但因日本对外政策缺乏独立性、美国保护主义和单边主义发展的不确定性,以及美国对日政策及中美关系走向的不确定性等各种因素的干扰,未来中日关系行稳致远的难度仍然较大,需要双方有识之士的高度重视和共同努力,才能继续确保中日关系始终行驶于正轨之上。

第三章"日本在区域一体化上的战略诉求与 RCEP 谈判中的政策取向",分析了日本政府认为虽然自身的综合国力对华已处于劣势,但如果能够引导 RCEP 和中日韩 FTA 的谈判朝着其所擘画的方向发展,经济上,可借此加速区域价值链和供应链的整合,降低交易成本和规则壁垒,更好地进入中国及其亚太国家市场,以收获更多的经济红利;政治上,有利于日本在区域经济一体化的建章立制方面引领谈判的方向,确立对华的规则优势。这种由规则导向所蕴含的"报酬递增"和"框设效应"便是安倍内阁亚太区域一体化政策所寻求的规则收益。

第四章"增加值贸易视角下中日经济的相互依赖关系研究",是在经济全球化背景下,研究中日两国国际出口对一国经济增长的贡献。直接利用海关数据分析出口对一国经济的拉动作用难免有失偏颇,因此出口对国内经济的拉动作用分析不宜再简单地运用出口数据进行判断。中日两国作为全球生产网络的重要组成部分,所处全球价值链位置及参与贸易的国内增加值率各有不同。准确计算、横向比较出口对各国经济增长的贡献率,既可以为中国对外贸易政策的修订完善提供参考,也可以为中国今后的国际贸易谈判提供依据。

第二部分,主要关注中国和日本宏观的政治外交和经济贸易政策,由第五章至第七章组成。

第五章"新时代中国特色大国外交背景下中日对东盟经济外交比较研究",是基于新时代中国积极构建中国特色大国外交这一新背景,借助经济外交视角,梳理并比较这一复杂变局下中日两国政府对东盟经济外交,探讨中日对东盟经济外交的新调整对中国—日本—东盟三边经贸关系带来的深远影响,并展望了中日对东盟经济外交面临的新机遇、新挑战,以及未来发展趋势。

第六章"日本对外贸易政策机制——基于日美贸易摩擦案例",分析了日本贸易政策如何形成,制定贸易政策的组织与机构,贸易政策受到的各种影响,以及日本政府的应对手段。时至今日,日美贸易摩擦依然存在,但在美国政府内的优先顺序降到继中国、欧盟之后的第三位。在中美贸易摩擦加剧的形势下,希望对中国的通商研究有所裨益。

第七章"试论日欧经济伙伴关系协定中原产地规则之适用问题",在《日本和欧盟经济伙伴关系协定》与《日本和欧盟战略伙伴关系协定》正式生效的大背景下,各国开始合纵连横,大行双边经贸合作关系,以对抗美国的贸易保护政策,力求与美国分庭抗礼。日欧 EPA 毫无疑问将对日本、欧盟乃至全球经贸关系产生重要影响。考察日欧 EPA 的具体内容,尤其是其在规则层面的新变化,可以更好地把握国际经贸规则的未来走向。

第三部分,主要关注"一带一路"建设与日本经济贸易的相关研究,以及日本国内的一些观点,由第八章至第九章组成。

第八章"'一带一路'与中日韩高校的贡献——产学研合作交流新模式探讨",在中国政府持续推行"一带一路"合作倡议的背景下,对产学研模式的研究。产学研合作及其技术创新的可能模式多样,既有正式合作也有非正式合作,既有长期合作也有短期合作,既有高校和科研机构研究人员利用自身科研成果创办企业,也有通过专利许可和技术转让实现科技成果转化,还有企业根据自己的技术需求与高校联合开发或委托高校开发或要求高校提供咨询服务等。在国家和各区域经济转型的大背景下,如何让高校更好地参与产学研联合成为产业转型升级战略中至关重要的一环。

第九章"'一带一路'建设下日本高质量基础设施合作伙伴关系的构建及中国的应对",关注中国"一带一路"建设的优先领域和亚投行的主要投资内容——基础设施建设。日本构建的高质量基础设施合作伙伴关系,主要目的是与中国展开竞争,一方面具有很强的战略性。另一方面,随着安倍访华及日本对华政策的转向,日本高质量基础设施合作伙伴关系又有与"一带一路"合作的前景与空间。在"一带一路"建设深化和区域经济一体化加速的背景下,日本持续推进的高质量基础设施合作伙伴关系是需重视且有极大的研究价值。

第四部分主要围绕日本社会经济相关的制度和法律进行论述和分析,由第十章至第十二章组成。

第十章"人口老龄化带给日本服务产业的影响分析",在日本居民收入水平的提高和需求多样化的大背景下,聚焦个人服务业,在探讨人口减少和老龄化对日本个人服务业和宏观经济的影响的基础上,考察关于个人服务业的扩大和经济增长、财政健全化的课题,阐述日本老年人再就业制度。希望对中国老龄化进程中个人服务业及退休老人二次就业制度的发展提供一些有意义的参考内容。

第十一章"从税改观念之流变观日本税制沿革",溯源日本现代税制的建立和作为日本税制改革重大里程碑的肖普税制的确立。结合日本税法变迁脉络中重要的税制变革节点及其所处的社会、经济情势,把握日本税制演变的内在逻辑、未来趋向,梳理已然解决和仍然悬置的制度难题,并研究日本税制沿革带来的经验启示。

第十二章"日本高龄者雇用政策考察",研究在日本少子化和老龄化进程不断加剧的背景下,面对不断膨胀的年金给付和劳动力市场人手不足的困境,作为重要解决路径的促进高龄者雇用手段。从日本人口老龄化现状分析出发,溯源有关日本老龄化雇用政策和法律,整理日本政府促进高龄者就业的措施,结合近年来的政策实绩进行分析和讨论,为今后高龄者雇用政策和法规的制定探寻路径。

本书在编辑阶段遇到新冠疫情肆虐神州,日本友人积极捐赠防护物资,"山川异域,风月同天"让人动容。之后我国人民也报之以琼瑶,向日本捐赠防护物资。这也充分证明了中国和日本人民绵延长久的友好情谊。希望中日两国在未来经济、贸易、文化等领域的交流可以持续长久。席卷世界的新冠疫情会给中日经贸关系带来新的考验和挑战,由衷希望中日两国人民一起共渡难关,成功抗击疫情。

第一章　疫情下的日本经济动向分析

陈子雷

2019年第四季度，受日本国内消费增税计划实施的影响，日本个人消费出现下滑。与此同时，全球经济减速和中美贸易摩擦等外部因素对日本经济也带来了很大冲击。为了防控经济下行风险，日本政府开始制订和实施系列经济刺激计划。但是在2020年初，由于突发新冠疫情，日本政府不得已再次出台紧急应对计划。如何兼顾疫情防控和经济复苏，其宏观调控政策开始面临两难选择。本文将对疫情下的近期日本经济动向展开分析。

第一节　出台紧急应对计划，日本进入防疫经济阶段

2020年4月6日，日本内阁府通过了108万亿日元的防控新冠经济对策，其规模相当于日本国内生产总值（GDP）的20%，远超2008年金融危机时期约56万亿日元的经济刺激计划。紧接着7日晚，日本首相安倍晋三正式发布"紧急状态宣言"，对包括东京都、大阪府、埼玉县、千叶县、神奈川县、兵库县和福冈县在内疫情较为严重的七个都府县采取为期一个月的"紧急状态"，以防控疫情蔓延。

1. 出台大型经济对策是经济转向的风向标，即从刺激经济发展转向防止经济下滑

本轮经济对策是2020年以来安倍政府推出的第三轮经济对策。自1月疫情出现以来，日本政府已先后出台了两轮紧急对策。首轮对策于2月13日出台，包括增加预备费在内总额约153亿日元，主要用于支援口罩增产以及加

强边境检测等。3月10日,出台规模为4 308亿日元的第二轮紧急对策,用于防控疫情和确保就业。4月6日,面对疫情的持续蔓延,再次通过实施第三轮108万亿日元规模的经济对策,可谓史无前例。

笔者认为,连续三轮的紧急对策更像一个较为典型的抗疫救灾支援计划,其主要目的在于稳经济、救企业、保就业和济家庭,出台时机和尺寸把握较为合理。但是,对策涉及的资金规模虽然多达108万亿日元,但其中涉及的中央、地方财政资金以及财政投融资资金共约39.2万亿日元。总的来说,给人印象是财政资金使用略显捉襟见肘,而且其余资金来源明细也不甚清晰。同时,还应该看到的是,这番连续三轮紧急应对措施采取的都是"踩刹车"式的"止跌"型政策,也与之前"踩油门"式的助推型经济政策有着本质的不同。

2. 发布"紧急状态宣言",牺牲经济增长防范新冠病毒风险

自3月下旬以来,日本国内新冠肺炎确诊和死亡人数不断上升,4月开始,作为疫情重灾区的东京都日确诊人数也从两位数上升至三位数。4月7日,日本境内累计新冠肺炎确诊病例已达4 100人,死亡97人。特别是重灾区东京都已开始面临医疗资源短缺的风险。受此影响,此前一直犹豫不决的日本首相安倍晋三在7日晚发布了为期一个月的"紧急状态"宣言。

从防控新冠疫情的角度看,安倍政府发布"紧急状态宣言"实属迫不得已。但是,此举也将引发经济下滑、企业倒闭、失业增加和家庭"入贫"的风险。特别是占GDP 2/3以上的服务业部门更是首当其冲。其中,旅游、休闲、娱乐和餐饮行业则将成为倒闭"重灾区",而占从业人员六成以上的非正式员工将面临遭解雇的风险。同时,高校应届毕业生也将陷入毕业即失业的窘境。根据日本总务省的统计数据,2020年1月日本失业率为2.4%。同时,据日本民间智库测算,在没有实施"紧急状态宣言"的前提下,日本的失业率或将上升至3.3%~5.2%。特别是宾馆和餐饮两个行业在3—4月的营业额将分别减少43%和19%,并出现约100万人的失业者,拉动日本整体失业率上升约1.4%。而在实施"紧急状态宣言"的前提下,不但失业人数将进一步增加,个人消费也将在4—5月减少约2.3万亿日元。因此,以上社会问题能否依靠经济对策来"补漏",引人关注。

3. "紧急状态宣言"配套防控新冠经济对策,短期成效是关键

根据日本内阁府公布的数据显示,2019年10月至12月,日本国内生产总

值(GDP)扣除物价因素后环比下降 1.6%,年率同比降幅达 7.1%。从 2020年日本经济的运行状况来看,受新冠疫情影响,虽然第一季度日本 GDP 继续呈负增长的格局已难以扭转,但第三季度经济是否好转才是关键。因此,一旦实施"紧急状态宣言"对防控疫情奏效,第三季度经济将有所反弹,日本全年 GDP 也将由预期的 7.6% 负增长上调至 4.5% 负增长,可以起到比较大的政策效果。但是笔者认为,安倍政府"紧急状态宣言"配套防控新冠经济对策的做法,虽然有利于最大限度减少经济代价,也有利于"止跌"日本经济,但是能否在短期内发挥"立竿见影"的效果,有效遏制新冠疫情蔓延才是关键,这也是安倍政府作此决策的初衷。

第二节 东京奥运会延期对日本经济的影响

受新冠疫情影响,经多次协商,2020 年 3 月 24 日国际奥委会与日本正式达成共识,双方同意将东京奥运会延期至 2021 年 7 月开幕。这个决定在一定程度上消解了人们对是否取消这次东京奥运会的担忧,同时延期举办对安倍政府来说也是一个不得已的次优选择。本来,随着日本经济的复苏,2020 年东京奥运盛会可以让"安倍经济学"起到"点睛"效果,但随着奥运会延期举办,其经济效应也将"滞后"显现,还将对近期呈现衰退迹象的日本经济带来不小冲击。

1. 奥运会延期对经济层面的影响

根据 3 月 14 日国际货币基金组织发布的《世界经济展望报告》预测,2020 年全球经济将出现 3% 的萎缩,这也是自 20 世纪 30 年代大萧条以来,全球所面临的最糟糕的经济衰退。其中,发达国家经济体将出现约 6.1% 的萎缩。

作为发达国家的日本,预计 2020 年也将出现约 5.2% 以上的萎缩。我们看到,根据日本内阁府公布的数据,2019 年第四季度日本国内实际生产总值年率同比降幅达 7.1%,高于当初 6.3% 的预期。这一降幅也是五年来的最大降幅。进入 2020 年第一季度以来,随着新冠疫情的蔓延,仅 2 月一个月的访日游客就比去年同期减少了 58%。海外游客锐减对日本宾馆、旅游、餐饮和购物等服务性行业带来了很大的冲击。同时,外需的持续萎缩也对日本外贸出口造成挤压。因此,第一季度日本经济出现萎缩基本已成定局。第二季度伊始,随着为期一个月的"紧急状态宣言"发布,日本国内停工停产企业增加,中小企业倒闭和员工失业风险急剧上升。在此情形下,奥运会延期虽然也是迫不得已,但延期将给场馆保养、设施维护、人员开支、改签商业合同等方面带来6 000多亿日元的经济损失。同时,奥运经济带来预计高达3万多亿日元的直接效果也难以在今年显现。

2. 东京奥运"红利"滞后产生的影响

一般来说,一国举办奥运会有利于推动比赛场馆和周边交通网络等基础设施的建设,其投资乘数效应可以对经济增长起到很大的推动作用。根据2019年12月日本国家会计检查院的测算,包括日本中央政府、东京奥组委和东京都在内的各地方相关支出总计已超过3万亿日元,如果包含民间投入的话约为8万亿日元。

目前,虽然绝大部分投资项目已经通过比赛场馆和设施等的建设予以完成,但是对门票销售、设施运营、比赛安保费用等方面的需求则将随着赛事的延期而难以兑现。按照日本央行的测算,延期带来的直接经济效应损失约为1.9万亿日元,将压低日本名义国内生产总值(名义GDP)约0.36%。如果2021年能够如期举行,奥运的经济效应也将"滞后"一年,在2021年夏季才能得以体现。

从过去各国成功举办奥运会的经验来看,奥运经济效应一般贯穿奥运会前后。因此,单纯从增加值角度测算,自2016年起东京奥运会的经济效应可以拉动日本名义GDP上升0.6～0.8个百分点,举办年可以拉动0.2个百分点。在过去两年中,日本在名义GDP中已经获得了9万多亿日元的经济效应,如果加上对各相关产业带来的间接经济效应,更达17万亿日元左右。

特别值得一提的是,日本通过承办本次东京奥运会带动了政府和民间企业的投资,对实现政府主导的积极的财政政策和企业主导的增长战略作出了很大贡献,可谓是对"安倍经济学"的"点睛"之举。按照以上方式测算,如期举办东京奥运会则将再给日本2020年名义GDP带来约1.9万亿日元增量,加上相关产业产生的间接经济效益,更将达3.2万亿日元。特别是在举办奥运会的以后几年,周边设施的商业再开发和投资将继续带来巨大的"奥运红利"。因此,东京奥运会延期举办,这"失去的一年"将给日本经济带来较大的损失和心理冲击。同时,2021年能否如期举办奥运仍需取决于2020年和2021年这两年全球疫情防控成效。可以说,东京奥运会的延期举办尚未消除人们心里的担忧。

第三节 疫情下的供应链改革计划是否影响中日经贸合作

近年来,随着我国不断深化改革开放、推动制度创新,各项政策所产生的红利不断吸引外资外企进入我国。根据商务部的统计数据,在全球跨境直接投资持续多年下降的背景下,去年我国吸收外资继续保持逆势增长势头,全年实际使用外资9 415.2亿元人民币,同比增长5.8%(不含银行、证券、保险领域数据),再创历史新高,稳居发展中国家首位、全球第二位。同时,截至去年年底我国累计设立外商投资企业也已突破100万家。外资外企对加快我国经济转型和产业升级起到了积极推动作用。其中,日本是我国外资外企主要来源地之一。日本企业在华布局生产经营,对我国经济发展和劳动力就业起到了很大的促进作用。同时,在我国的经济发展也为日资日企提供了极好的海外发展机遇。

1. 供应链改革计划与"中国+1"方案

金融危机以后,随着中国的发展、中日双边关系恶化和中美贸易摩擦逐渐加剧等现象的出现,日本国内部分政治势力开始鼓吹"中国崩溃论"和"中国威胁论"等论调。在此压力下,日本政府和企业也相继探讨实施"中国+1"等备选方案,以避免供应链过分集中于中国这一"世界工厂"而产生不必要的风险。其后,随着两国关系的转暖,双边投资和贸易规模开始反弹,两国经贸关系日趋紧密,所谓的"中国+1"方案不攻自破,新增投资日企也愈发关注我国制度创新所带来的政策"红利",并逐步将开发中国市场作为企业生产经营的重点,以顺应我国从"世界工厂"向"世界市场"的战略转变。目前,约有六成在华日企已经实现了在中国市场的现地销售,而产品返销日本的在华日企仅占其总数的30%左右。

进入2020年以来,随着新冠疫情的全球爆发,中日两国经贸合作也受到很大冲击。两国政府先后启动了应对公共卫生突发事件的紧急机制,企业面临停工停产,居民的日常生活也因此受到了很大影响。在此背景下,为了抗疫情稳经济,日本政府于4月7日出台了针对新冠肺炎疫情的经济刺激计划,总规模约108万亿日元。其中,斥资2435亿日元用于供应链改革和海外生产多元化方案。在内阁府议决的《新冠病毒感染紧急经济对策》第二章第四节第一部分,即"构建强韧的经济结构",这部分内容的第一点明确提出了供应链改革计划。该计划强调了针对因新冠疫情受冲击的海外供应链,认为日本有必要基于经济安全角度考虑,将生产基地从"特定国"搬迁回国内或者推动向东盟等国的多元化布局,以方便企业扩大海外生产经营、增强农产品的出口竞争力,为后疫情时代继续扩大外需做好准备。日本政府认为,此次疫情初期日本国内医疗防护用品等领域出现了比较严重的供应短缺现象,主要是其国内供应链"空心化"和海外供应链"脆弱化"所致。日本政府认为,全球疫情蔓延使以上供应链布局受到了严重打击。一方面,为了保证疫情期间本国相关医疗物资及原材料的供应,保障供应链安全,防止市场供应短缺,有必要推动实施供应链改革计划以防范由此产生的风险。另一方面,从日本企业的角度来看,由于长期以来受税负和劳动力成本等因素困扰,日本企业的国际竞争力正在逐步减弱,从全球资源配置角度出发展开海外供应链布局有利于扬长避短,特别是核心生产制造功能的海外转移和业务外包是保持竞争力优势必不可少的手段。因此,日本企业布局全球供应链也是必然的选择。自经济全球化以来,日本已通过建立海外生产网络,积极构建供应链体系,极大地满足了其本土和欧美等发达经济体国内市场的商品需求。经过多年精心布局,目前日本参加全球供应链布局的海外企业达5万多家,其中中国和东盟是日本企业的海外主要生产基地。考虑到产业布局的诸多要素,笔者认为日本政府这次出台的政策举措主要还是应对和防范疫情下海外供应链的风险,对我国是日资企业海外主要集聚地和投资对象国的格局并不会产生根本的影响。

2. 供应链改革与生产线外迁或回归的异同

所谓供应链改革,与供应链布局或调整的概念有着千差万别。简言之,供应链改革的推进主体是政府,实施对象为企业,而后者的推进主体则为企业,实施对象为具体的投资和生产项目。企业生产线的迁移或回归应该是企业基于全球产业链布局或调整的需要,是以企业为主体的全球资源配置的结果。因此,如果将企业海外生产线的迁移或回归简单归结为供应链改革具体成效,则意味着改革计划本身在科学性、合理性等方面存在缺陷。

此次新冠疫情蔓延,美日等发达经济体因医疗防护等用品产能不足出现市场供应短缺、物资严重匮乏现象。基于前述理由,日本政府希望通过改革计划的实施来介入企业海外投资生产决策的行为,只能更多出于政治上的考虑,其政治效应将远大于实际效果。从日本跨国企业的角度来看,其全球产业链布局主要还是从自身利益角度出发,因此本国政府的财政补贴或倾斜政策对跨国企业全球产业布局的吸引力并不大,难以在制度上产生有效的制约力。

根据日本媒体相关报道,至计划发布以来共有 87 家中小企业向日本政府申请了供应链搬迁补贴,补助金额约为 700 亿日元,占总预算的 1/3 不到。其中,57 家企业在国内另设生产线,30 家企业则在东盟相关国家另设生产线。因此,总的来说这次申请搬迁的企业数量并不多,且以中小企业为主。从日本中小企业从事生产经营活动的特点来看,其主要生产和营销对象大都为日本的大企业,也是日本大企业全球供应链的重要组成部分,但由于受日本企业传统"系列"关系影响,一般来说缺乏单独调整海外产业布局的能力和动机。特别是从事医疗防护用品生产的中小企业,其在国内以及东盟各国的生产线仍然较多依赖于我国的原材料,在短期内这一格局也基本不会改变。应该看到,经过多年发展,我国已经成为全球产业链的重要组成部分,无论从营商环境、产业体系还是市场前景等因素看,我国都是跨国企业全球布局的重点,这一格局今后也不会有很大变化。因此,以目前我国经济基本面和未来发展前景来看,外资外企大范围撤离的现象不会出现。正如近期中国商务部新闻发言人高峰所说,当前全球产业链供应链格局是各国企业多年来共同努力、共同选择的结果,是各经济体要素成本、产业配套、基础设施等综合因素作用的结果,不是一朝一夕形成的,也不是哪个人、哪个国家能够随意改变的。从商务部公布的统计数据和日本贸易征信机构对企业的问卷调查来看,尽管新冠肺炎疫情对在华外资企业造成一定影响,但中国近期并没有出现大规模日资撤离情况。相反,结果表明日资企业仍将持续看好中国,在中国长期经营发展的信心和决心也应该不会有所改变。

3. 探讨在多边框架下共建供应链风险防范机制

此次全球新冠肺炎疫情的蔓延,对世界经济带来的冲击非常之大。根据国际货币基金组织发布的《世界经济展望报告》预测,2020 年全球经济将出现 3% 的负增长,这也是自 20 世纪 30 年代大萧条以来,全球首次面临发达经济体和新兴经济体同时进入的衰退。其中发达国家经济体将出现约 6.1% 的负增长,新兴国家经济体将出现1%的负增长。

为了应对全球性经济衰退,发达经济体政府纷纷出台应急性政策以防经济下滑。其中,量化宽松是货币政策的主基调,而减税和救济企业与家庭则是财政政策的主要内容。尽管如此,发达经济体个人消费、企业投资和进出口下行趋势仍难以避免。为了转嫁国内矛盾,部分国家政府的疫情政治化倾向也愈发明显。一般来说,当全球发生一些意想不到的战争冲突、自然灾害和公共卫生等突发事件时,如何避免海外产业链风险防控将成为人们关注的主要问题之一。从这个角度出发,部分发达国家政府担心本国企业在全球产业链布局中过度"单一化"所导致的"断供""掉链"等风险问题的想法不难理解。解决这一问题可以从国内政策引导和国际合作两方面着手推动。首先,从国内政策引导方面来讲,为了做好海外供应链的风险防控,政府可以适当引导企业调整长期投资和生产计划,在全球产业链布局中选择适度分散风险、进行部分调整。但是,要解决这些问题还必须遵从市场规律和企业的自主选择,不宜单纯以行政手段干扰和打乱全球分工和产业布局。其次,从国际合作来讲,面对短期医疗物资的短缺现象,各国政府可以在多边框架机制下通过加强国际合作,加强产业互补、合理配置资源,特别是在加强产业链安全管理的同时,积极推动产业链风险防范的国际合作,在全球多边框架下共同建立战略物资储备体系,防患于未然。事实证明,依靠市场的资源配置能力完全可以实现相关物资的供求平衡。我们看到,此次疫情下在相关国家出现的医疗防护用品等物资供应短缺是短暂的、一过性的现象,并不具备持久性。相反,在商品市场的供求原理作用下,以各国企业为主体的全球供应链可以充分发挥其供需调整能力,能够在需求迅速增加的情况下迅速调整产能。面对暂时的供求缺口,只需要相关国家政府加强国际合作、构建紧急态势下的战略物资储备体系,实现短缺物资的共建、共管和共享,则完全可以弥补短期供求失衡的"市场失灵"现象。从以往经验来看,每次出现全球经济萧条时,一定会有一些国家出于国内政治因素采取一些"以邻为壑"的贸易保护主义政策。事实证明,这些举措对恢复全球经济增长,推动各国经济复苏有害无益。从全球发展视野来看,今后在多边框架下加强合作,增进共识,提升全球治理能力已是大势所趋,"逆全球化"的言行也必将受到世人唾弃。

第四节 "安倍经济学"是否"曲终人散"

1. "安倍经济学"的特点及问题

自20世纪90年代初泡沫经济破裂以来,日本经济呈现长期衰退趋势(参见图1-1)。随着潜在经济增长率的不断下滑,泡沫经济时代累积起来的公共债务的GDP占比不断攀升,目前已跃居发达国家首位。与此同时,日本的少子化、人口老龄化现象日趋严重,不断膨胀的社会保障费支出扩大了日本政府的财政预算缺口,进一步推高了财政的国债依存度。在经历了"失去的二十年"以后,日本经济正面临两大难题:一是需要在短期内尽快刺激实体经济实现复苏,以使经济摆脱长期低迷的局面;二是需要在长期内保持经济稳定增

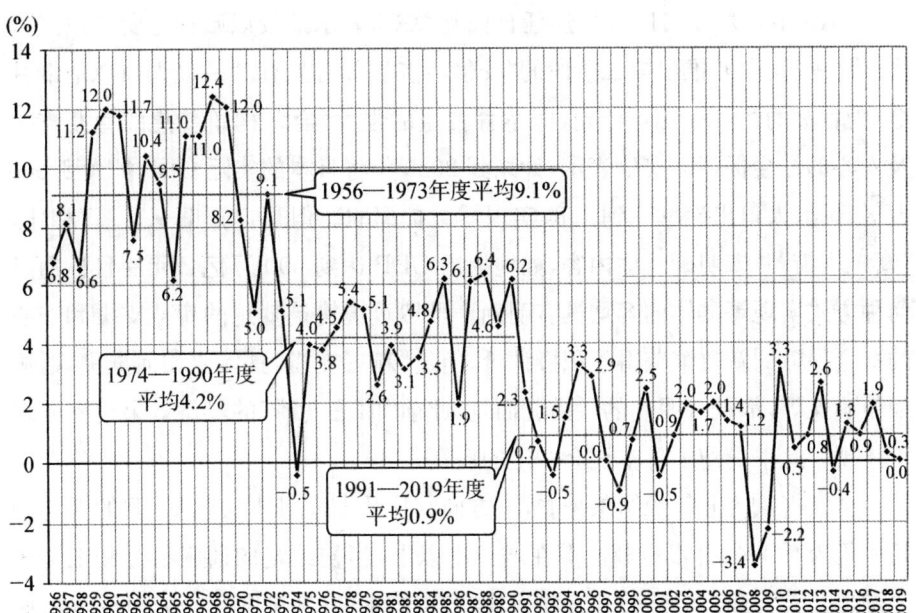

图1-1 日本经济增长率趋势图(1956—2019年)

注:年度基础。多个年度平均是指各年度数值的单纯平均。1980年度以前根据《日本平成12年版国民经济计算年报》(1963SNA基础),1981—1994年度根据年报(2009年度确报,1993SNA)。之后根据2008SNA。2020年4—6月期1次速报值(2020年8月17日公开)。

资料来源:日本内阁府SNA网站。

长,以解决社会保障透支财政问题,消除主权债务风险。而在实际的政策实施中,两者难以兼顾。

2012年12月安倍组阁以后,日本开始推行所谓的"安倍经济学",具体政策内容主要包括量化宽松的货币政策、机动灵活的财政政策和提高产业竞争力的增长战略三个组成部分。为夺人眼球,安倍将其核心内容形容以"三支箭"来进行概括。从其具体构成来看,包括了以超级量化宽松政策为特征的大胆的货币政策、扩张性财政政策和大规模公共投资,以结构改革和刺激民间投资为中心的经济增长战略。从其主要措施来看,将通胀目标设置为2%,使日本摆脱长期通货紧缩的状态;实施超级量化宽松的货币政策,以促使日元贬值,增强日本产品在国际市场上的竞争力,增加日本对外出口;推行大规模公共投资,即所谓的国土强韧化政策;以TPP为核心实施增长战略,实现日本经济的可持续增长。

2015年9月24日,安倍连任自民党总裁,表示继续以政权运营将以经济为最优先目标,并推出第二阶段的"安倍经济学"。提出以"一亿人口总活跃社会"为目标的"新三支箭"计划,即孕育希望的强大经济、构筑梦想的育儿支援及安心的社会保障。安倍表示,计划到2020年将日本的实际GDP扩大到600万亿日元,人口出生率达到1.8,实现零看护离职。但是,与"旧三支箭"相比,"新三支箭"并未明确具体内容,如他提出GDP达到600万亿日元的目标通过何种方式实现等具体内容均没有明确。虽然重视构筑梦想的育儿支援和安心的社会保障的新政策获得了积极评价,但这"新三支箭"具体要如何推进,财源如何确保等,都没有明确的举措。而且,此前"旧三支箭"的经济效果也尚未真正体现。此举受到了日本社会一定的质疑。

从安倍执政七年的结果来看,一方面其执政期间日本实际GDP的平均增长率仍为0.1%,并没有超出潜在增长率以上,当初约定的通胀目标和工资率上调也并未实现。但是另一方面,日本股市的反弹(参见图1-2)、日企税后保留利润的增加还是起到了比较大的推动作用。同时,企业有效求人倍率达到了20世纪70年代的水平,失业率也下降到了较低水平(参见图1-3)。尽管如此,值得注意因少子化和老龄化造成劳动力人口减少的现象,也是造成失业人口下降的主要原因之一。

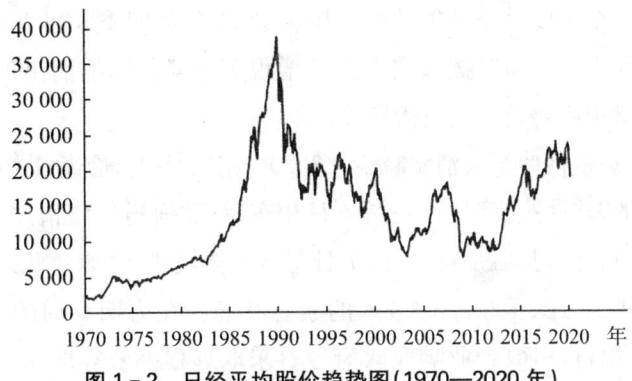

图1-2 日经平均股价趋势图(1970—2020年)

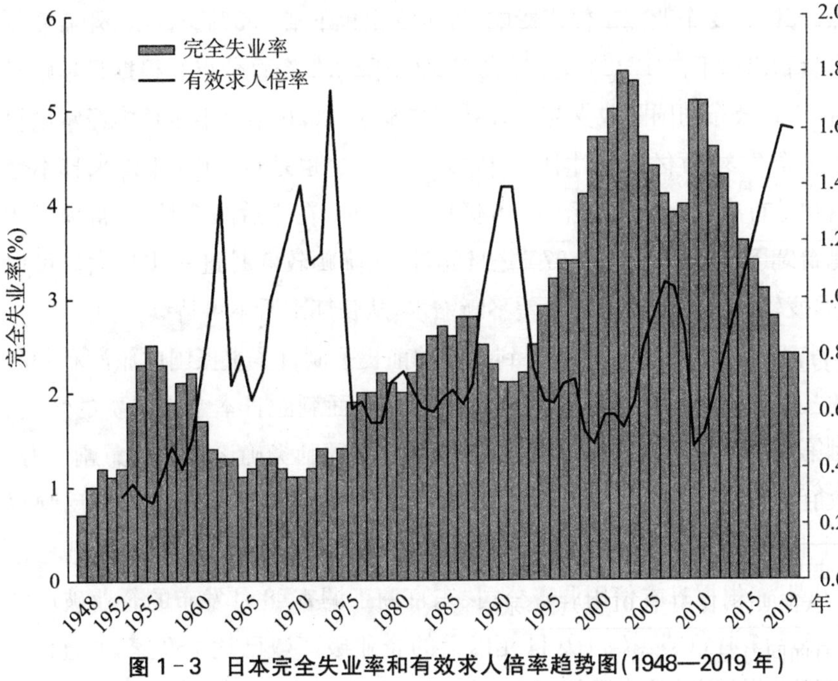

图1-3 日本完全失业率和有效求人倍率趋势图(1948—2019年)

资料来源:日本总务省《劳动力调查》;日本厚生劳动省《职业安定业务统计》。

2. 疫情蔓延使日本经济进入技术性衰退周期

根据2020年8月17日日本内阁府发布的第二季度实际国内生产总值(实际GDP)统计数据显示,日本第二季度实际GDP环比萎缩7.8%,按年率计算为萎缩27.8%,跌幅超过2008年全球金融危机后创下的17.8%,日本经济出现1955年以来最严重的萎缩。这是自2019年第四季度开始日本经济连续出现的第三个季度的经济负增长。其中,2019年第四季度和2020年第一季度经济主要受中美贸易摩擦和国内消费增税等因素的影响而出现下滑,第二季度经济下滑则主要是新冠疫情所致。

首先,新冠疫情使个人消费减少。2020年第二季度,恰逢日本疫情开始进入为期5周的"软性抗疫"。首先是4月初东京、北海道等疫情严重的七地率先进入"紧急状态",其后是自4月17日起日本全境进入"紧急状态"。这也是日本战后首次因公共卫生事件进入的紧急状态。在为期5周的紧急状态期间,民众减少出行,多数企业响应政府号召采取远程办公等形式。受此影响,今年4—6月,日本个人消费环比下滑8.2%,使日本当季GDP下降了4.5个百分点。其次,受企业停工停产影响,资本支出也下滑1.5%。再次,外需疲软使日本货物出口下滑17.8%,并导致GDP下降3.1个百分点。根据日本财务省8月11日公布的国际收支初步统计报告显示,2020年上半年日本经常项目顺差减少至7.31万亿日元,同比下降31.4%。这也是自2015年以来日本经常项目顺差首次在上半年降至10万亿日元以下。在之后的6月,经常项目顺差同比继续下降86.6%至1 675亿日元,同比降幅较5月进一步扩大。可以说,外需疲软使日本经常项目顺差不断缩水,从长期来看不可持续。

7月,日本政府在预期疫得到控制的前提下制订了重振国内旅游和刺激消费的"Go to Travel计划",准备通过该计划全面刺激日本个人消费的恢复。由于对第二波疫情的到来准备不足,随着东京新冠肺炎确诊人数的急剧上升,各地政府转而呼吁民众不要跨地区出行。由于出现意想不到的疫情反弹局面,整个刺激计划最后不了了之。受此打击,日本经济雪上加霜,企业开始出现"倒闭潮"。根据日本信用调查公司"东京商工调查"8月发布的企业破产统计数据显示,7月负债1 000万日元以上的企业破产数已达789家,并连续2个月刷新历史纪录。该机构警告称,日本政府推出的紧急经济对策虽然在一定程度上延迟了部分企业破产的时间,但是日本经济在第三季度若不能出现复苏迹象,届时将会出现更大程度的"倒闭潮"。

3."安倍经济学"的"财政货币化"趋势愈发鲜明

此次日本的经济衰退始于新冠疫情蔓延之前,其主要原因是全球经济减速和国内消费增税。因此,即使今年下半年疫情得到控制,也并不意味着日本的个人消费会有很大反弹空间,疫情只不过是延长了消费增税所带来的负面效应。进入2020年,日本开始同时面临全球经济衰退、消费增税和疫情三个负面因素,这极大地增加了政府宏观调控的难度。目前,日本政府因疫情支出援助资金占到GDP的40%,其中包括保留工作的补贴、贷款担保和现金补助,以防止企业破产和官方的失业率激增。从财政政策的角度来讲,其专项支出也从去年年底的经济刺激计划进一步扩大到2020年的紧急应对计划。从2020年4—5月应对计划的失业规模来看,已经达到234万亿日元,其中涉及财政补充预算的规模也达57万亿日元,而2020年整个国家预算支出规模也不过63万亿日元。可以说,2020年整个年度预算支出增加了近一倍。在税收减少的背景下,为了救济生活陷入贫困的家庭和营收急剧下降的企业,整个日本国家财政资金缺口变得越来越大。基于这一事实,货币政策的配合就显得尤为重要。从货币政策角度来讲,疫情蔓延之前日本央行就已经通过大规模的宽松政策把市场利率水平保持在较低水平。从2020年3月起,作为疫情应对举措,日本央行采取特别公开市场操作举措,取消了国债购入上限等管制,进一步向市场释放流动性。但是,货币和财政的此类组合具有"财政货币化"的特征,受到了诸多质疑。

根据《日本财政法》第五条规定,中央银行不得以发行国债的方式来填补财政透支的资金,但是第五条同时也允许日本央行可以将长期国债到期偿以短期折扣国债的形式兑现。从日本以往的做法来看,自20世纪70年代开始日本央行就经常采用这一手法来提供流动性。一般来说,在规模可控的情况下通过适当增购国债向市场提供资金,既可以实现货币调控的政策目的,又可以合理管控央行资产管理的风险。但是,如果取消国债收购限额,则意味着日本可以随着财政透支的不断增加而不断增发国债,而央行又由于没有增购国债的上限则可以不断扩大增购规模。从这一操作特点看,比较符合"财政货币化"的特征,如果这一制度长期持续下去,财政自律性必将受到极大损害。

2020年8月28日,日本首相安倍晋三突然宣布辞去日本首相职务,引发日本政坛"地震"。安倍在新冠疫情"第二波"到来和日本经济第三季度继续呈下行预期的局面下提出辞职,给今后日本经济的走势带来了更多的不确定性。后安倍时代日本新一代领导人如何继承"安倍路线"的遗产?"安倍经济学"到底是"曲终人散"还是"枯木逢春"?其动向仍需继续关注。

参考文献

原田泰・齊藤誠編、『徹底分析アベノミクス』、中央経済社。
小林敬一郎・森川正行、『コロナ危機の経済学』、日本経済新聞社。
福田慎一、『検証アベノミクス「新三本の矢」：成長戦略による構造改革への期待と課題』、
　東京大学出版会。
服部茂幸、『アベノミクスの終焉』、岩波新書。

第二章　中日区域经济合作关系分析："重回正轨"的十字路口

陈友骏

如果说2017年是中日关系的转圜之年,从2018年开始则是中日关系重归正轨、巩固稳定及持续走稳的重要时期。总体而言,2018年的中日关系可以用"政治引领、经济搭台"来高度概括,而其中的主要亮点则是聚焦于区域合作议题之上。

2017年初,日本首相安倍晋三就在国会发表的施政演说中明确表示,日本欢迎中国的和平发展,中日两国对地区的和平与繁荣共同担负重要责任;并且,2017年是日中恢复邦交正常化45周年,2018年是日中缔结和平友好条约40周年的重要节点,日本希望借此时机,在"战略互惠关系"的基本原则下,与中方共同努力改善双边关系。① 安倍的这一积极表态可视为其领导的日本政府对华政策转向的前期风向标。之后的2018年施政演说中,安倍首相又重提日中两国共担着维护地区和平与繁荣的重任;日本希望能与中方合作,共同回应持续扩大的亚洲基础设施建设需求。② 日本对华态度的战略性改变及安倍政府的积极表态是对中方始终执着改善中日关系的积极回应,也为2018年中日两国在区域层面的深入互动与合作奠定了良好基础。日本希望与中国共同开展地区经济合作的强烈意愿已清晰可见,这也为中日两国在2018年的深入合作释放了重要的积极信号。

---

① 首相官邸、「第百九十三回国会における安倍内閣総理大臣施政方針演説」、2017年1月20日、http://www.kantei.go.jp/jp/97_ab。

② 首相官邸、「第百九十六回国会における安倍内閣総理大臣施政方針演説」、2018年1月22日、http://www.kantei.go.jp/jp/98_abe/statement2/20180122siseihousin.html。

第一节 中日在区域层面中的互动与合作

2018年中日两国间的合作与互动主要表现在区域层面的政治与经济的"同频共振",凸显在以下三方面。

第一,共同维护全球经济一体化、贸易自由化的发展趋势,积极与贸易保护主义与经济单边主义相抗衡。

2017年初美国总统特朗普上台后,高调宣扬并采取"美国优先主义"的战略方针,实施贸易保护主义与经济单边主义政策,严重阻碍全球经济一体化和贸易便利化的推进速度与进度。受其影响,全球贸易保护主义日趋高涨,抵制全球化、自由化发展的趋势有所抬头。

面对这一严峻的战略形势,中国采取了严厉抵制和积极应对的战略方针,并以稳步推进"一带一路"共同建设为出发点与着力点,希望遏制住保护主义与单边主义的发展势头。而作为全球经济一体化和贸易自由化的主要受益方之一,日本也基本展现出与中国相类似的战略应对举措,实现了中日关系在维护全球经济一体化和贸易自由化层面的良性互动。

2018年11月5日,习近平主席在首届中国国际进口博览会开幕式上发表主旨演讲,高屋建瓴地指出"当今世界正在经历新一轮大发展大变革大调整,各国经济社会发展联系日益密切,全球治理体系和国际秩序变革加速推进。同时,世界经济深刻调整,保护主义、单边主义抬头,经济全球化遭遇波折,多边主义和自由贸易体制受到冲击,不稳定不确定因素依然很多,风险挑战加剧。这就需要我们从纷繁复杂的局势中把握规律、认清大势,坚定开放合作信心,共同应对风险挑战"。[①] 2018年11月19日,习近平在出席亚太经合组织(APEC)第二十六次领导人非正式会议时再度指出,"我们应该引导经济全球化朝着更加开放、包容、普惠、平衡、共赢的方向发展"。[②] 此外,习近平在2018年多个国内、国际场合均明确阐述了中方反对保护主义、反对单边主义的政治

[①] 习近平:《共建创新包容的开放型世界经济——在首届中国国际进口博览会开幕式上的主旨演讲(2018年11月5日,上海)》,《人民日报》2018年11月6日第3版。

[②] 习近平:《把握时代机遇 共谋亚太繁荣——在亚太经合组织第二十六次领导人非正式会议上的发言(2018年11月18日,莫尔兹比港)》,《人民日报》2018年11月19日第2版。

立场,这既是高屋建瓴、高瞻远瞩的战略性表态,更是有力维护全球经济与国际贸易继续行驶在正确路线上的有所作为。

需要指出的是,在反对保护主义、反对单边主义的战略问题上,应该说,日本与中国是相向而行的,不存在大幅度的背离。在2018年初的施政方针演讲中,日本首相安倍晋三就积极表态,日本愿意做自由贸易的旗手,积极推动建立自由且公正的国际经济秩序。① 在年底的首相信任演说中,安倍呼应其在年初的发言,再次提出日本要做"自由贸易的旗手",引领新时代的世界规则构建。② 尽管安倍并没有在发言中直接表述反对保护主义、反对单边主义的相关语句,但他的潜台词是不言而喻的,直指保护主义和单边主义在全球的孳生与蔓延。

也需指出的是,中日在应对美国贸易保护主义的态度与方式上是完全不同的。相较而言,中方的应对方式是硬性的、直接的,强调在平等站位和对等要价前提下妥善解决分歧与矛盾;而日方的应对方式却是软性的、间接的,愿意以牺牲部分利益、做出更多妥协为代价,换取美方的让步和政策优惠。

第二,中日两国在区域经济一体化和贸易便利化问题上积极互动,以提增相关政治议程的谈判进度与达成可能。中日两国同为《中日韩自贸区协定》(中日韩FTA)③和《区域全面经济伙伴关系协定》(RCEP)的重要参与方和协调方。未来,中日韩FTA的发展势必将对RCEP产生趋势性影响;而RCEP的发展也会对中日韩FTA的发展产生相应的推动力。

随着中日关系在2018年持续好转并稳定发展,中日双方在区域及小多边经贸合作协定上的互动不断增多,促使中日韩FTA与RECP的谈判效率稳步提升,其中,高层领导的政治互动起到了不可或缺的引领作用。

在两国高层领导人政治互动的引领下,中日经济合作关系再度步入正常轨道。2018年4月16日,第四次中日经济高层对话在日本东京举行。此次对

---

① 首相官邸、「第百九十六回国会における安倍内閣総理大臣施政方針演説」,2018年1月22日、http://www.kantei.go.jp/jp/98_abe/statement2/20180122siseihousin.html。

② 首相官邸、「第百九十七回国会における安倍内閣総理大臣所信表明演説」,2018年10月24日、http://www.kantei.go.jp/jp/98_abe/statement2/20181024shoshinhyomei.html。

③ 2017年中日韩三国的国内生产总值(GDP)分别为12.24万亿、4.88万亿和1.52万亿美元,中日韩三国的GDP之和占全球GDP的20%强,三国人口总规模超过15.5亿,因此,三国若能构建经济合作区,毫无疑问将对全球经济一体化产生示范引领的效能。

话会双方就宏观经济政策、中日经济合作与交流、中日第三方合作、东亚经济一体化与多边合作等四个专题进行了深入探讨,并就加快推进中日韩 FTA 谈判、推动 RCEP 谈判早日结束等事关亚太经济一体化、贸易便利化的两个重要协定达成广泛共识①。

2018 年 5 月 9 日,第七次中日韩峰会时隔两年在日本东京举行,共同探讨了当前三方合作的现状,并规划了未来合作路线与前景,其中主要议题之一就是中日韩 FTA。三方达成一致共识,愿意共同推动自由贸易,合作加速推进高质量的 RCEP 及中日韩 FTA 的谈判进度,并促使其早日达成。② 会后,中日韩三国发表《共同宣言》明确表示,三方均认同中日韩 FTA 有利于促进三国的利益融通,深化三国在贸易和投资领域的合作关系,同时,也有利于提升东亚地区贸易及投资的自由化和便利化发展,为此,中日韩三国将努力推动中日韩 FTA 的谈判进程,尽快达成一个具有独特价值的、综合性的、高质量的互惠协定。③ 这里需要指出的是,因此次峰会的举办地位于日本东京,所以作为东道国和主持者,安倍政府为此次峰会的举办付出了不少精力,并为最终达成三方满意且共同认可的共同宣言做了一定的协调工作。由此,安倍政府在推动中日韩经济合作及东亚经济一体化问题上的基本立场已明晰可见,对外释放出强烈的积极信号。

2018 年 10 月 26 日,习近平主席在北京会见来华进行正式访问的日本首相安倍晋三,指出中日双方"要开展更加紧密的国际合作,拓展共同利益,推动区域经济一体化,共同应对全球性挑战,维护多边主义,坚持自由贸易,推动建设开放型世界经济"。对此,安倍首相表态愿意为国际和地区和平、维护自由贸易作出贡献。④

在与李克强总理的会谈中,针对李克强的中日应"加速推进中日韩 FTA 和 RCEP 谈判,促进区域贸易投资便利化;共同建设东亚经济共同体,助力亚太区

---

① 中国商务部亚洲司:《中日举行第四次经济高层对话》,2018 年 4 月 17 日,http://yzs.mofcom.gov.cn/article/zt_zrjjgcdh/lanmuerbb/201812/20181202814475.shtml。
② 外务省,「第 7 回日中韓サミット」,2018 年 5 月 9 日、https://www.mofa.go.jp/mofaj/a_o/rp/page3_002460.html。
③ 外务省,「第 7 回日中韓サミット共同宣言」,2018 年 5 月 9 日、https://www.mofa.go.jp/mofaj/a_o/rp/page4_003986.html。
④ 赵成:《习近平会见日本首相安倍晋三》,《人民日报》2018 年 10 月 27 日。

域一体化进程"的提议,安倍表示"日中携手合作顺应时代潮流,有助于解决当今世界面临的共同课题;双方应共同努力,推进 RCEP 谈判尽快取得实质性进展,推动建立自由公正的国际经济秩序,为自由贸易和世界经济发展作出贡献"。①

之后的 2018 年 10 月 24 日,安倍在日本国会发表首相信任演说,其中明确提到要与中国、印度等亚洲国家加强合作,尽快达成 RCEP 协定,以推动构建自由且公正的国际经济秩序。②

2018 年 11 月 30 日,在出席阿根廷布宜诺斯艾利斯 G20 首脑峰会期间,习近平再度会晤日本首相安倍晋三。这不仅开创了"一年三会"的中日首脑会谈,更促使中日高层领导人政治互动呈现高频化特征。其间,习近平明确指出"新形势下,中日发展关系面临比以往更为有利的条件;中日经贸务实合作潜力巨大;要争取早日谈成 RCEP 和中日韩 FTA"。③ 作为回应,安倍坦率直言,表示"日方主张维护自由贸易和以世界贸易组织(WTO)为核心的多边贸易体系,愿积极推进 RCEP 谈判,加快推进日中韩自贸协定谈判"。④

以此为背景,2018 年 11 月 12 日,RCEP 部长会议在新加坡开幕;紧接着 2018 年 11 月 14 日 RCEP 首脑会议在新加坡举行。尽管此次会议因关税领域等意见分歧而放弃了年底前达成实质性一致意见的初期目标,但会后共同声明的内容仍肯定了 RCEP 谈判在 2018 年所取得的实质性成果,并决心在 2019 年达成妥协。⑤ 此外,在中日韩三方的共同努力下,2018 年中日韩 FTA 第 14 轮谈判在北京举行。此次会议上,三方均认为"中日韩 FTA 谈判提速基础已经具备,三方将在 RCEP 已取得的成果基础上探讨通过中日韩 FTA 进一步提高贸易投资自由化水平",与此同时,三方决定"将从下一轮谈判起恢复工作组会议,就货物贸易、服务贸易、投资等议题展开实质性磋商"⑥。

---

① 王迪:《李克强同日本首相安倍晋三举行会谈时强调 推动中日关系在重回正轨基础上行稳致远 共同会见记者》,《人民日报》2018 年 10 月 27 日第 1 版。
② 首相官邸、「第百九十七回国会における安倍内閣総理大臣所信表明演説」、2018 年 10 月 24 日、http://www.kantei.go.jp/jp/98_abe/statement2/20181024shoshinhyomei.html。
③ 王海林、姚明峰:《习近平会见日本首相安倍晋三》,《人民日报》2018 年 12 月 2 日。
④ 王海林、姚明峰:《习近平会见日本首相安倍晋三》,《人民日报》2018 年 12 月 2 日。
⑤ 共同社新加坡 11 月 14 日电:《详讯:RCEP 首脑会议放弃年内谈妥目标》,https://china.kyodonews.net/news/2018/11/25693675543c-rcep.html。
⑥ 中国商务部亚洲司:《中日韩自贸区第十四轮谈判在北京举行》,2018 年 12 月 14 日,http://yzs.mofcom.gov.cn/article/cbw/201812/20181202816969.shtml。

由此，RCEP与中日韩FTA谈判已成为牵动东亚乃至整个亚太地区经济一体化、贸易便利化的主要谈判议程，且两者的关联度在不断提升。不仅如此，中日两国分别是全球排名第二和第三的主要经济体，也是东亚区域内的第一、第二大经济体，因此，中日关系的走势以及两国在区域经济合作议题上的合作深度与广度将直接影响RCEP和中日韩FTA的谈判进程与达成可能。

可喜的是，就在中日关系实现转圜并重回正轨之际，RCEP和中日韩FTA的谈判均同步性地取得了实质性进展，且后者的相对进度要明显超越前者，甚至存在率先达成的可能。但这里也要指出，未来随着中日韩FTA的谈判焦点逐步走向知识产权保护、数字经济等"深水区"，其对中日韩的三边关系、尤其是中日关系带来的挑战将愈加增大，而解决这些潜在的突出矛盾，就需要中日两国更为稳定、更为坚实的政治关系，同时也需要两国付出更大的政治努力与经济资源。

第三，中日两国在第三方经济合作上取得巨大进展，为未来双边性的经济合作开拓出更为广阔的战略空间。

2018年5月，李克强总理应邀访日，其间，中日双方共同签署了"第三方市场合作备忘录"。[①] 2018年10月25日，日本首相安倍晋三应邀正式访华，将中日围绕第三方的经济合作推向高潮。10月26日，第一届中日第三方市场合作论坛在北京成功举办，中国国务院总理李克强、日本首相安倍晋三共同出席论坛并致辞。[②] 此次论坛上，中日双边企业共同签署了52个项目合作协定，其中包括了医疗救护、保险服务等第三方服务业的深入合作与共同开发，也涵盖了新能源汽车充电标准、无人驾驶等高新尖技术的战略性对接，为未来中日两国在更广泛经济领域内的战略合作奠定了重要基础（参见表2-1）。值得关注的是，52个合作项目中不乏极具战略性、延伸性的合作项目，如中国电力企业联合会和日本CHAdeMO协会签订合作备忘录，为统一中日两国的充电模式奠定重要基础，也为两国未来在电动汽车领域的深度合作创造了有利的基础

---

① 外務省，「日本国外務省及び経済産業省と中華人民共和国国家発展改革委員会及び商務部との間の第三国における日中民間経済協力に関する覚書」，2018年5月9日，https://www.mofa.go.jp/mofaj/a_o/c_m1/cn/page4_003987.html。

② 中华人民共和国商务部：《第一届中日第三方市场合作论坛在北京举行》，2018年10月27日，http://images.mofcom.gov.cn/www/201810/20181027115719917.pdf。

条件。

当然，尽管中日第三方市场合作的经济效果还未完全显现，有待进一步观察和发酵，但这一系列战略合作项目的签订，显然存在着诸多重要意义与丰富内涵：

① 这是中日关系彻底走出寒冰期，实现完美转圜的重要标志，也预示着中日关系将以此为新起点，朝向更为宏大、更为高远的目标前进；

② 它进一步稳固了经济合作在中日关系发展中所起到的压舱石和稳定器的重要功能，为未来中日关系的行稳致远又增加了一个沉甸甸的砝码；

③ 它开辟了中日经济合作的战略性新视阈，为今后在更广视角、更深层次上开展中日双边及小多边的经济合作创造了可能性；

④ 它有助于中日两国避免在第三方市场的恶性竞争，为双方都能避免"赔本赚吆喝"，争取更多合理的经济利益提供制度性保障。

表 2-1　第一届中日第三方市场合作论坛签约项目

	中方单位	外方单位	项目名称
1	上海市信息投资股份有限公司	富士通株式会社	战略合作协议书
2	上海环信环境工程有限公司	杰富意工程技术有限公司	合作意向书
3	上海复星医药(集团)股份有限公司	丸红株式会社	关于复红康合医药江苏有限公司之合资经营合同
4	广州民营投资股份有限公司	京都大学创新投资株式会社	战略合作协议
5	中国工商银行	瑞穗金融集团股份有限公司	关于支持中日企业开拓第三方市场的金融合作协议
6	中国太平洋保险(集团)股份有限公司	三井住友海上火灾保险株式会社	关于中日第三方市场海外业务开展全面合作的协议
7	中国中医科学院广安门医院、博视远程医疗科技(北京)有限公司	ViewSend ICT 株式会社	关于中西医结合重大疾病治疗暨康复战略合作协议

续表

	中方单位	外方单位	项目名称
8	中国中信集团有限公司	伊藤忠商事株式会社	关于共同投资欧洲可再生能源及新能源技术的合作备忘录
9	中国石油化工集团有限公司	瑞穗金融集团股份有限公司	业务合作协议
10	中石化炼化工程(集团)股份有限公司	丸红株式会社	合作框架协议
11	中国石油化工集团有限公司	JXTG能源株式会社	合作备忘录
12	中国东方电气集团有限公司	株式会社日立制作所	关于第三国电力市场合作协议
13	中国电力企业联合会	一般社团法人CHAdeMO协会	合作备忘录
14	中国电力建设集团有限公司	株式会社东芝	关于促进全球范围商业机会的战略合作协议
15	中国外运股份有限公司	日本通运株式会社	关于在第三国市场开展合作的备忘录
16	中国出口信用保险公司	日挥株式会社	关于共同支持第三方市场合作的协议
17	中国出口信用保险公司	株式会社日本贸易保险	合作备忘录
18	中国出口信用保险公司	三井住友银行股份有限公司	双方共同支持第三方市场合作的框架合作协议
19	中国出口信用保险公司、中信集团	瑞穗金融集团股份有限公司	关于共同支持第三方市场合作的框架合作协议
20	中国机电产品进出口商会	日本国际贸易促进协会	关于支持双方企业合作开拓第三方市场的谅解备忘录
21	中国机电产品进出口商会	日中经济协会	合作备忘录
22	中国再保险(集团)股份有限公司	SOMPO控股公司	战略合作协议

续表

	中方单位	外方单位	项目名称
23	中国光伏行业协会	丸红株式会社	关于在第三方市场光伏发电领域的合作协议
24	中国华电集团清洁能源有限公司	日本JERA股份有限公司 东京电力燃料&发电股份有限公司	合作谅解备忘录
25	中国进出口银行	三井住友银行股份有限公司	关于双边及第三方市场合作的协议
26	中国投资有限责任公司	野村控股公司 株式会社大和证券集团总公司 三菱日联金融集团股份有限公司 三井住友金融集团股份有限公司 瑞穗金融集团股份有限公司	战略合作协议
27	中国非公立医疗机构协会(CNMIL)	日中医疗·介护技术交流协会、Medical Excellence JAPAN	关于中日医疗技术合作以及对第三方医疗援助的战略合作备忘录
28	中国国际工程咨询有限公司	太平洋咨询株式会社	关于在第三国开展基础设施建设合作的意向书
29	中国国际贸易促进委员会	日中经济协会	关于中日第三方市场合作谅解备忘录
30	中国国际贸易促进委员会	日本贸易振兴机构	关于中日第三方市场合作谅解备忘录
31	中国国际海运集装箱(集团)股份有限公司	住友商事株式会社	关于中日合作开拓智能化高速仓库存储系统(经济适用型)战略合作协议
32	中国建材集团有限公司	三菱商事株式会社	关于共同开发第三国基础设施建设及清洁能源综合利用项目战略合作协议

续表

	中方单位	外方单位	项目名称
33	中国银行股份有限公司	三井住友银行股份有限公司	业务合作协议
34	中国寰球工程有限公司	千代田化工建设株式会社	合作谅解备忘录
35	北京百度网讯科技有限公司	Panasonic 株式会社	关于下一代车内空间战略合作的谅解备忘录
36	北京首都创业集团有限公司	住友商事株式会社	战略合作备忘录
37	吉林省人民政府	鸟取县	关于ADAS·EV项目合作备忘录
38	西王集团有限公司	住友商事株式会社	战略合作意向书
39	华人文化有限责任公司	吉本兴业株式会社	关于涵盖第三国的中日高端文化娱乐产业人才教育培训战略合作
40	华润(集团)有限公司	三井物产株式会社(·普和希控股公司)	战略合作协议
41	华润电力控股有限公司	电源开发株式会社	战略合作框架协议
42	江苏嘉睿城建设管理有限公司	一般社团法人 YOKOHAMA URBAN SOLUTION ALLIANCE 泰国安美德集团	关于在泰国春武里安美德工业园加快发展安美德智慧城市的合作备忘录
43	杭州锅炉集团股份有限公司	杰富意工程技术株式会社	合作意向书
44	协鑫(集团)控股有限公司	三井物产株式会社	关于在中日及第三方市场联合开发与投资合作谅解备忘录
45	国家开发银行	三井住友银行股份有限公司 三井住友银行(中国)有限公司	关于业务合作及加强第三方市场合作协议

续表

	中方单位	外方单位	项目名称
46	国家开发银行	瑞穗金融集团股份有限公司	关于业务合作协议(包含第三方市场合作)
47	国家开发银行	株式会社国际协力银行	关于开展第三方市场合作的备忘录
48	浙江海正药业股份有限公司、国家应急防控药物工程技术研究中心、中日友好医院	富士胶片株式会社	合作备忘录
49	海南博鳌乐城开发控股有限公司	Medical Excellent JAPAN	关于在海南博鳌推进中日医疗合作的"肿瘤医疗关联设施群建设事业以及第三方医疗事业"合作的备忘录
50	新中水(南京)再生资源投资有限公司	株式会社日立制作所 日立租赁(中国)有限公司	战略合作框架协议
51	新华锦集团有限公司	Carchs 控股股份有限公司	战略合作意向书
52	新疆众和股份有限公司	蝶理株式会社	战略合作协议

资料来源：中华人民共和国商务部：《第一届中日第三方市场合作论坛在北京举行》，2018年10月27日，http://images.mofcom.gov.cn/www/201810/20181027115719917.pdf。

第二节 日本转变对华区域合作态度的动因分析

由上述分析可知，随着中日关系的转圜与重回正轨，中日两国在反对保护主义和单边主义问题上同频共振。不仅如此，两国共同致力于推动东亚及亚太经济一体化的有序发展，重点旨在谋求中日韩FTA、RCEP等地区经济合作协定的早日达成，同时，两国积极扩大经济合作面，推动达成第三方市场合作的战略性协议，为未来深层次、宽视阈的广泛经济合作创造了基础性条件。

但究竟为何日本会在对华关系问题上"华丽转身"？为何会在反保护主

义、反单边主义等重大议题上与中国同频共振?又为何如此积极地扩大对华经济合作力度,使中日政治经济关系在"政冷经凉"和"政热经热"两者间急速转换?为了解答这一系列的问题,需要从以下多个维度探求各种影响因素。

第一,政治引领成为推动中日双边经济深度合作的主要动因和积极推手。

在战后的中日关系发展史中,离开政治谈经济是困难的、曲折的,而离开经济谈政治是苍白的、无力的。坦言之,战后中日关系中的政治与经济始终是互动的、交织的,良好的政治关系有助于经济关系的拓展与延伸,而良好的经济关系有助于稳固政治关系的基础和发展。在中日关系跌入复交后的最低点时,中国也没有放弃发展对日关系的意志与决心。也是得益于中国持续、积极的外交努力与资源投入,才使日本重新审视中日关系的重要性,诱导日本回到对华思维的正确轨道,并最终实现中日关系的战略性转圜。

观察表2-2不难发现,进入2017年之后,中日两国间的政治活动,尤其是高层政治互动愈发频繁,会谈的话题随之变得多元、深入,会谈的气氛亦逐步趋向缓和、转暖,对内、对外均释放出积极、良好的政治信号。值得一提的是,两国最高政治领导人之间的直接对话犹如定海神针,为双边政治气氛的缓和及经济合作的止跌回升构建起中流砥柱般的基石。受其影响,中日两国中断多年的多个对话机制得以重启,涉及高政治板块的安全领域对话与合作也获得了历史性的突破。应该说,在中日关系陷入复交后的最低谷和艰难期,政治对话及引领性互动产生了极为积极的示范性效果,也为双边经济合作的复苏与战略性的突破奠定了必要的基础性前提条件。

表2-2　　　　中日领导人政治互动及相关活动(2017—2018年)

时间	重要事件
2017年1月11日	全国人大常委会委员长张德江在人民大会堂会见由佐藤勉率领的出席中国全国人大与日本国会众议院合作委员会第九次会议的日方代表团
2017年7月8日	国家主席习近平应约在汉堡会见日本首相安倍晋三
2017年11月21日	国务院总理李克强在人民大会堂会见日本经济界访华团并同他们座谈(日本主要企业负责人250余人出席)
2018年4月9日	国务院总理李克强在人民大会堂会见日本国际贸易促进协会会长河野洋平及该会代表

续表

时间	重要事件
2018年5月9日	国务院总理李克强应邀正式访日,同日本首相安倍晋三举行会谈
2018年5月10日	国务院总理李克强在东京分别会见了日本众议长大岛理森和参议长伊达忠一;李克强在东京皇宫会见日本天皇明仁;国务院总理李克强在东京与日本首相安倍晋三共同出席中日和平友好条约缔结40周年纪念活动暨欢迎招待会并发表主旨演讲
2018年7月24日	国务院总理李克强在中南海紫光阁会见日本众议长大岛理森;李克强同日本首相就中日和平友好条约缔结40周年互致贺电
2018年8月29日	国务院总理李克强和日本首相安倍晋三向"纪念中日和平友好条约缔结40周年中日大学生千人交流大会"致贺词
2018年8月30日	国务院副总理韩正会见日本副首相兼财务大臣麻生太郎
2018年8月31日	国家副主席王岐山在北京会见由干事长二阶俊博率领的日本自民党代表团
2018年9月6日	全国政协主席汪洋会见由党首山口那津男率领的日本公明党代表团
2018年9月12日	国家主席习近平在俄罗斯符拉迪沃斯托克会见日本首相安倍晋三;国务院总理李克强在人民大会堂会见日本经济团体联合会会长中西宏明、日本商工会议所会长三村明夫、日中经济协会会长宗冈正二率领的日本经济界代表团并同他们座谈(日本主要企业负责人200余人出席)
2018年9月25日	国家副主席王岐山在中南海会见日本创价学会会长原田稔一行
2018年10月10日	由中国共产党和日本自民党、公明党共同举办的中日执政党交流机制第八次会议在日本举行(至10月12日,会期三天)
2018年10月14日	由中国外文局(中国国际出版集团)和日本言论NPO共同主办的第十四届北京—东京论坛在东京举行(至10月15日,会期两天)
2018年10月26日	国家主席习近平在钓鱼台国宾馆会见来华进行正式访问的日本首相安倍晋三;国务院总理李克强在人民大会堂东门外广场举行仪式,欢迎日本首相安倍晋三对我国进行正式访问;全国人大常委会委员长栗战书在人民大会堂会见日本首相安倍晋三
2018年11月30日	国家主席习近平在布宜诺斯艾利斯会见日本首相安倍晋三

资料来源:笔者根据各种媒体信息整理制作。

第二,美国贸易保护主义、经济单边主义的高企令日本大失所望,从两个不同维度增加了日本对其未来经济发展不确定性的担忧与焦虑。

其一，美国在对日问题上凸显单边主义和保护主义的强烈色彩。实际上，安倍政府之前一直在等待特朗普政府回归 TPP 大家庭，但特朗普政府过去的执政经历与各种表态业已传递出明确信号，美国不可能回归 TPP，且日美间的经贸合作唯有开辟 FTA 新道路，才能实现深层次、广覆盖的战略性合作。对此，前者对于日本而言还是可以理解的现实，而后者却是日本难以接受却不得不坦然面对的苦果。

2018 年 9 月末安倍访美。表面上，安倍此行的目的是为了与特朗普政府、与美方谋合作、促发展，但实质上他的目的却是谈条件、讲妥协，希望特朗普政府能避免对日进口产品尤其是汽车及其零部件征收高额的附加关税，作为妥协，抑或是交换条件，安倍政府接受了特朗普政府的强硬要求，表示愿意启动日美 FTA 谈判〔安倍政府为了掩人耳目，躲避国内指责与反对声音，使用 TAG(Trade Agreement on goods，货物贸易协定)来表述日美间实质性的 FTA〕。尽管安倍访美暂时缓和了日美间围绕贸易问题的政治争端，但并未平息日美经贸问题的主要矛盾，更未能完全说服特朗普政府放弃单边主义、保护主义的路线方针。换言之，日美经贸问题的尖锐矛盾依然存在，且如同蠢蠢欲动的活火山一般，随时有剧烈喷发的可能。而且，令日本大失所望的是，强势的特朗普政府并没有因其盟友的特殊身份，而在对日问题上网开一面，相反，美方的态度更为强硬、更为坚决，且表现出势如破竹、势在必夺的高压态势。对此，日本只有"招架之功，毫无还手之力"。

其二，中美贸易战的发展不确定性增加了日本对自身经济发展的担忧。作为中美贸易战的直接受害方，日方期待中美贸易战能获得一个妥善的解决方案，抑或是至少中美之间能达成一个短时间且具有延伸性的妥协方案，以遏制贸易战的恶性发展趋势。2018 年 12 月 1 日，"国家主席习近平应邀同美国总统特朗普在布宜诺斯艾利斯共进晚餐并举行会晤；两国元首在坦诚、友好的气氛中，就中美关系和共同关心的国际问题深入交换意见，达成重要共识。双方同意，在互惠互利基础上拓展合作，在相互尊重基础上管控分歧，共同推进以协调、合作、稳定为基调的中美关系"。① 对于"习特会"的顺利举行，日本国

---

① 《习近平同美国总统特朗普举行会晤》，《人民日报》2018 年 12 月 3 日第 1 版，http://paper.people.com.cn/rmrb/html/2018-12/03/nw.D110000renmrb_20181203_1-01.htm。

内总体评价较为积极,但受美国保护主义日益高涨的影响,日本国内的主流意见更担忧特朗普政府"靠不住",进而影响中美在贸易问题上达成长期的、具有建设性的广泛共识。

第三,日本欲借区域经济合作,推进落实自身的多个战略部署。

其一,将区域经济合作打造为中日政治经济关系互动的重要平台,间接影响中国经济体制的改革进程。日本对华关系的政策方针发生了重大转变,促使其在区域经济合作政策上采取积极、主动的对华合作方针,尽可能与中国实现一定程度的成功合作。当然,日本的对华区域经济合作也存有其特殊目的,即希冀借助 RCEP、中日韩 FTA 等区域经济合作框架,构建"高标准、高质量"的制度要求,促动中国放宽对包括日资在内的外国资本的准入门槛及市场待遇,加速在知识产权保护等相关领域的法制实施力度与深度,并带动相关经济领域的改革进程。

其二,打造符合日本国家利益发展的战略性区域经济合作体系。应该说,对于资源贫乏、市场有限的经济大国日本而言,对外开放、推动与其他伙伴间的经济合作是其国家发展的必由之路。而且,日本也正处于经济全球化和对外经济合作惯性发展的进程之中,终止对外合作尤其是经济领域合作的可能性几乎为零。以此为背景,日本提出了符合其国家利益的经济合作战略设计思想,即在维护以 WTO 为基础的全球自由贸易体系的前提下,着力推进包括 TPP、日欧 EPA、RCEP、中日韩 FTA 等在内的区域经济合作战略。为此,日本制定了具体的经济合作指标,如到 2018 年末与 FTA 伙伴的贸易总额占其对外贸易总额的比重必须超过 70%等。[①] 尽管日本已很难在规定的时间内实现 70%的既定目标,但这仍清晰地折射出其大力推动区域经济合作体系建设的决心和信心,也清楚地描绘出未来日本区域经济合作战略的走势和方向。

其三,为未来参与对美及全球竞争创造重要的博弈筹码。美国因素仍是影响日本对外政策的主要外部变量。之前安倍政府受到美国的强大压力,力排众议,才使日本搭上了 TPP 的末班车,并最终推动 TPP 谈判的顺利结束。

---

① 2013 年 6 月 14 日,安倍政府制定了《日本再兴战略》,其中提到截至 2018 年需将日本的 FTA 覆盖率(已经生效的 FTA 贸易占其对外贸易总额的比重)从 19%提高至 70%。具体内容参见 http://www.kantei.go.jp/jp/singi/keizaisaisei/kettei.html。

但特朗普的上台及美国宣布退出 TPP，无疑是对安倍政府的当头一棒，迫使其不得不改变对美合作战略方针及对 TPP 的原有战略设想。值得关注的是，退出 TPP 后美国提出与日本进行双边性的 FTA 谈判，目的就是为了逼迫日本在农产品、汽车等领域作出更大让步；面对美国的攻势，"日本想把 TPP 作为今后在日美双边 FTA 谈判时的筹码，制衡美国，保护本国企业的利益"。[①] 不仅如此，日本更希望跳出 TPP 的既有格局，扩大对美政治经济博弈的筹码，因此，RCEP、中日韩 FTA 等区域经济合作框架就迅速进入安倍政府的战略视阈，并成为其竭力推动的区域经济合作框架。

第三节 美国因素是影响中日区域合作的主要外部变量

就目前来看，美国因素仍是影响中日经济合作乃至政治关系走势的主要外部变量。第二次世界大战结束以来，日本对外政策就一直缺乏独立自主性，"影子政府"的外在形象始终伴随着日本对外政策的展开。安倍政府上台以降，"对美一边倒"成为其对外政策的战略方针，这又进一步挤压了其在对外战略布局中合理考量中日关系的政治空间。2018 年 10 月 4 日，美国副总统彭斯在传统保守主义阵营智库——哈德逊研究所发表演讲，点名批评中国的对外政策、经济政策及社会政策等，意图否定改革开放 40 年来中国所取得的辉煌成就。对此，日本国内多数学者深表忧虑，担心日本被迫因中美之间爆发"新冷战"而必须"选边站"，导致最终中日经济合作中断或中日政治关系绝缘等。尽管日方部分学者的解读难免有危言耸听的嫌疑，但其中也暴露出日本对外战略的投机心理及其对未来中美日大三角关系发展前景的担忧。

果不其然，2018 年 12 月 1 日，应美国的要求，加拿大警方在温哥华逮捕了华为公司副董事长兼首席财务官孟晚舟，之后"孟晚舟事件"就成为中美经贸战过程中的一个新方向标，即由惩罚性关税阶段升级为禁止采购及进口相关产品阶段。受其影响，日本立刻做出了应景性反应，毫无条件地尾随美国，将华为踢出了政府采购清单序列。12 月 10 日，日本政府在首相官邸召开各府省

[①] 朴英爱、金香兰：《美国退出 TPP 对日本 FTA 战略的影响及其走势分析》，《现代日本经济》2017 年第 4 期，第 38 页。

厅网络攻击对策负责人会议,"决定事实上将中国通信设备巨头华为技术和中兴通讯(ZTE)的产品排除出政府采购清单"。① 显然,日本此举表明其极度担忧中国在网络安全及国家安全上对它造成的潜在性威胁,同时也表明日本在对外政策及对华政策上将毫无妥协地服从美国外交战略及对华战略的意志与部署。

由是观之,美国因素是制约中日关系正常发展的外部关键变量。受美国因素的制约,中日关系仍存在三种不同层级的可能性风险:

① 浅层次风险。美国要求日本控制对华合作尤其是对华经济合作的进度与范围,并迫使日本在参与"一带一路"建设问题上实施自我约束、自我限制,致使中日关系的回暖速度始终停留于低速、缓慢的推进状态;

② 中层次风险。美国要求日本保持与中国的政治距离,部分敏感问题上必须与美国保持高度一致,如对华高新技术出口、南海制约政策、军事高压对抗政策等,致使中日关系重回"政冷经热"或"政冷经凉"的非正常状态;

③ 深层次风险。美国对华启动全方位的遏制战略,中美关系陷入"新冷战"模式的战略博弈。届时,美国要求日本在中美之间"选边站",并逼迫日本彻底断绝一切与中国之间的政治及经济往来等,构建"美日共同遏华"的战略对峙局面,中日关系也将随之彻底走向全面对峙的僵局。

得益于中日两国高层领导人的政治引领,中日关系终于在2018年走出了1972年复交后的历史低迷期,成功实现转圜并重归正轨。不仅如此,2018年中日双方在区域板块尤其是区域经济板块的战略性合作亮点频出,成为巩固、发展中日关系的新压舱石和稳定器。

由此,2018年对于中日关系而言,是转折之年、发展之年、合作之年。但因日本对外政策缺乏独立性、美国保护主义和单边主义发展的不确定性,以及美国对日政策及中美关系走向的不确定性等各种因素的干扰,未来中日关系行稳致远的难度仍然较大,需要双方有识之士的高度重视和共同努力,才能继续确保中日关系始终行驶于正轨之上。

---

① 共同社12月10日电:《详讯:日本政府将华为与中兴产品排除出采购清单》,共同网,https://china.kyodonews.net/news/2018/12/68a647fc4831.html。

第三章 日本在区域一体化上的战略诉求与 RCEP 谈判中的政策取向

蔡 亮

罗伯特·基欧汉(Robert O. Keohane)曾指出,"试图将显示的经济活动领域与政治活动领域分开,是徒劳的和失败的"。① 以自由贸易协定为例,从某种程度上而言就是经济上的"一"与政治上的"多"彼此作用的产物。所谓的"一"通常而言就是各方均希望借助开放市场,通过拓展国际贸易提升国家整体增长率。贸易创造理论(theory of trade creation)认为,当国家面向世界市场实行开放政策时,某些物品将实现生产专业化,同时生产的范围将缩小。而一国产品生产范围缩小时,在这些产品的产量保持在一定范围的条件下,会使其有机会享受规模收益递增带来的好处。② 而内生增长理论(theory of endogenous growth)也强调说。当国际贸易给国内生产者带来了更多的市场机会,导致竞争加剧,从而鼓励,同时也迫使这些公司积极寻求新技术并加大对新技术的投入,因而贸易开放能够促使国家走上长期经济增长的轨道。通过上述机制及其他机制,贸易很可能会提高国家的全要素生产率,从而加速国民经济的增长。③

无论是双边谈判,还是多边谈判,博弈无所不在。所谓的"多"意指谈判是

---

① [美]罗伯特·基欧汉著,苏长和、信强、何曜译:《霸权之后:世界政治经济中的合作与纷争》,上海人民出版社 2001 年版,第 25 页。
② Sebastian Edwards, "Openness, Productivity, and Growth: What Do We Really Know?" *Economic Journal*, Vol. 108, March 1998, pp. 383–398.
③ Paul M. Romer, "The Origins of Endogenous Growth", *Journal of Economic Perspectives*, Vol. 8, Winter 1994, pp. 3–22.

一场博弈（包括国内、国际）的过程，目的是确立一种能规范各方互动的制度框架。虽说博弈各方均有自身的立场坚持，趋利避害是各方的基本出发点。但因各方实力差异，存在着议题设置能力的高低，而有能力制定谈判规则者被称为有谈判力量（bargaining power）的一方。①

具体到日本，虽然刚刚结束的平成时代几乎充斥着失败氛围，如经济总量在 20 多年的时间内从占美国的七成左右，下滑到 2018 年的不足 1/4。中国经济总量在 2010 年超越日本后，到 2018 年已达到其 2.7 倍左右。不仅经济低迷，日本的政治、社会也是状况频出，因此平成的三十年可谓是"失去的三十年"。② 与此同时，日本在总体上仍算一个"准大国"，仍有能力左右亚太地区的和平与稳定，乃至进一步对世界秩序的未来走向有所影响。③ 尤其在区域一体化的过程中日本已经占据先机，这也有利于其在国际制度，尤其是经贸领域的制度竞争中获得优势。

美国主导的"跨太平洋伙伴关系协定"（TPP）和由中日共同倡议、东盟主导推进的"区域全面经济伙伴关系协定"（RCEP）可谓是近年来亚太地区令人瞩目的两大自由贸易协定（FTA）。鉴于中美的经济体量远超其他国家，且彼此存在现有身份和潜在收益的互斥性，TPP 和 RCEP 也被视为两国在亚太地区进行经济治理博弈的平台。出于在中美博弈框架下谋求一种动态平衡、实现兼收并蓄的考量，日本成为唯一一个参与两大谈判的大国，但安倍内阁的亚太区域一体化推进次序是先 TPP 后 RCEP，因此在很长一段时期内并未对 RCEP 给予足够关注。日本参与 TPP 谈判与美国因素息息相关，但即便在特朗普政府宣布退出 TPP 后，安倍内阁仍未将重心聚焦于 RCEP，而是竭力推动 TPP 其余十国重开谈判，继而主导了"全面且先进的跨太平洋伙伴关系协定"（CPTPP）的成行。直到 2018 年，日本才开始将谈判重心转向 RCEP，并力争在 2019 年内完成谈判。

就对日本经济的提振效应而言，相比 TPP 出现正负两极的测算结果，各界一致肯定 RCEP 的正向作用。显然，从单纯的经济视角来看，安倍内阁采取先 RCEP 后 TPP 的次序选择似乎更为合理，它反其道而行之的做法势必有其

---

① Douglass C. North, Institutions, Institutional Change and Economic Performance, Cambridge: Cambridge University Press, 1990, p.16.
② 吉見俊哉、『平成時代』、岩波新書 2019 年、6—15 頁。
③ 小原雅博、『日本の国益』、講談社現代新書 2018 年、262 頁。

他方面的考量。随着中日两国综合国力的此长彼消,日本一方面担忧与中国加强合作会导致收益分配出现不利于己的结果,另一方面又认为自己依旧是国际社会的"一流国家",与中国围绕经贸规则竞争的机会窗口仍在。RCEP作为中日均参与的多边FTA,也就成了日本与中国进行经贸规则竞争的重要平台之一。日本希冀RCEP能够最大限度地将其对于经贸规则的各项诉求纳入其中,而这就需要一个现实参照物。

基于此,一方面TPP成了日本向RCEP输出经贸规则、牵引RCEP实现"TPP化"的现实参照物,另一方面,先TPP后RCEP的次序选择也有利于安倍内阁在区域经济一体化上抢占战略先机,为其谋求在RCEP谈判中掌握主导权增添底气。这也是为什么在美国退出TPP后,日本仍竭力推动CPTPP成行的根本原因。日本认为,虽然自身的综合国力对华已处于劣势,但如果能够引导RCEP和中日韩FTA的谈判朝着其所擘画的方向发展,经济上,可借此加速区域价值链和供应链的整合,降低交易成本和规则壁垒,更好地进入中国及其亚太国家市场,以收获更多的经济红利;政治上,有利于日本在区域经济一体化的建章立制方面引领谈判的方向,确立对华的规则优势。这种由规则导向所蕴含的"报酬递增"和"框设效应"便是安倍内阁亚太区域一体化政策所寻求的规则收益。

第一节 制度竞争视阈下日本对华博弈的机会窗口

随着中国的发展和国际体系的性质发生重大变化,国际制度(international institutions)竞争已逐渐成为大国战略竞争的新焦点与新特质。[1] 国际制度泛指在国家之间的交往过程中逐渐形成,并在国际范围内约束着包括国家在内的主体活动的一系列具体规则和决策程序。[2] 狭义上,它意指

---

[1] Beth Simmons and Lisa Martin, "International Organizations and Institutions," in Walter Carlsnaes, Thomas Risse and Beth Simmons, eds., *Handbook of International Relations*, London: Sage, 2002, p.194; C. Fred Bergsten, Charles Freeman, Nicholas R. Lardy and Derek J. Mitchell, *China's Rise: Challenges and Opportunities*, Washington, D. C.: United Book Press, 2008, p.229.

[2] Peter Hass, Robert Keohane and Mare Levy, *Institutions for the Earth: Sources of Effective International Environmental Protection*, MIT Press, 1999, p.5.

对国家行为和国际互动有约束力的规定,是政府之间经协商同意而达成的、涉及某一问题领域的明确规则;广义上,除了指令性规定外,它还包括指导性原则和规范,以及各种制度性安排。国际规则可能是国际法、道义准则、习惯或者既有惯例,也可能只是操作规则或者"游戏规则"。①

在国际秩序转型阶段,围绕国际制度的缔造、改革和退出所展开的博弈,本质上是大国权力、利益和观念的竞争。② 如从霸权稳定论的视角而言,国际制度说到底是由某一霸权国家或少数支配性国家(dominant state)通过国际公共产品供给而构筑的一种国际秩序。一旦国际制度未能满足制度成员的利益或者过激行为体对既有制度感到不满是产生国际制度竞争的主要原因。③

新自由主义将国际制度这一非结构因素当作影响国家行为的重要变量。其强调国际制度的存在和运行本是由于国际行为体的需要,因为国际制度降低了行为体之间的交易成本,提高了信息的透明度,便利了共赢型博弈,加大了国际行为体实现利益的可能,加强了它们的合作取向,以达到减弱战争危险、维持秩序和国际治理的目的。所以,各国需要国际制度,以摆脱囚徒困境,争取双赢的结果。这样,国际制度就具有了服务功能,使国家知道如何权衡利弊,如何在国际制度提供的框架之内,以最小的成本获得最大的利益。与此同时,也减弱了无政府性效应,加大了国家之间合作的可能。④

建构主义认为国际体系是社会性的建构,国际社会需要规则和制度加以维系,因为其在拥有解决问题的服务功能的同时还有塑造行为体偏好和身份的转化作用。⑤ 一方面,它对成员国具有一定程度的约束力,有助于减少国际合作的不确定性;另一方面,同一制度对不同国家的影响各异,任何一种制度都可能导致成员国相对收益的变化,这就使得成员国(如实力相对强大的国

---

① 潘忠岐:《广义国际规则的形成、创制与变革》,《国际关系研究》2016 年第 5 期,第 3 页。
② 汪海宝、贺凯:《国际秩序转型期的中美制度竞争——基于制度制衡理论的分析》,《外交评论》2019 年第 3 期,第 59 页。
③ Julia Morse and Robert Keohane, "Contested Multilateralism," *The Review of International Organizations*, Vol. 9, No. 4, 2014, pp. 385 – 412.
④ Robert O. Keohane, "Neoliberal Institutions: A Perspective on World Politics," in Robert O. Keohane, *International Institutions and State Power: Essays in International Relations Theory*, Boulder, Colo.: Westview Press, 1989, pp. 1 – 20.
⑤ John Gerard Ruggie, "Multilateralism: The Anatomy of an Institution," *International Organization*, Vol. 46, No. 3, 1992, pp. 561 – 598.

家)有强烈的动机去影响甚至主导国际制度的设定,以最大限度地确立对本国有利的规制。①

总体而言,恰是现实主义强调的权力、自由主义强调的利益和建构主义强调的观念这三元的复杂方程联动推动了国际制度的形成和维系。如权力是国际制度形成的基础,而利益则是其形成的原因,而非物质性的观念是国际制度形成并维系,进一步影响行为体行为的关键因素。需要指出的是,一个有效的国际秩序并非仅是主导国提供公共产品就万事大吉了,还需要让所有成员感到安心和信赖,而这就需要一个共同的价值体系支撑。乃至有国际秩序就是国际社会共有价值观的国家之间存在的规则关系,国际制度就是"意识形态的帝国"一说。② 如日本学者篠田英朗就指出,"国际秩序就是以国际社会信奉的原则为基准,而存在的一种状态。因此若要探究国际秩序是什么的话,首先要探究的就是构成国际社会诸原则,或者说是价值规范"。③ 进一步而言,即使发生权力转移,但国际制度也不会马上随之改变,因为由权力而形成的支配性意识形态和规范一旦形成,哪怕国际上权力结构已经发生改变,但国际机制也不会马上崩溃,依旧会存在。这样,国际制度之争虽然表现为不同国家对于国际规则制定权的争夺,但由于这些规则的制定通常又有某一套价值规范为依据,因此国际制度之争很大程度上也可以说是观念之争。④

现阶段,亚太地区的主要大国都在积极塑造和影响不同形式的国际制度,以实现各自的权力、利益或价值诉求,这使得国际制度竞争在全球与区域等不同层次、经济和政治等各个议题中都极为激烈。进一步地,它一方面指国家间选择制度和制度体系的竞争,竞争主体是国家,竞争内容是国家制度,这正是国际层次的制度竞争;另一方面指国际行为体为建立国际制度、国际组织而展开的竞争,竞争目的在于取得国际规则的制定权,本质上是国际层次的制度竞争。⑤ 此外,由于经济全球化和区域一体化的进程高度依赖相关的国际经贸规

---

① 李向阳:《国际经济规则的形成机制》,《世界经济与政治》2006 年第 9 期,第 67 页。
② 山本吉宣,『国際レジームとガバナンス』,有斐閣 2008 年、75 頁。
③ 篠田英朗,『国際社会の秩序』,東京大学出版会 2007 年、4 頁。
④ 「現実主義の国際政治観」,『高坂正堯著作集 7』,都市出版 2000 年、216 頁。
⑤ 李巍、罗仪馥:《从规则到秩序——国际制度竞争的逻辑》,《世界经济与政治》2019 年第 4 期,第 29、33—34 页。

则,因此相比其他议题领域,该领域的规则更为丰富。

在国际政治的语境中,"窗口"最初的意涵是指客观上一个国家相对实力即将衰落或正在衰落的一个时期。①"机会窗口"分析的是当相互竞争国家间均势发生了迫在眉睫的转移时,衰落一方认识到己方对他国的影响力和主导力虽然下降,但还未到质变程度,因此己方存在正在减弱的进攻性机会。② 具体到日本而言,一方面在经济上经历了所谓"失去的二十年"之后,民众的自信心严重受挫,社会也越来越呈现出一种焦虑失衡的状态,对国家的未来疑虑重重,另一方面,经历过明治维新的近代辉煌和战后经济崛起所带来的大国荣光,日本社会的心理投射恰恰是不甘于国家就此"沉沦"。以此为背景,日本希冀能有一个强有力的领导人通过国家政治调整解决社会问题,并积极应对国际化竞争,全方位地彰显国际影响力,以重塑一个值得夸耀的国家经历来"治愈"日本社会焦虑失望的心灵。因此,安倍明确发出"日本不是也永远不会沦为二流国家"③这样的大国化宣言,可以说恰好与日本欲进行一搏的社会心态相契合。另外,从客观层面而言,今天的日本得益于在全球价值链中的高端地位,经济总量稳居世界第三,综合国力仍名列世界前茅。概言之,日本认为依托强大的经济实力,并配合运用其他软实力,维持其大国优势地位的机会窗口尚未尽失。

美国麻省理工学院教授斯蒂芬·范·埃弗拉(Stephen Van Evera)的研究认为,处于衰落的一方如果认为它不可能与崛起国并驾齐驱,就会抓住权力转移过程结束前的机会窗口,把握住虽然正在减弱但仍属于进攻性的机会,开展针对崛起国家的竞争,借以获得"抢先行动的利益"。④ 正如日本京都大学教授中西宽所指出的,"当今的国际政治大国已从直接的权力斗争转向了围绕规则

---

① Peter Pringle and William Arkin, *SIOP: The Secret U. S. Plan for Nuclear War*, New York: Norton, 1983, p. 196.

② [美]斯蒂芬·范·埃弗拉著,何曜译:《战争的原因:权力与冲突的根源》,上海世纪出版集团2014年版,第88—89页。

③ 安倍晋三、「日本は戻ってきました」,首相官邸,2013年2月23日、http://www.kantei.go.jp/jp/96_abe/statement/2013/0223speach.html。

④ [美]斯蒂芬·范·埃弗拉著,何曜译:《战争的原因:权力与冲突的根源》,上海世纪出版集团2014年版,第46页。

和制度的竞争"。① 因此,日本认为尽管在综合国力上相对中国已处于劣势,但机会窗口仍未逝去②,若在特定领域如利用软实力稳定和引领现有秩序、规则等方面擘画得当,仍可以与中国抗衡甚至占据优势。③ 而在经济全球化和区域一体化的时代,"贸易为国家提供了一条通过发展经济而非军事征服来改变自身国际地位的途径"。④ 显然,日本所强调的秩序和规则竞争主要指的就是经贸规制。

传统的双边或多边 FTA 主要是为了互相开放市场,因在区内实行不同程度的自由贸易,而对外部市场实行保护贸易,使得区内的交易成本(transaction costs)随之降低,进而导致区内与区外的贸易方原有的贸易方向发生转变,产生贸易转移(trade diversion)效应。⑤ 但随着全球价值链的形成和商品水平位移的出现,资本的全球配置日益成为趋势,主要发达经济体的对外经济政策偏好也从为工业品寻找市场转变为保护对外投资的利益,以期加速区域价值链和供应链整合,降低交易成本和规制壁垒。以此为背景,主要发达经济体越来越青睐于将综合性、高标准的 FTA 视为制定新一代国际经贸规则的主要路径。⑥ 其内在逻辑从关注"互相开放市场"转为更加注重"互相保护资本",因而十分关注促进国际生产网络中商品、服务、资本和人员的自由流动,强调包含资本流动、对外直接投资(FDI)保护、竞争和国有企业等规则的建构。⑦

---

① 中西寛,「勢力圏競争力が抱え込む不確定性」,『中央公論』2015 年 6 月号、93 頁。

② Richard McGregor, *Asia's Reckoning: China, Japan, and the Fate of U. S. Power in the Pacific Century*, p. 10.

③ 遠藤乾・大芝亮・中山俊宏・宮城大蔵・古城佳子,「国際秩序は揺らいでいるのか」、『国際問題』2018 年 1・2 月号、13 頁。

④ Joseph S. Nye and David A. Welch, *Understanding Global Conflict and Cooperation: An Introduction to Theory and History*, 10th ed, Boston: Pearson, 2017, p. 68.

⑤ J. Michael Finger and L. Alan Winters, "Reciprocity in the WTO", Bernard Hoekman, Aaditya Mattoo, and Philip English eds., *Development, Trade, and the WTO: A Handbook*, Washington, D. C.: World Bank, 2002, p. 50.

⑥ Daniel W. Drezner, "The System Worked: Global Economic Governance During the Great Recession", *World Politics*, Vol. 66, No. 1, 2014, p. 153. Silke Trommer, "The WTO in an Era of Preferential Trade Agreements: Thick and Thin Institutions in Global Trade Governance", *World Trade Review*, Vol. 16, No. 3, 2017, p. 521.

⑦ Richard Baldwin, "WTO 2.0: Governance of 21st Century Trade", *Review of International Organizations*, Vol. 9, No. 2, 2014, p. 280. Richard Baldwin, "The World Trade Organization and the Future of Multilateralism", *Journal of Economic Perspectives*, Vol. 30, No. 1, 2016, p. 111.

对于在经贸规则的建章立制过程中获得主导权的行为体而言,通过设定自由化率高的经贸规则而获得的规则收益,既包括经济上的报酬递增(increasing returns),也包括政治上的框设效应(framing effects),并由此产生决定新一轮经济体系的路径依赖,进而影响世界经济格局和力量对比的变化。

从经济角度而言,因 FTA 中生产网络的贸易流量增加而溢出的贸易创造(trade creation)效应会让全体参与者或多或少受惠。如发展中经济体,可借此将农产品和轻工业产品打入发达经济体的市场,并借助在人力资源等方面的优势嵌入全球价值链。[1] 而发达经济体借助对服务业开放、投资保护和技术转让等规则的主导,可以逐步加大对发展中经济体市场的掌控,从而实现报酬递增。[2]

从政治角度而言,发达经济体围绕投资、竞争、政府采购和贸易便利化等议题进行高标准设定,本质上是为了本国的跨国资本利益,以强大的综合国力和先进的国内经济治理为后盾,有效削弱发展中经济体的政策自主权,压缩其国内政策空间,实现框设效应。一般而言,发展中经济体缺乏资本和技术,且国内经济制度和治理水平相对落后,为进入发达经济体市场,吸收发达经济体的投资,主观上不得不顺从发达经济体的意愿,签署由其主导的 FTA。[3] 而且,发展中经济体在客观上也不具备规则制定的议价能力,最终只能以压缩国内政策空间来换取发达经济体的资本和市场,落得"被人牵着鼻子走"的下场。因为要提升本国在全球价值链中的位置离不开政府的产业政策,而国内政策空间的大幅度让步不仅会增加经济发展风险,也将严重制约其实现产业升级的政策选择。[4]

---

[1] Gianluca Orefice and Nadia Rocha, "Deep Integration and Production Networks: An Empirical Analysis", *The World Economy*, Vol. 37, No. 1, 2014, p. 125.

[2] 张宇燕:《发展中国家如何实现长期增长》,《人民日报》2015 年 7 月 12 日。

[3] Julia Gray, "Domestic Capacity and the Implementation Gap in Regional Trade Agreements", *Comparative Political Studies*, Vol. 47, No. 1, 2014, pp. 55–84.

[4] 管传靖:《全球价值链扩展与多边贸易体制的变革》,《外交评论》2018 年第 6 期,第 49 页; Kaoru Natsuda and John Thoburn, "How Much Policy Space Still Exists Under the WTO? A Comparative Study of the Automotive Industry in Thailand and Malaysia", *Review of International Political Economy*, Vol. 21, No. 6, 2014, pp. 1346–1377.

具体到安倍内阁的亚太区域一体化政策,其打出的口号是构筑战略性的通商关系和推进经济合作,重点是以 TPP 为范本在亚太地区构筑新的经贸规则,并借以提升 RCEP 及中日韩 FTA 的自由化率,以此在规则层面发挥主导作用。① 因此,日本在 RCEP 谈判中始终坚持输出 TPP 谈判中所确定的经贸规则、牵引 RCEP 实现"TPP 化"的立场。

在奥巴马政府时期,安倍的思路是在同盟框架内积极配合美国的全球及亚太各项战略,通过扮演美国以外的"次核心"角色来争取主动权。但 TPP 因美国的退出而胎死腹中,特朗普政府打着"美国优先"的旗帜,推行以实现"对所有美国人更自由和更公平的方式扩大贸易"②为目标的单边主义对外贸易政策,这一方面让日本认为自身的安全和经济受到严重损伤③,担忧由美国主导的自由贸易体制有崩溃之虞④,另一方面也让日本发觉这有利于其在形塑地区秩序乃至国际秩序方面发挥更大的自主作用,扮演"半美国"的标杆角色。⑤ 现阶段,安倍内阁通过主导 CPTPP 成行和与欧盟签署"经济伙伴关系协定"(EPA),不但为其在 RCEP 及中日韩 FTA 谈判中坚持既定立场增添了底气,还显示出其在维护自由开放的国际经济秩序方面所发挥的带头作用,并在引领全球经济规则秩序方面已处于领先地位。

第二节 安倍内阁主导 CPTPP 的战略意图

日本政府自 2002 年出台《日本的 FTA 战略》后,其 FTA 政策呈现出两个特征:第一是方式上采用 EPA 模式。相比一般的 FTA 以取消关税和其他贸易限制为核心,EPA 还涵盖了投资、服务、人员流动及金融货币等领域。第二

---

① 首相官邸,「日本再興戦略」,2013 年 6 月 14 日、https://www.kantei.go.jp/jp/singi/keizaisaisei/pdf/saikou_jpn.pdf。

② Office of the United States Trade Representative, "2017 Trade Policy Agenda and 2016 Annual Report of the President of the United States on the Trade Agreements Program", March 2017, https://ustr.gov/sites/default/files/files/reports/2017/AnnualReport2017.pdf[2018-12-26]。

③ Yuki Tatsumi, "Abe and Trump's Friendship without Benefits", *Australia & Japan in the Region*, Vol. 6, No. 4, 2018, pp. 25-28.

④ 浦田秀次郎,「崩壊の危機に直面する自由貿易体制」,『国際問題』2018 年 12 月号,2 頁。

⑤ Lully Miura, "US-Japan Cracks Are Starting to Show", September 5, 2018, http://www.eastasiaforum.org/2018/09/05/us-japan-cracks-are-starting-to-show.

是以 2010 年《关于综合性经济合作的基本方针》和 2013 年《日本振兴战略》的出台为契机,明确提出日本不但要与世界主要贸易国建设高水平的 FTA[①],还要在亚太地区构筑由日本主导的经贸规则,使其成为全球贸易投资规则制定的重要参与者。[②] 安倍内阁意图借此在亚太新一轮经贸规则的建章立制过程中构筑对华的制度优势,还要获取最大的制度收益。无论是加入美国主导的 TPP,还是力推 CPTPP 的成行,均是上述战略意图的努力实践。

TPP 是由美国主导的号称综合性、高水平、21 世纪新型 FTA 代表的跨区域自由贸易协定,凝结了美国意图重新引领全球贸易谈判议程、强化安全同盟和重建国际规则的巨大战略野心。从内容看,随着贸易自由化与投资保护、国际税收、环境保护等一系列议题日益紧密地交织在一起,TPP 不仅纳入了促进互相间关税减免和市场准入等内容,还大量涉及消除市场监管体系的差异和建设高标准的投资保护、知识产权保护、劳工、环保等政策。从路径看,美国通过"区域撬动多边"的迂回手法,致力于将谈判所签署的协定转化为国际通行的制度规范,借以有效维系以美国为中心、日欧为侧翼的制度霸权。在奥巴马主政时期,美国就是以"北美自由贸易协定"(NAFTA)为躯干,以 TPP 谈判和"跨大西洋贸易与投资伙伴协定"(TTIP)谈判为侧翼进行联动布局的。

作为回应,安倍不顾国内的强烈反对,于 2013 年 3 月 15 日宣布参与 TPP 谈判,做出了积极配合美国战略布局的姿态。此外,日欧也认识到,若日欧自由贸易区能够建成,无疑将成为连接美国主导的 TTIP 和 TPP 框架的关键性中间环节,对双方参与重构世界经济格局具有重大意义。以此为背景,美日欧三方借 TPP、TTIP 及日欧 EPA 这三大"巨型 FTA"(mega-FTA)[③],构筑起了三大主要发达经济体之间互动的全球贸易新一轮规则制定的蓝图。

---

① 首相官邸、『包括的経済連携に関する基本方針』、2010 年 11 月 6 日、https://www.kantei.go.jp/jp/kakugikettei/2010/1106kihonhousin.html。

② 首相官邸、『日本再興戦略』、2013 年 6 月 14 日、https://www.kantei.go.jp/jp/singi/keizaisaisei/pdf/saikou_jpn.pdf。

③ 内田聖子、「メガ FTA の現実—メガ FTA の行方とあるべき貿易ルールへの模索—」、岡田知弘・自治体問題研究所編『TPP・FTA と公共政策の変質』、自治体研究社 2017 年、20 頁。

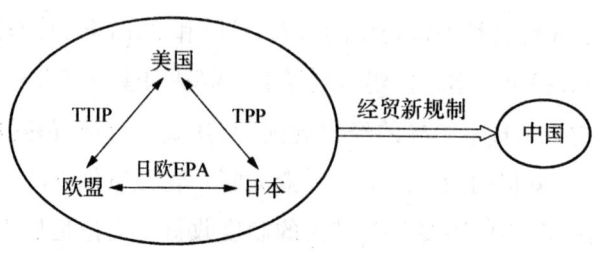

图3-1　美日欧擘画经贸新规制的战略意图示意

上述三大"巨型FTA"排除了以中国为代表的新兴经济体,因此一旦达成协定,不但等同于美日欧在自由贸易协定方面完成合围,更意味着西方世界在贸易规则的建章立制方面对中国等新兴经济体确立了主导权。而在美国擘画的路径依赖中,日本的角色至关重要。TPP从开始到完成的过程,美国居首并发挥着战略主导作用,而日本居中,扮演着积极推动该目标实现的战略辅助角色,中国则被定位为最末的战略对象。唯有如此,才能对华形成巨大压力,让中国面临要么被孤立,要么被迫接受规则加入其中的窘境。

但在日本国内,围绕是否加入TPP问题却一直争论不休,甚至有TPP让日本社会"一分为二"之说。而即使在日本正式参与TPP谈判后,其国内围绕加入TPP对日本到底是利大还是弊大的争论也延续至今。

反对日本加入TPP的观点总结起来主要是三点:首先是受损害的利益集团的反对,日本农业协同组合(简称"农协")(Japan Agricultural Cooperatives, JA)是其代表。农业一直是日本经济的弱项,而TPP却要求日本以前所未有的力度开放农业市场。[①] 因此"农协"认为TPP对日本农业领域而言不啻是灭顶之灾,遂表示强烈反对。

其次是日本国内农业、经济领域的一些学者从制度经济学(Institutional economics)批判新古典主义经济学(Neoclassical economics)的视角出发,强调日本一直致力打造"遍地青山绿水"的"田园型都市国家",重视的是收入分配

---

① 日本农林水产品在TPP中的自由化率为82.3%。值得关注的是,安倍在参与TPP谈判前夕曾在国会公开承诺将大米、大小麦、牛肉和猪肉、乳制品及砂糖和淀粉等五种农产品界定为绝不减免关税的"圣域"。但从协定内容来看,在五种农产品所涵盖的586项关税品目中仍有174项废除关税,所占比重为29.7%。参见「TPP農林水産物市場アクセス交渉の結果」,http://www.maff.go.jp/j/kokusai/tpp/pdf/tpp_1.pdf;「TPP協定の概要(要旨)」,『朝日新聞』2015年10月6日。

的公平性。而TPP却反其道而行之，只重视资源分配的效率性。因此，日本加入TPP的结果只能使之蜕变成"跨国公司的天堂"和凡事依靠审判解决的美国式诉讼文化的"骨肉相残的沙漠之国"。①

最后是一些学者测算认为TPP对日本经济几无提振功效，甚至有人指出是负面影响。美国曾经测算认为TPP可以使日本经济增长率提高1.96%。②安倍内阁于2015年12月24日公布的测算结果则更为乐观，指出TPP对日本经济的提振效果为13.6万亿日元，约占日本GDP的2.59%，并可新增79.5万个就业机会，如果算上日本此前与TPP其他成员国签署EPA所带来的经济效应，这个数字将增至20.1万亿日元，约占日本GDP的3.84%。③

但安倍内阁公布的结果是以社会完全就业为假设前提，认为TPP对日本农业的影响微乎其微，而对工商业的提振效果却相当可观。因此，这一结果一经发布便遭到众多质疑，认为是在为安倍强推TPP背书，与实际状况严重不符。④ 如东京大学教授铃木宣弘测算的结果就显示，TPP不但会对日本农业带来1.5万亿日元的损失，影响还会波及第二、第三产业，连带损失达到3.6万亿日元，并造成76.1万人失业。⑤ 更有甚者，有测算认为TPP将导致日本农业损失10.54万亿日元，并造成190万人失业，非但无助于提振日本经济，反而会带来负增长。⑥

对安倍内阁而言，TPP作为"安倍经济学"的重要环节，在国际层面主要是借此实质上缔结日美EPA，提升日本商品在美国市场上的竞争力，在国内层面主要以TPP为倒逼机制，推动国内的经济结构改革。而在安倍最为关注的政

---

① 農文協編、『TPP反対の大義』、農文協ブックレット2011年、9—11頁；宇沢弘文、『社会的共通資本』、岩波新書2014年、30頁。
② Peter A. Petri and Michael G. Plummer, "ASEAN Centrality and the ASEAN-US Economic Relationship", East-West Center, 2014, http://scholarspace.manoa.hawaii.edu/bitstream/handle/10125/32922/ps069.pdf?sequence=1.
③「TPP協定の経済効果分析について」、http://www.cas.go.jp/jp/tpp/kouka/pdf/151224/151224_tpp_keizaikoukabunnseki01.pdf。
④ 服部信也、『TPP協定の全体像と日本農業・米国批准問題』、農林統計協会2016年、81—84頁；「TPP甘い試算 対策効果を過大に評価」、『日本農業新聞』2015年12月25日。
⑤ 岡田知弘・自治体問題研究所編、『TPP・FTAと公共政策の変質』、自治体研究社2017年、96頁。
⑥ 山田正彦、『TPP秘密交渉の正体』、竹書房新書2014年、50頁；田代洋一、『TPP=アベノミクス農政—批判と対抗—』、筑波書房ブックレット2013年、23頁。

治意涵方面，TPP被其视为重要的机会窗口，一方面意欲借此与美欧共同擘画世界经贸新秩序，强化规则建构在区域经济一体化过程中的重要性，以巩固其在区域乃至全球价值链中的地位，另一方面彰显日本是高水平世界贸易规则的牵引者，并在RCEP及中日韩FTA谈判中扮演规则制定的主导者角色。① 如安倍就曾明言，不应以单纯的经济利益来衡量TPP对日本国家利益的重要性，而应以更为长远、更为战略的视角来综合评估TPP对日本的重要意义。②

2017年1月23日，TPP因美国特朗普政府的退出而胎死腹中。这无疑对日本冲击巨大，直接导致安倍内阁的TPP战略意图沉沙折戟。③ 作为因应之策，它应有哪几种选择呢？第一，将重点转向RCEP；第二，放弃TPP，转而与美国谈判双边自由贸易协定；第三，游说特朗普政府回心转意，重返TPP；第四，集结其他十国进行重新谈判，在TPP基础上缔结一个新的自由贸易协定。需要说明的是，从平衡性的视角而言，实际行动中往往是几个选项有所侧重地同时进行。

从经济角度考量，日本将工作重心转向RCEP，推动各方早日缔结协议最符合其国家利益。众所周知，亚太地区不但已成为世界上经济最活跃的区域，更成为推动世界经济增长的最重要引擎。而RCEP恰可以有效地使区域内各成员按竞争优势和区位条件重新调整其在亚太地区的产业布局与生产网络，形成有效的国际生产分工体系。④ 因此，从日本在全球价值链所处的位置来看，RCEP对其积极意义不言而喻。进一步而言，如果说TPP是日美FTA的扩大版的话，那么RCEP也可以说是中日FTA或中日韩FTA的某种变体。⑤ 一方面，中国是日本最大的贸易伙伴，另一方面，RCEP的提出本身就体现了中日两国求同存异，在维护区域经贸秩序等问题上秉持务实、合作立场的

---

① 「日本再興戦略2016—第4次産業革命に向けて—」、首相官邸、2016年6月2日、https://www.kantei.go.jp/jp/singi/keizaisaisei/pdf/zentaihombun_160602.pdf。

② 「米国連邦議会上下両院合同会議における安倍内閣総理大臣演説」、首相官邸、2015年4月29日、http://www.kantei.go.jp/jp/97_abe/statement/2015/0429enzetsu.html。

③ 日本国際問題研究所編、『ポストTPPにおけるアジア太平洋の経済秩序の新展開』、2017年3月、41—42頁。

④ 王金波：《从TPP、TTIP看国际规则的最新发展趋势及其对中国的影响》，《国际战略研究报告》2013年第20期，第3页。

⑤ 大木博巳、「日本のTPP貿易、RCEP貿易—TPPによる対米輸出への影響—」、『国際貿易と投資』2016年夏季号、92頁。

重要意义。因此,若RCEP能够早日结束谈判,不但对提振日本经济多有助益,对改善中日关系乃至维护地区局势的稳定与繁荣亦大有裨益。

然而,安倍内阁对RCEP的态度并未立即变得积极起来,而是仍秉持"求质不求速"的既定立场,并不急于推动RCEP达成协议。如在大多数谈判国希望尽快达成协议的情况下,日本经济产业大臣世耕弘成在2017年9月RCEP部长级会谈中依旧只是强调说"应当达成高质量的协定","即使用更长时间,也要坐下来好好谈"。① 日本外务大臣河野太郎也明确表示"低水平地完成谈判毫无意义",除了市场准入外,在电子商务、知识产权等规则领域应尽可能达成"高品质"的协议。②

再看第二选项。众所周知,特朗普政府对外贸易政策秉持要求别国对己开放市场,但自己实施贸易保护的"单边获利的零和立场"。③ 美国贸易代表办公室(USTR)就曾明确指出,"利用一切可能的资源与手段打开外部市场,并促使其他国家为美国的商业活动提供更为便利的政策环境","启动与主要贸易伙伴的谈判,以达成对美国更为有利的新合作方案"。④ 基于此,美国对日本提出开展"自由、公正、相互的贸易协商"的倡议,双方于2018年9月26日同意开展"美日货物贸易协定"(TAG)谈判。美国要求日本做出比TPP更大的对美让步承诺,以便确保从汽车到农产品的一系列美国产品获得更大市场准入。此外,日本对TAG的定位是"货物"贸易,美国却明言这是涵盖服务业、投资、知识产权和不公正贸易惯例等在内的双边自由贸易谈判。⑤ 双方的立场分歧是不言而喻的。

至于第三、第四选项,安倍内阁的选择是以第四选项为主、兼顾第三选项。一方面竭力集结美国以外的十国进行重新谈判,并在保留TPP 95%左右的核心内容基础上推出CPTPP,另一方面又反复对美解释重返TPP的重要意义。2018年12月30日,CPTPP正式生效。从自由化率来看,CPTPP比TPP稍

---

① 「RCEP年内妥結、各国歩み寄り焦点あす、比で閣僚会合」、『朝日新聞』2017年9月9日。
② 河野太郎、「二〇一八年日本外交の展望」、『外交』2018年1/2月号、6—19頁。
③ The White House, "Press Conference by President Trump After G7 Summit", June 9, 2018, https://www.whitehouse.gov/briefings-statements/press-conference-president-trump-g7-summit/.
④ Office of the United States Trade Representative, "2017 Trade Policy Agenda and 2016 Annual Report of the President of the United States on the Trade Agreements Program", March, 2017, https://ustr.gov/sites/default/files/files/reports/2017/AnnualReport2017.pdf.
⑤ "US, Japan agree to negotiate a free trade agreement", September 27, 2018, https://www.apnews.com/386aeb73a3e24dc4b1e83af4f87572cc.

低,而且冻结了 TPP 中有关知识产权章节的国民待遇、专利期限、数据保护、法律救济、政府采购章节的劳工权力条款和进一步谈判条款、投资者—政府争端解决条款(ISDS)、海关管理和贸易便利化、金融服务的投资待遇标准、电信争端解决机制的复议条款等 20 项内容,以待未来美国重返 TPP 后恢复生效。① 那么 CPTPP 究竟能为日本带来多大的经济利益呢？首先,日本 GDP 占 CPTPP 成员国 GDP 总量的 45% 左右,成为主导国的同时,也需要向其他成员国提供相应的公共产品；其次,澳大利亚、新加坡、马来西亚等十国并非日本最重要的贸易伙伴；最后,日本已与除加拿大、新西兰以外的八国签署了双边 EPA,尽管这些协定的自由化率不如 CPTPP,但 CPTPP 基本不能为日本带来多大经济实效却是不争的事实②,甚至有学者测算认为其对日本经济将带来负增长。③

那么安倍内阁主导 CPTPP 的政策取向究竟何在？一是有利于日本在地区乃至全球范围内树立自身是国际多边自由贸易体制的维护者的形象。安倍内阁一直以"重振强大日本"为己任,竭力谋求在全球政治、经济及安全事务中扮演大国角色。日本清楚自身国力并不足以塑造地区秩序,惯于选择通过强化日美同盟,在同盟框架内积极配合美国各项战略擘画来争取主动权的路径依赖。但特朗普的"退群"把日本推到了前台,成了促使其发挥领导力、引领全球经贸新规则的契机。④ 与此同时,日本也明白仅靠 CPTPP 是独木难支,因而加快推进日欧 EPA 的谈判进程,使之成为构筑"高标准自由贸易体制"的另一重要支点。

以 2010 年《关于综合性经济合作的基本方针》和 2013 年《日本复兴战略》

---

① 内阁官房,「TPP11 協定の合意内容について」,2017 年 12 月 11 日、https://www.cas.go.jp/jp/tpp/setsumei/pdf/tokyo2017/20171211_TPP_setsumeikai_shiryo01.pdf.

② 安倍内阁公布的测算结果显示 CPTPP 对日本经济提振效果为约 7.8 万亿日元,约占日本国内生产总值(GDP)的 1.49%。但这是以社会完全就业为假设前提的,若只考虑关税减免和扩大市场带来的成效,CPTPP 的提振效果为约 1.8 万亿日元,约占日本 GDP 的 0.34%。内阁官房,「日 EU・EPA 等の経済効果分析」,2017 年 12 月 21 日、http://www.cas.go.jp/jp/tpp/torikumi/pdf/20171221_eutpp_bunseki.pdf;「新しく加わる国は 2 か国のみ!? 日本の狙いとメリットは何？」,https://hunade.com/cptpp.

③ 川崎研一,「台頭する地域統合の不確実性—代替的な地域貿易協定シナリオの経済効果—」,政策研究大学院大学(GRIPS),2017 年,256 頁。

④ Cory Baird, "TPP Remains Largely Unchanged in Attempt to Lure back U.S., Japanese Official Says", *The Japan Times*, February 21, 2018.

的出台为契机,日本明确提出要与世界主要贸易国建设高水平的FTA。具体而言,日本与别国签署的FTA均称为EPA,即《经济伙伴关系协定》。相比一般的FTA以取消关税和其他贸易限制为核心,EPA还涵盖了投资、服务、人员流动及金融货币等领域。显而易见,日欧EPA就是日本构筑"高标准自由贸易体制"的一大支点,彰显了在美国缺位后日本意欲继续使发达经济体主导世界经贸规则的战略意图。

始于2013年4月的日欧EPA谈判是双方战略性双轨谈判的一部分。双方宣称要根据自由、开放、公平的贸易规则,建立一个高标准的自由贸易区,并在公平贸易和投资规则等领域为21世纪的经济新秩序树立典范。[①] 日欧EPA共分23章,内容除货物贸易外,还涉及原产地规则、政府采购、国有企业、知识产权等众多领域。在服务贸易领域,涵盖邮政和快递服务、电信、国际海运服务、金融服务和商务人员的临时流动等内容。其中商务人员的临时流动达到了欧盟迄今最高标准,涵盖了所有传统类别和新类别,以支持双向投资。此举目的是确保欧盟邮政和快递服务供应商与日本邮政之间的平等竞争。

在国有企业方面,国有企业在商业市场上进行经营时,将不允许以与日本同行不同的方式对待欧盟公司、服务或产品,以确保公私营公司之间的公平竞争。在政府采购方面,欧盟公司将能够与日本企业平等参与日本48个"核心城市"采购招标,居民人数在30万~500万人。该协议还消除了铁路行业现有的采购障碍。在公司治理方面,基于G20/OECD的公司治理原则,反映了欧盟和日本的最佳实践和规则。双方承诺遵守关键原则和目标,如披露上市公司信息;管理层对股东的问责性;基于客观和独立的立场进行负责任决策;有效和公正地行使股东权利;透明和公平的收购交易。在贸易和可持续发展方面,确立了劳动、安全、环保和消费者保护的最高标准;加强欧盟和日本在可持续发展和气候变化方面的行动,全面保障公共服务。在反欺诈条款方面,使欧盟有可能在欺诈和拒绝合作的情况下撤销关税优惠,同时确保合法贸易商不

[①] 进入21世纪后,日欧为深化合作、促进共同繁荣、提升战略潜力的基础,于2013年3月25日开启了战略性双轨谈判的架构:一是启动了涵盖政治对话、区域和全球挑战应对合作,及部门间合作等一揽子合作框架的《战略伙伴关系协定》(SPA)谈判;二是为提升双方贸易和投资流,开发新的经济增长和就业机会,并在未来世界经济贸易的建章立制过程中掌握主导权,启动了自由贸易协定的谈判。参见宋黎磊、蔡亮:《冷战后欧日合作模式特征刍议》,《欧洲研究》2017年第6期。

受到不利影响,目的是防止滥用优惠关税待遇。

与TPP谈判相仿,日欧因在汽车、农产品等领域的分歧较大,导致双方谈判延宕日久。但在2016年TTIP谈判中断和2017年特朗普政府宣布退出TPP之后,双方意欲树立作为维护自由贸易秩序旗手的形象,反而加快谈判步伐,并最终在2018年7月17日签署协定,2019年初正式生效。① 根据该协定,日本约94%(工业品100%,农产品82%)的商品对欧盟分阶段免除关税,而欧盟约99%(工业品100%,农产品98%)的商品对日本分阶段免除关税(参见表3-1)。

表3-1　　　　日欧EPA中主要商品的关税减免情况②

	种类	现行税率	生效后情况
日对欧进口	葡萄酒	15%或125日元/升	立即实现零关税
	猪肉	普通猪肉:482日元/千克 高级猪肉:4.3%	10年内逐步降低
	意大利面	30日元/千克	10年后实现零关税
	巧克力	10%	10年后实现零关税
	奶酪	29.8%	新设3.1万吨的进口额度。在额度范围内,15年后实现零关税
	皮包、皮鞋等	最高30%	10年后(皮包)、15年后(皮鞋)实现零关税
日对欧出口	汽车	10%	7年后实现零关税
	汽车零部件	3%~5%	92%的种类立即实现零关税
	电子产品	最高14%	91%的种类立即实现零关税
	日本酒	10日元(0.077欧元)/升	立即实现零关税

这样一来,CPTPP和日欧EPA的成行,使得日本在21世纪经济新秩序的建章立制过程中占据一定的有利位置,借此既可对美施压又可希冀特朗普政府改

---

① 「日EU、EPA署名　経済圏　世界貿易4割」,『朝日新聞』2018年7月18日。
② 「日EU経済連携協定(EPA)に関するファクトシート」,http://www.mofa.go.jp/mofaj/files/000270758.pdf。

弦更张、重返TPP。退一步而言,也有利于日本在TAG谈判中形成力量加持。此动向还有利于日本在RCEP谈判中提升规制制定的话语权,增加与中国竞争的底气。日本一直意图扮演向RCEP输出贸易规则的角色,牵引RCEP实现"TPP化"。因此,尽管CPTPP仅占世界经济总量的13.5%,影响力远不能和占36.3%的TPP、占29.2%的RCEP等量齐观,但这毕竟是现阶段唯一跨亚太区域的自由贸易协定,且泰国、韩国,甚至英国、哥伦比亚等域外国家也已表态要加入CPTPP[①],在客观上有利于日本巩固自身在区域价值链中的优势地位,同时也在主观上增强了日本用规制影响区域经济一体化的发展方向和谈判走势的意愿。

第三节 安倍内阁在CPTPP谈判中的政策取向

从表面看,RCEP谈判由东盟主导,但这种主导并非源自东盟的综合实力,而是囿于中日因复杂、敏感的矛盾纠结导致领导力缺失,才使得东盟主导成为各方都能接受的折中方案。换言之,RCEP进展顺利与否,主要还是取决于中日两国在谈判中的合作程度。

由东盟和中、日、韩、澳、新、印六国组成的RCEP被认为是亚太地区最具潜力的自由化谈判机制和贸易投资框架安排,虽然其自由化率相比TPP、日欧EPA等有不足,但从经济规模看毫无疑问可以被纳入"巨型FTA"的范畴(参见表3-2)。

表3-2 TPP、RCEP、日欧EPA及TTIP的经济、人口规模

	GDP		人口(亿)
	总量(万亿美元)	全球占比(%)	
TPP	28.0	36.3	8.0
RCEP	22.6	29.2	34.5
日欧EPA	23.1	29.9	6.3
TTIP	35.9	46.5	8.2

注:表中数据均为2014年的数据。
资料来源:内田聖子「メガFTAの現実—メガFTAの行方とあるべき貿易ルールへの模索—」、岡田知弘・自治体問題研究所編『TPP・FTAと公共政策の変質』、自治体研究社、2017年、21頁。

---

① 「米なきFTA加速 保護主義の対抗軸に」、『日本経済新聞』2018年7月18日。

RCEP的要旨在于构建区域内大市场和区域生产网络,挖掘并充分利用新兴市场及中等收入群体的巨大消费力,且中、韩及东盟等日本最重要的贸易伙伴均参与其中,因此毫无疑问将成为拉动日本经济走出低谷的最有力牵引。如从日企供应链角度而言,RCEP集中了亚洲日企零部件进口的90%~95%。进一步而言,其市场潜力巨大,到2050年RCEP在世界GDP中所占比重将超过50%。[1] 而且,各种测算结果未必尽然一致,但不像TPP那样大相径庭,均显示为对提振日本经济有较大成效。比如,美国的测算结果是可以使日本经济增长率提高1.79%[2],日本国内的测算结果有显示为提振效果达5.0万亿日元的[3],也有因关税减免可提高1.5%、因非关税贸易壁垒取消或降低可提高2.9%之说。[4]

若仅从经济收益视角而言,安倍内阁推行亚太区域一体化政策的优先顺序应该是先RCEP后TPP,但为何事实上恰恰相反呢? 安倍内阁的战略意图是要建设以TPP为范本的高水平FTA,并借此构筑由日本主导的亚太经贸规制。这一战略意图决定了日本对RCEP谈判的政策取向是"求质不求速",主张牵引RCEP实现"TPP化",如在货物贸易、服务贸易、投资自由化水平及例外产品和领域实施更大的开放。再如,RCEP第三回合谈判中作出的增设竞争政策、知识产权保护、经济与技术合作、争端解决等四个工作小组的决定,即是日本竭力主张的结果。[5]

RCEP就谈判内容而言共有18章,涵盖货物贸易、服务贸易、投资、原产地规则、金融、电信、自然人移动、电子商务及知识产权等15个领域,整体自由化率约在85%至90%之间。[6] 相比已有的大多数FTA,应该说RCEP的自由

---

[1] 日本国際問題研究所編,『ポストTPPにおけるアジア太平洋の経済秩序の新展開』、2017年、57—58頁。

[2] Peter A. Petri and Michael G. Plummer, "ASEAN Centrality and the ASEAN-US Economic Relationship", East-West Center, 2014, http://scholarspace.manoa.hawaii.edu/bitstream/handle/10125/32922/ps069.pdf?sequence=1.

[3] 作山巧,『日本のTPP交渉参加の真実—その政策過程の解明—』、文眞堂2015年、187頁。

[4] 日本国際問題研究所編,『ポストTPPにおけるアジア太平洋の経済秩序の新展開』、2017年、250頁。

[5] Shintaro Hamanaka, "Trans-Pacific Partnership Versus Regional Comprehensive Economic Partnership: Control of Membership and Agenda Setting", ADB Working Paper Series on Regional Economic Integration, No. 146, December 2014, pp. 13-14.

[6] Shujiro Urata, "Japan's Trade Policy with Asia", *Public Policy Review*, Vol. 10, No. 1, March 2014, pp. 1-31.

化率并不算低。然而,若将之与安倍内阁视为 FTA 范本的 TPP 相比,的确在"质"上存在一定的差距。TPP 的内容有 30 章、包含 1.8 万项商品、涉及 24 个领域(货物贸易占 3 个领域,其他 21 个领域基本属于相关贸易规则制定的范畴)、自由化率高达 98%。① 其在内容上就比 RCEP 足足多了 12 章,如政府采购、国有企业、劳工、环境及横向议题等重要内容,RCEP 均未涉及。进一步而言,在 RCEP 与 TPP 均涉及的内容中,TPP 的开放标准也高于 RCEP,如 RCEP 中货物贸易的自由化率理想目标是 95%,但在 TPP 中该指标数值接近 100%。此外,TPP 在服务贸易、金融、投资等领域的开放力度也非 RCEP 所能比拟的。

虽然 TPP 和 CPTPP 中也有如越南那样经济发展水平较低的国家加入,但其自身经济体量有限,谈判议价能力较弱,基本扮演追随者角色,因而并不足以对谈判进展造成太大影响。相比之下,RCEP 因成员构成最为多元,成员国之间产业结构比较复杂,产业链和产业链的位阶差异较大,集体行动困境凸显得最为明显。

首先,以日本为代表的发达国家和以中国为代表的发展中国家之间围绕谈判议程设置和规则制定存在巨大分歧,这关乎谈判的未来走向,因此是 RCEP 面临的最主要矛盾。相比日澳等发达国家要求牵引 RCEP 实现"TPP 化"、秉持"求质不求速"的立场,中国、东盟等国的基本立场是以早日完成谈判为最优先考量,至于自由化率问题应综合考虑各国经济结构和社会发展水平的差异,即使要追求高自由化率,也应循序渐进地制定相应的路线图,分阶段加以实现。

其次,RCEP 缺乏强有力的主导国来推动谈判的进程。如前所述,东盟在 RCEP 谈判中只能扮演"进程的促进者"(facilitator of process)角色,根本无法胜任"实质的推动者"(driver of substance)一职。② 从经济体量上看,中国 GDP 是日本的 2.5 倍左右,约占 RCEP 总量的一半。但是,日本在经济结构和发展水平上占有优势,而与市场规模相比,技术更具有等级性和垄断性,使

---

① 馬田啓一・浦田秀次郎・木村福成編著,『TPP の期待と課題—アジア太平洋の新通商秩序—』,文眞堂 2016 年,6 頁。

② Yoshifumi Fukunaga, "ASEAN's Leadership in the Regional Comprehensive Economic Partnership", *Asia & the Pacific Studies*, Vol. 2, Issue 1, January 2015, pp. 103-115.

得日本在 RCEP 谈判中拥有较大的议价权力。这从另一角度显示，中国并不具备美国在 TPP 中所拥有的主导力，甚至与东盟形成合力也不足以让 RCEP 加速度前进。因此，尽管 RCEP 细节谈判始于 2013 年 5 月，但直到 2018 年年初各方仅就中小企业和经济技术合作这两个章节达成了共识。① 以此为背景，谈判参与国中还涌动着另一股离心力，如马来西亚、泰国自 2017 年下半年开始就提出一个将印度、澳大利亚及新西兰排除在外的十三国自由贸易圈的新框架机制等。②

最后，印度因素的掣肘。印度因担忧本国商品竞争力不强而提出了较低的市场开放目标。如各国希望印度对 92%（中国希望至少是 90%）的进口产品削减关税，但印度提出分三个层次（three-tier system）减让关税的应对办法，如对东盟提出的开放标准是十年内达到 80%（立即开放部分为 65%，其余开放部分为 15%），对日韩提出的标准是 65%，对中澳新三国的标准最低，仅为 42.5%。③ 又如在知识产权领域，日本强烈要求严厉打击盗版问题，印度则希望制定某种较为宽松的规则。④ 与此同时，印度为助推本国信息技术（IT）人才走向海外，要求在人员流动方面提升自由化水平，这又与重视保护国内就业市场的东盟矛盾重重。⑤

安倍内阁对 RCEP 的目标诉求是牵引 RCEP 实现"TPP 化"，并由此主导 RCEP 的谈判，尤其在规则的建章立制方面取得对华的制度优势。但是，一方面日本清楚 RCEP 绝无可能达到 TPP 的高标准，如果坚持这种"毕其功于一役"做法的话，只会使 RCEP 中途夭折。⑥ 另一方面，日本的做法也是为先 TPP（包括 CPTPP）和日欧 EPA、后 RCEP 这一次序服务的，这样可以有效地让 RCEP 谈判延宕。而当前者已经完成的情况下，意味着日本抢占了

---

① 「〈RCEP〉年内合意　閣僚会合一致、保護主義に対抗」、『毎日新聞』2018 年 6 月 29 日。
② 「RCEP 交渉厳しく」、『日本経済新聞』2018 年 4 月 26 日。
③ 日本国際問題研究所編、『ポスト TPP におけるアジア太平洋の経済秩序の新展開』、2017 年、58 頁。
④ 「RCEP 合意　年内目標」、『日本経済新聞』2018 年 7 月 2 日。
⑤ Shalini Bhutani, "A 'New' Recipe for Trade", February 20, 2017, https://donttradeourlivesaway.wordpress.com/2017/02/20/a-new-recipe-for-trade/.
⑥ 日本国際問題研究所編、『ポスト TPP におけるアジア太平洋の経済秩序の新展開』、2017 年、59 頁。

区域一体化的战略先机,可以在经贸规则建章立制的过程中占据主导地位的同时,适当在RCEP谈判中展现一定的灵活性。这样一来,既有利于日本实现对RCEP谈判的主导,又能够最大限度地获取制度收益,可谓"一石二鸟"。

基于此,安倍内阁终于在2018年3月于新加坡召开的第四次部长级会议上,对RCEP谈判态度开始转为积极,在强调致力于实现高水平自由化目标的同时,也准备展现灵活性。日本负责谈判的经济产业大臣世耕弘成不但首次明确表示支持东盟寻求年内达成共识的意向,还倾向于同意给发展中国家在协定生效后留出一定的缓冲期。①

中国一直是国际多边贸易体制的坚定维护者。自2002年中国与东盟签署"全面经济合作框架协议"以来,中国在不断推进区域一体化进程,加快开展各种FTA谈判的同时,逐渐将自贸区提升至国家战略层面,如继中共十七大报告首次写入"实施自由贸易区战略"②后,中共十八大报告则强调要"加快实施自由贸易区战略"③,中共十八届三中全会公报中除再次写入"加快自由贸易区建设",还提出"以周边为基础加快实施自由贸易区战略","形成面向全球的高标准自由贸易区网络"的战略布局。④ 进一步地,习近平总书记在中共十九大报告中又再次对外宣布"中国支持多边贸易体制,促进自由贸易区建设,推动建设开放型世界经济。"⑤可以说,现阶段中国正在编制一张立足周边,辐射"一带一路",面向全球的FTA网络。截至2018年年底,中国共签署了19个FTA,范围涵盖亚洲、欧洲、大洋洲及拉丁美洲的24个国家和地区,而正在推进的FTA多达14个(含升级谈判),另有8个(含升级版的可行性研究)FTA正处于可行性研究阶段(参见表3-3)。

---

① 「RCEP合意 年内目標」、『日本経済新聞』2018年7月2日。
② 胡锦涛:《高举中国特色社会主义伟大旗帜 为夺取全面建设小康社会新胜利而奋斗》,《人民日报》2007年10月25日。
③ 胡锦涛:《坚定不移走中国特色社会主义道路 夺取中国特色社会主义新胜利》,《人民日报》2012年11月18日。
④ 中华人民共和国外交部:《中共中央关于全面深化改革若干重大问题的决定》,2013年11月15日,http://www.fmprc.gov.cn/ce/cejm/chn/zggk/t1101725.htm。
⑤ 习近平:《决胜全面建成小康社会 夺取新时代中国特色社会主义伟大胜利》,《人民日报》2017年10月28日。

表3-3　　　　　　　中国自贸区发展概况(截至2018年12月)

类别	亚洲	欧洲	非洲	美洲	大洋洲
已签署 (19个)	东盟(+升级)、中国香港、中国澳门、新加坡(+升级)、中国台湾地区、韩国、巴基斯坦、格鲁吉亚、马尔代夫(11个)	瑞士、冰岛(2个)	—	智利(+升级)、秘鲁、哥斯达黎加(4个)	新西兰、澳大利亚(2个)
谈判中 (14个)	RCEP、中日韩FTA、海合会、斯里兰卡、以色列、巴基斯坦(第二阶段)、韩国(第二阶段)、巴勒斯坦(8个)	挪威、摩尔多瓦(2个)	毛里求斯(1个)	巴拿马、秘鲁(升级)(2个)	新西兰(升级)(1个)
研究中 (8个)	尼泊尔、蒙古、孟加拉国(3个)	瑞士(升级)(1个)	—	加拿大、哥伦比亚(2个)	斐济、巴布亚新几内亚(2个)

注:"升级谈判"与"原谈判"作为两个不同谈判纳入统计,目前中国已与东盟、新加坡、智利完成了升级谈判。

资料来源:《协定专题》,中国自由贸易区服务网,http://fta.mofcom.gov.cn/index.shtml。

中国在FTA的开放进程中呈现出"先行先试、由点及面、梯度开放、循序渐进"的特点。在开放对象上,采取了先发展中国家和地区,后发达国家和地区的开放次序。在开放产业上,优先开放中国具有比较优势的产业,对较为弱势的产业给予适当保护,安排了一定的过渡期。总体而言,中国与自贸伙伴实现了比WTO水平更高的相互开放。如中国已签署的FTA在货物贸易方面,零关税产品税目占比以及零关税产品进口额占比基本都在90%以上。此外,在新形势下,中国签署的FTA所涉及的领域正拓展至知识产权、政府采购、环境保护、劳工权利、电子商务、中小企业等新议题,而对于签署时间较早的FTA,也正在通过签署补充协议或商谈FTA升级版的方式进行完善与升级。

需要指出的是,中国已签署的FTA,无论是覆盖范围还是开放水平,仍与美日欧韩等有较大差距。前者的差距主要体现在自贸伙伴的经济实力和体量级别上,如在全球GDP排名前二十的经济体中,中国的自贸伙伴只有韩国、澳大利亚、印度尼西亚及瑞士四国,尚未与排名前十的国家签署FTA。后者的差距则可以从货物贸易和服务贸易、投资两个方面来看。在货物贸易方面,美日欧韩等发达国家缔结的FTA中,货物贸易最终零关税产品税目和进口额所占比例都达到99%以上。在服务贸易、投资的规则领域,美日欧韩等均采取"准入前国民待遇+负面清单"管理制度,而中国除了对港澳地区外,基本采取"准入后国家待遇+正面清单"模式。[①] 值得庆幸的是,2019年全国人大常委会通过的《外商投资法》已成为中国外商投资领域的基础性法律。以此为基础,国家发改委和商务部又于6月30日公布了《外商投资准入特别管理措施(负面清单)(2019年版)》及《自由贸易试验区外商投资准入特别管理措施(负面清单)(2019年版)》。前者条目由48条减至40条,后者条目由45条减至37条。这两项外资准入负面清单,条目比往年均有减少,外资进入能源勘探开发、文化演出等领域的限制也均有减少,是中国进一步放宽外商投资的最新举措。

如前所述,在亚太区域一体化过程中,中日之间不仅自贸伙伴相互重叠,也共同参与RCEP和中日韩FTA谈判,但两个谈判均延宕多年,未取得实质性的成效。这说明中日的区域一体化政策既有相向相通之处,也存在鲜明的竞争特性。现阶段国家间的合作过程实质上也是彼此多次博弈的过程,其结果必然体现为一种各方虽不满意但能接受的次优平衡。日本以TPP为范本,挟CPTPP和日欧EPA为气势,竭力打造以"高质量贸易规则"为基础的亚太自由贸易体系,强调在国有企业、竞争政策、知识产权等领域形成于己有利、更加严苛的规则体系。[②] 其用意是为与中国争夺区域经济一体化的主导权服务,所追求的战略意图就是要把中国纳入以日本为核心的国际经贸合作体系中,除了更多地分享进入中国市场带来的经济红利外,还借以确保对华规制优势,获得制度收益。而中国虽然提出了"形成面向全球的高标准自由贸易区网络"的口号,但囿于中国在全球价值链中所处的中低端位置,整个产业升级和结构调整不可能一蹴而就。

以TPP为例,有学者就认为中国经济目前所处的发展水平与TPP各项要求之间的差距至少在十年以上。除在货物贸易自由化水平、服务贸易市场准入和投资规则等方面,中国与TPP存在巨大开放水平的差异外,TPP中的

[①]《中国自贸区"朋友圈"扩围正推进14个自贸谈判》,中国自由贸易区服务网,2018年7月3日,http://fta.mofcom.gov.cn/article/fzdongtai/201807/38199_1.html。

[②] 李光辉、袁波、张雪妍:《中日两国的自贸区战略与合作思路》,张季风主编:《日本经济蓝皮书·日本经济与中日经贸关系研究报告(2018)》,社会科学文献出版社2018年版,第280页。

标准与认证、环境保护、知识产权、劳工标准、政府采购等边界后问题,对中国的现实管理体制和机制也构成了严峻挑战。① 因此,中国采取水闸模式,分阶段缩小差距,以逐步摸索、稳步推进的方式发展和深化本国自贸区网络的做法,可称得上是找到了一条符合本国实际发展水平的切实有效的途径。这也是为什么中国会在RCEP谈判中强调协调各国利益、循序渐进地提高自由化标准这样的路径依赖。

相比之下,日本的做法可谓"毕其功于一役"。这使得当日本为满足自身利益而对RCEP谈判提出过高要求时,势必会遭到反弹,从而使谈判进程一再延宕。如日本曾提出为应对亚洲电子商务的快速发展,外国企业不得将服务器设置在本国,企业必须公开软件内容,应该严格限制国有企业享受优待等要求,中国和东盟都予以反对。

可想而知,如果中日两国互不相让,RCEP谈判势将延宕日久。而在中日都认为在当前全球贸易面临保护主义和单边主义挑战的背景下,RCEP对于打造自由贸易体系、应对经济全球化和区域经济一体化的发展至关重要。

对中国而言,对中美贸易摩擦的战略缓冲,实现贸易多元化和贸易自由化是中国的重要因应方针。RCEP就是体现上述应对策略的重要平台,因此推动RCEP早日达成框架协议符合中国的国家利益。中国也清楚,要达成上述目标,离不开与日本的合作。尤其在中日关系恢复正常轨道的情况下,两国不但同意要"从竞争到协调""从威胁到合作伙伴"以及"发展自由公正的贸易体系"②,还一致希望在广泛领域加强合作,"拓展共同利益——共同致力于地区稳定与繁荣","推动区域经济一体化,共同应对全球性挑战,维护多边主义,坚持自由繁荣,推动建设开放型世界经济"。③

虽然安倍内阁在自贸区政策的推行过程中有"夹带私货"的成分,但无论是TPP还是CPTPP,作为一种国际制度,其涵盖的一些国际经贸新规则从根本上说是全球价值链的形成和世界经济多元化推动的结果。当全球价值链的分工模式特征体现为生产链条分布在不同的经济体时,它要求传统的以边界

---

① 张建平:《中国与TPP的距离有多远?》,《国际经济评论》2016年第2期,第71—86页。
② 「日中新時代へ三原則」,『日本経済新聞』2018年10月26日。
③ 《习近平会见日本首相安倍晋三》,新华网,2018年10月26日,http://www.xinhuanet.com/politics/leaders/2018-10/26/c_1123620183.htm。

措施和市场准入问题为核心的贸易政策向以边界内措施和规制融合为核心的新一代贸易政策转变,以实现公平竞争、消除深层经济扭曲和塑造良好的商业和法治环境等。而这些要求既为中国的发展带来了新的风险和挑战,也提供了新的发展机遇,即在一定程度上对中国加速全面深化改革,以适应未来更高标准的国际经济和贸易规则形成了外部倒逼压力。

进一步而言,打造一个高水平但具有灵活性的RCEP与中国构建开放型经济新体制的目标和议程是一致的,且相关的经贸规制可为中国构建市场化、国际化与法治化的现代化营商环境和政府规制提供有益标尺和参考。

再反观日本,在推动CPTPP成行后,对RCEP的谈判也开始采取较为务实的态度,立场已调整为以在市场准入和规则制定方面确保一定的水准为前提,准备展现灵活性,还倾向于同意给发展中国家在协定生效后留出一定的缓冲期。① 对安倍而言,此举一方面希望在谈判的最后阶段发挥规则的引领作用,另一方面还意图将之视为对美产生间接压力,敦促其重返TPP,或在日美TAG谈判中为己增添谈判资本的"B计划"。② 此外,日本还认为在中美贸易摩擦渐趋白热化的背景下,中国一定也希望向全世界展示其维护自由贸易的立场,因此有望借中日关系改善的东风推动RCEP谈判取得进展。③ 这样一来,包括中日在内的各方在尽快结束RCEP谈判这一点上目标就达成了一致。④

影响RCEP谈判进程的最核心因素是中日不能有效发挥"实质的推动者"作用。因此,现阶段中日在RCEP上体现出的务实合作态度意味着该问题在一定程度上得以消解。得益于此,虽然RCEP谈判未能在2018年内达成框架协议,但相比以往可以说取得了一系列实质性进展。如2013—2017年仅完成了两个章节的谈判,2018年一年就完成了包括海关程序与贸易便利化、政府采购、争端解决等五个章节的谈判,另有知识产权、竞争和电子商务等三个章节

---

① 「RCEP合意 年内目標」,『日本経済新聞』2018年7月2日。
② 寺田貴,「ポストTPPの日米通商戦略」,日本再建イニシアティブ『現代日本の地政学』、中公新書2017年、257、260頁。
③ 「〈RCEP〉年内合意 閣僚会合一致、保護主義に対抗」,『毎日新聞』2018年6月29日。
④ 《区域全面经济伙伴关系(RCEP):积极推动谈判进程打造自由贸易体系》,中国自由贸易区服务网,2018年7月4日,http://fta.mofcom.gov.cn/article/fzdongtai/201807/38204_1.html。

基本完成谈判,货物贸易、服务贸易及投资等市场准入领域也已进入出要价谈判的冲刺阶段。而谈判任务完成度也从2017年的不足50%迅速提升到接近80%。目前各方还一致同意力争在2019年内达成一个"现代、全面、高质量、互惠的RCEP协定"。① 2019年3月2日,RCEP第七次部长会议在柬埔寨举行,在市场准入和案文谈判方面又取得了积极进展,使得谈判完成度提升至90%左右,与会各方再度强调要全力以赴达成2019年年底结束谈判的目标。② 与此同时,中日韩三国商定在RCEP现有成果基础上,进一步提高规则标准,提升域内的贸易自由化水平,最终打造一个"RCEP+"的自贸协定,三方将加快推进谈判进程,力争早日达成一份全面、高水平、互惠的自贸协定。③ 实际上,习近平主席于2019年6月27日在大阪与安倍晋三首相举行会谈时,双方也再度就"加快推动中日韩自贸协定谈判进程,年内力争完成区域全面经济伙伴关系协定谈判"等事宜达成了共识。④

结　　论

在世界面临百年未有之大变局的过程中,日本一方面担忧相对中国处于整体劣势,且这种趋势会越发明显,另一方面也认为依托其强大的经济实力,并配合运用其他软实力,在稳定和引领现有秩序、规则等方面与中国抗衡的机会窗口尚未尽失。进一步地,日本认识到若在亚太区域一体化的过程中通过运用特定策略,还可以借在经贸规制方面抢占先机夺取谈判主导权,进而确立对华的制度优势,获取制度收益。

于是乎,安倍内阁尽管同时参与TPP和RCEP的谈判,但却奉行先TPP后RCEP的次序选择,意图向RCEP输出TPP谈判中所制定的经贸规则,牵

---

① 《商务部:RCEP谈判正加速推进,规则领域已完成七个章节》,中国自由贸易区服务网,2018年11月16日,http://fta.mofcom.gov.cn/article/rcep/rcepgfgd/201811/39379_1.html。
② 《〈区域全面经济伙伴关系协定〉(RCEP)部长级会议在柬埔寨暹粒举行》,中国自由贸易区服务网,2019年3月4日,http://fta.mofcom.gov.cn/article/zhengwugk/201903/39929_1.html。
③ 《商务部:将力争早日达成高标准的中日韩自贸协定》,中国自由贸易区服务网,2019年7月4日,http://fta.mofcom.gov.cn/article/zhengwugk/201903/39929_1.html。
④ 《习近平会见安倍晋三中日双方达成十点共识》,人民网,2019年6月28日,http://world.people.com.cn/n1/2019/0628/c1002-31200493.html。

引RCEP实现"TPP化"。显而易见,安倍内阁的这一战略意图一方面在很大程度上延宕了RCEP的谈判进度,另一方面也导致中日两国在谈判中的博弈十分激烈。但需要指出的是,这也在一定程度上对中国加速全面深化改革,以适应未来更高标准的国际经济和贸易规则形成了外部倒逼压力。那么从中国的国家利益出发,究竟应如何加以应对呢?

首先,中国应在全面客观认识日美同盟的结构性和坚韧性基础上,既要认清日本追随美国的大方向是不会改变的,也要体认到日美在对华战略设计方向上的不一致性,将日本视为中国因应中美经贸摩擦的战略缓冲对象,稳住日本。如尽管两国存在"同语不同义"的认知差异,但中国应对两国在维护以WTO为中心的自由贸易秩序方面拥有的共同利益,从战略层面认识其重要意义,审时度势,多管齐下,积极扩大中日合作的战略空间。

其次,中国应充分认识到中日两国在RCEP和中日韩FTA上的巨大合作空间,共同推动谈判早日完成。虽然安倍内阁在亚太区域一体化中意图以TPP为范本,透过制度制衡实现对华的规则优势,但无论是TPP还是CPTPP,作为一种国际制度,其涵盖的一些国际经贸新规则从根本上说是全球价值链的形成和世界经济多元化推动的结果。当全球价值链的分工模式特征体现为生产链条分布在不同的经济体时,它要求传统的以边界措施和市场准入问题为核心的贸易政策向以边界内措施和规制融合为核心的新一代贸易政策转变,以实现公平竞争、消除深层经济扭曲和塑造良好的商业和法治环境等。因此对于日本的上述意图,中国在认识到其给国家的发展带来新的风险和挑战的同时,也应当正视它提供的新的发展空间和契机,即在一定程度上对中国加速全面深化改革,以适应未来更高标准的国际经济和贸易规则形成了外部倒逼压力。

进一步而言,贸易多元化和贸易自由化是中国应对中美贸易摩擦的有力措施,而RCEP和中日韩FTA均是体现上述应对策略的重要平台,且打造一个高水平但具有灵活性的RCEP和中日韩FTA又与中国构建开放型经济新体制的目标和议程是一致的,相关的经贸规制还可为中国构建市场化、国际化与法治化的现代化营商环境和政府规制提供有益标尺和参考。

最后,中国还应视CPTPP为实现贸易多元化的另一重要平台,且在充分研究和认真评估的基础上,积极探讨加入CPTPP的可行性。CPTPP高达

95％左右的自由化率和国有企业、电子商务、投资等章节虽会对中国经济结构带来巨大挑战，但加入CPTPP也有利于尽早分享贸易红利，同时积极参与世界未来贸易规则的修订，对中国相关产业"走出去"提供巨大的帮助和支持。如透过CPTPP的平台可有效保证中国不断提升的服务业以及电子商务、信息技术等产业的权益。进一步地，为防止陷入国际贸易的被动局面，中国应积极加入更多的区域性贸易体系，以"加群"的方式寻求更多"伙伴"来应对中美贸易摩擦带来的震荡。而归根结底，通过实施更高的国际贸易标准，中国才能激活自身改革的活力，有助于经济向更现代化、更开放的方向发展。

第四章　增加值贸易视角下中日经济的相互依赖关系研究[①]

叶作义

第一节　问题提出

在经济全球化背景下,国际贸易呈扩大倾向。作为拉动经济增长的三驾马车之一,对外出口的增加无疑会增加对经济增长的贡献,然而,随着全球分工的深化,出口[②]对一国经济增长的贡献愈加难以衡量。

从中日两国的统计数据看,出口占国内生产总值(GDP)的比率,如图4-1所示,从1995年至2018年的24年间年平均增长率分别为23.6%和12.1%。然而,我们并不能简单地认为出口对国内经济的拉动作用有如此之大,尤其是随着全球分工的深化,直接利用海关数据分析出口对一国经济的拉动作用难免有失偏颇,因此出口对国内经济的拉动作用分析不宜再简单地运用出口数据进行判断。如果一国最终产品的组装生产中,原材料和中间组件大部分依赖于国外进口,即使出口额增加,其对国内经济的贡献度也微乎其微,因为出口中包含的国内增加值大部分是由其他国家生产的中间产品创造的。此外,如果出口的产品再进口到国内消费,应视为内需而不是外需。如,日本向中国出口电子产品零部件,在中国境内组装成制成品再出口到日本,在日本的海关

[①] 本章内容在车春鹂、叶作义、姚为群和邓梓如(2018)的基础上,对部分数据进行了更新。在此感谢其他三位作者,文责自负。

[②] 本文的出口仅指货物出口。

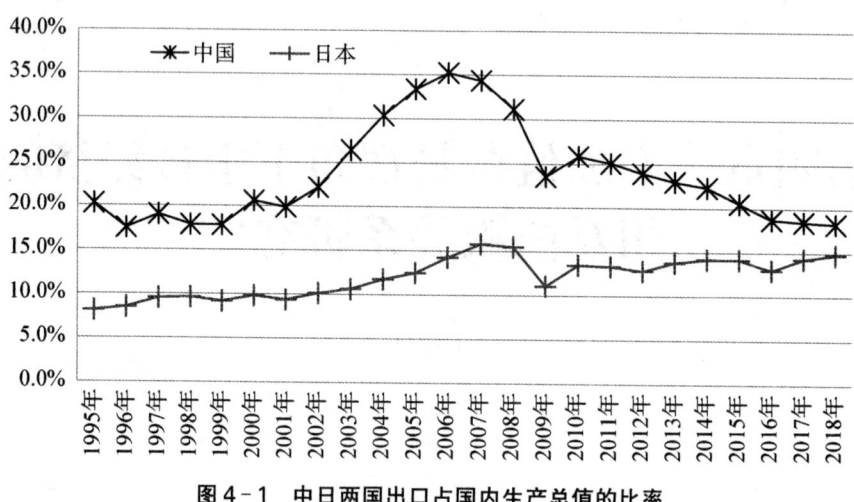

图4-1 中日两国出口占国内生产总值的比率

数据来源：由 UNCTA STAT(https://unctad.org/en/Pages/statistics.aspx)数据计算得出。

统计上将此记为出口，而实际上该电子产品只是日本国内的内需。

中日两国作为全球生产网络的重要组成，所处全球价值链(Global Value Chain，GVC)位置及参与贸易的国内增加值率各有不同。准确计算、横向比较出口对两国经济增长的贡献率，既可以为中国对外贸易政策的修订完善提供参考，也可以为中国今后的国际贸易谈判提供依据。为准确衡量出口对一国经济的拉动作用，本章以全球多区域投入产出表(WIOT)为数据基础，运用全球价值链研究中的出口增加值分解模型分析中日两国的出口结构，将出口中包含的国内增加值分解为国内增加值(domestic value added 或 DVA，留存在国内的份额)和国外增加值(foreign value added 或 FVA，被国外吸收的份额)两部分，进而从国内增加值角度考察出口对一国经济增长的拉动作用。

第二节 文献综述

关于出口对促进经济增长的机制和条件的探讨由来已久且内容丰富，可从闲置资源、比较利益、规模经济和技术进步等不同方面进行分析(杨全发等，1998)。早期的实证研究主要关注两个方面，一是通过 Granger 因果检验等从实证角度证明出口对经济增长的拉动作用(赵陵等,2001),二是定量地测算出口对经济增长的拉动幅度,如林毅夫等(2003)基于凯恩斯理论,从需求角度进行测算,认为出口增长10%会带来经济增长1%。

近期关于出口与经济增长关系的研究在已建立的诸多理论基础上,从更为微观的实证角度、更为丰富细致的数据等方面,在实证研究方面进行了深入探讨,并拓展相关解释机制。如基于Hausmann等(2007)提出的出口技术复杂度指标,从出口的产品类型、行业等具体角度理解出口与经济增长的互动关系。刘慧等(2015)通过对金属制品出口技术复杂度的测算,认为经济增长与出口技术复杂度之间呈现双向促进作用,而发达国家的双向促进作用明显大于发展中国家。戴翔(2014)通过构建服务贸易出口技术复杂度指数,经过实证分析,发现服务贸易的出口技术复杂度与经济增长之间存在显著正相关。杜运苏(2014)在区分不同类型(一般贸易、加工贸易)的出口技术复杂度的基础上,认为真正对经济增长起作用的是一般贸易出口。

全球价值链是生产全球化的结果,也是当今世界经济的显著特征。全球价值链即指,在全球生产网络中,每个国家从生产的原始投入到最终制成,各个特定环节进行的活动而获得的增加值收入。与全球价值链相关的研究主要集中在如下方面:首先是在加入全球价值链之后对企业的生产效率以及国内经济的影响(吕越等,2017;卫瑞等,2015);其次是利用投入产出表数据和不同指标,对中国的制造业嵌入全球价值链中的位置及参与程度进行研究(鞠建东等,2014;樊茂清等,2014;王岚等,2015;刘维林,2015)。

还有一部分文献以国别为基础,横向比较国家间贸易对不同国家经济增长的关系。匡增杰等(2015)运用GTAP模拟方法研究了中日韩自贸区建立带来的经济效应有助于推动三国经济增长;赵亮等(2015)以中日韩自贸区为研究对象,从贸易效应、经济效应和福利效应三个方面分析了自贸区建成后对我国经济增长的影响;王海燕等(2017)使用Granger因果分析分别对中日韩三国的外贸出口与经济增长之间的关系进行研究,发现中国与韩国存在GDP到出口的单向Granger因果关系,而日本存在出口到经济增长的单向Granger因果关系。

通过梳理文献可以看到,无论是基于出口对一国经济增长还是全球价值链,研究数量都十分可观,为相关研究提供了丰富的指导。但是,出口贸易对不同国家经济增长的影响研究,研究方法还停留在较早阶段,所以本文使用全球价值链研究中的增加值贸易分解模型分析中日两国的出口结构,并对出口增加值有所区分,尝试更新的研究方法、更为细致的划分数据,从而对中日两国的贸易与经济增长的关系进行深入的研究和比较,在此基础上对产业战略的选择进行思考并提出相关建议。

第三节　中日两国的贸易结构特征

WTO成立以来,世界贸易呈现出一种稳定增长的态势。从图4-2中可看出,1995年到2002年期间,各地区的货物贸易保持低速成长,其中2000年达到高峰;进入21世纪以后,中国入世极大促进了世界贸易的发展,呈现快速增长趋势;虽然2008年的金融危机对世界贸易造成严重打击,但是2010年后又迅速恢复。

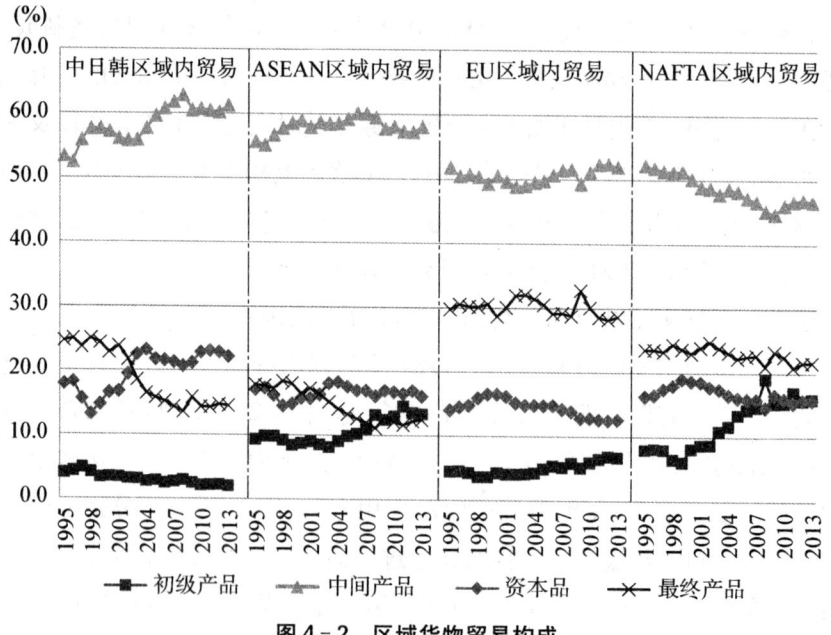

图4-2　区域货物贸易构成

数据来源:根据联合国贸易统计数据算出。

从货物贸易的结构来看,根据产品的分类可以将货物贸易分初级产品、中间品、资本品和最终产品四类。图 4-2 显示 1995 年到 2013 年中日韩、东南亚国家联盟(ASEAN)、欧盟(EU)和北美自由贸易协定(NAFTA)区域内货物贸易构成。其中,EU 和 NAFTA 的初级产品呈现出明显的上升趋势,尤其是 NAFTA 区域,而 ASEAN 区域(东南亚地区)的初级产品贸易则呈现上升趋势;EU 和 NAFTA 的资本品呈现出倒 U 形变化趋势,东亚地区则有小幅的上升趋势;EU 和 NAFTA 的最终产品呈波浪式的水平态势,而东亚地区则是呈现出显著的下降趋势;与中间产品相对应的中间产品贸易变化最大:EU 的中间产品贸易呈现先升后降的倒 U 形态势,NAFTA 区域则是显著的下降趋势,东亚地区则是显著上升,东亚地区的中间产品贸易占比平均在 50% 以上。

东亚地区的贸易结构特征鲜明:最终产品贸易显著下降,从 2001 年到 2010 年,9 年间下降了 10 个百分点左右,而中间产品的贸易近年来呈上升趋势,明显高于其他的地区,超过 60%。中日韩三国中间产品贸易在世界货物贸易中的重要地位可见一斑。

第四节 模型和数据

全球价值链分解(GVC)的主要目的在于分解不同国家在国际分工中的增加值贸易。一国的出口品可分为本国的中间产品和他国进口的中间产品。通过使用国际投入产出表计算出的列昂惕夫逆矩阵,可以把出口产品创造的增加值追踪到各国间直接或间接的生产过程,进而计算在每一个生产过程中获得的增加值。

一、非竞争型投入产出模型

一国的非竞争型投入产出中,中间投入使用和最终使用可以明确区分为国产品和进口品两个部分。表 4-1 中行向量表示产品的销售方向,列向量表示产品的投入方向。

表4-1　　　　　　　　　　一国的非竞争型投入产出表

投入＼产出	中间使用 $(1, 2, \cdots, n)$	最终使用 $(C+I+G+E)$	国内总产出 或进口
国内中间投入$(1, 2, \cdots, n)$	X^d	F^d	X
进口中间投入$(1, 2, \cdots, n)$	X^m	F^m	M
增加值	V		
总投入	X		

注：X^d和X^m分别表示生产过程中投入的国产品和进口品，F^d和F^m表示国产品和进口品的最终使用，X表示国内总产出，M表示进口，V表示增加值。

非竞争型投入产出模型在水平和垂直方向存在以下两个均衡解：

$$x = A^d x + f^d \tag{1}$$

$$m = A^m x + f^m \tag{2}$$

向量 x 与 m 分别是国内总产出向量、进口向量；矩阵 A^d 是生产过程中的国产中间产品投入系数，又称为直接消耗系数或技术系数；矩阵 A^m 是进口中间投入品的投入系数。f^d 与 f^m 分别是国产和进口的最终产品向量。根据公式(1)，我们可以得到总产出的均衡解为：

$$x = (I - A^d)^{-1} f^d \tag{3}$$

右边的第1项是完全消耗系数(列昂惕夫逆矩阵系数)，表示从生产角度反映了最终需求增加1单位所带来的总产出的增加量。这里假设第(3)式各产业最终需求均为1，同时考虑全产业的最终需求，则 f^d 的列向量为单位矩阵。在此基础上，把增加值率向量 v 从右边乘之，即可得出生产1单位最终需求带来多少增加值。

国内生产总值(GDP)是各行业增加值的合计，所以在第(3)式的生产额向量的左边乘以增加值率的向量得到第(4)式。

$$\text{GDP} = v(I - A^d)^{-1} f^d \tag{4}$$

第一产业1单位的最终需求所带来的增加值额可用以下公式表示：

$$\mathbf{GDP}(1) = v(\mathbf{I} - \mathbf{A}^d)^{-1} \begin{bmatrix} 1 \\ 0 \\ 0 \end{bmatrix} \tag{5}$$

那么,全产业1单位的需求所带来的增加值额,即可用第(6)式来表示。(左边是行向量)

$$\mathbf{GDP}(1, 2, \cdots, n) = v(\mathbf{I} - \mathbf{A}^d)^{-1} \begin{bmatrix} 1 & & 0 \\ & \ddots & \\ 0 & & 1 \end{bmatrix} = v(1 - \mathbf{A}^d)^{-1} \tag{6}$$

这个概念即是国内增加值系数(DVS)。为易于表述,把第(6)式的增加值率 v 列向量写成对角矩阵 $\hat{v}$ 与 ι(元素都为1的向量,用来把矩阵整合成行向量)的乘积表示:

$$\mathbf{DVS} = v(\mathbf{I} - \mathbf{A}^d)^{-1} = \iota \hat{v}(\mathbf{I} - \mathbf{A}^d)^{-1} \tag{6'}$$

由前面的均衡方程式可知,中间投入产品的一部分含进口品,故将增加值率矩阵换为进口投入系数与之相乘,即表示1单位的生产里包含的国外增加值额。这里的 $\mathbf{A}^m$ 为进口投入系数,所以国外增加值系数(FVS)可以用下式表示:

$$\mathbf{FVS} = \begin{bmatrix} 1 & \cdots & 1 \end{bmatrix} \mathbf{A}^m (\mathbf{I} - \mathbf{A}^d)^{-1} = \iota \mathbf{A}^m (\mathbf{I} - \mathbf{A}^d)^{-1} \tag{7}$$

从全球价值链的角度看,增加出口所带来的增加值可以分解为国内增加值和国外增加值两部分。通过出口(国外需求)向量分别乘以第(6)式国内增加值系数和第(7)式的国外增加值系数,得到国内增加值额和国外增加值额。换言之,根据增加值的最终归宿,某国生产1单位最终产品时所实现的增加值,可以分成国内增加值和国外增加值两部分。

二、增加值基准的国际分工[①]

如上文所述,一国的增加值贸易比率(国际分工比率)可以分解为国内增加值系数和国外增加值系数[②]。然而由于国际分工结构的细化,各个国家在产

---

① 增加值基准的国际分工模型参考叶作义等(2016)。
② 在这里国外部分不进行细分,所有国家的贸易加总为海外部分。

业链不同环节进行生产,实现增加值的创造与积累,然后沿着全球性生产网络向下一个环节传递。面对全球价值链(GVC)主导的国际贸易新格局,如图4-1所示,以传统的贸易总额为基础的官方统计数据无法区分增加值的最终归宿。一国投入产出表的增加值的流向与分配可以分成国内和海外两部分,而一国的分工率由国内增加值系数和国外增加值系数组成,因此,我们可以通过世界投入产出表,求出增加值的国际移动情况。

假设世界投入产出表的部门数为 n,内生国数为 r。世界投入产出表的内生国地区的投入系数矩阵 A 则是一个 nr 行 nr 列组成的大的投入系数矩阵。分配到各国/地区附加值的矩阵用 T(r 行 nr 列)表示。各国/地区增加值系数的对角矩阵用 $\hat{v}$ 表示。则该地区的分工比率具体形式如下:

$$T = \hat{v}(I-A)^{-1}, \hat{v} = \begin{bmatrix} \hat{v}_1 & & 0 \\ & \ddots & \\ 0 & & \hat{v}_r \end{bmatrix}, \hat{V}_k = \begin{bmatrix} \hat{v}_k^1 & \cdots & \hat{v}_k^n \end{bmatrix} (k=1,\cdots,r) \quad (8)$$

此外,海外的分工率(分配到海外的增加值比率)定义为 τ_m。这里 a_m 表示从海外进口产品的投入系数向量。

$$\tau_m = a_m(I-A)^{-1} \quad (9)$$

最后第(8)式的内生部门的区域分工率和第(9)式流向海外的比率之和等于1。由此可以计算出某国/地区生产最终产品所实现的增加值的分配去向。

第五节 中日两国出口增加值诱发效应比较分析

一、横向比较分析

从国内增加值占出口的比率横向比较来看,中日两国出口形成的国内增加值分别为 90.5% 和 82.7%(参见图 4-3)。日本的出口中有九成左右的增加值留在国内,剩余的部分流失到海外。由此看出,对出口中包含的国内增加值占比较高的日本而言,增加出口的同时将带来更多的国内增加值,从而对拉动国内生产、就业的作用也较大。另一方面,对出口中包含的国内增加值占比

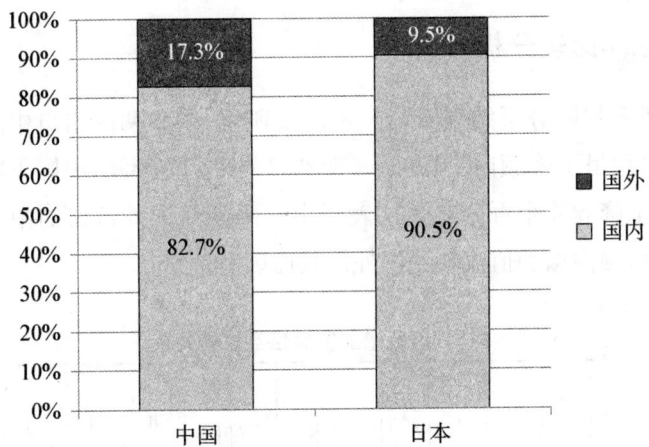

图4-3 出口中包含的国内增加值来源(构成比,2011年)

资料来源:笔者根据 WIOD 数据计算得出。

较小的中国来说,随着出口的增加,流失到海外的增加值也随之增加,其结果是对国内生产、就业的拉动作用要小于日本。

究其原因,造成中日两国出口中包含的国内增加值比率不同,不外乎以下三个方面因素:地理因素、产业结构、资源量。

首先,从地理因素看,不同于欧洲大陆各国的国境相互连接在一起,随着供应链的深化、相互间的贸易量增加,较可能造成降低国内增加值比率。日本岛国的地理因素制约着其与他国的贸易,因而更重视中间产品在国内市场采购,因而其出口中包含的国内增加值率高于中国。

其次,从产业结构上看,从上游到下游的产业链中,如果有较多的产业聚集在国内,那么自然会促进国内增加值的提高;反之,如果国内产业链不完善,必然需要从海外大量地进口中间产品。由于岛国不利于国际贸易的区位因素,日本国内集聚着各种各样的产业,国内市场可以提供大半的生产需要的原材料等中间产品。因此日本的国内增加值比率较高。

最后,如果国内缺乏生产所需的自然资源,那么必然更多地依赖于进口,进而降低出口中包含的国内增加值率。中国由于发展速度过快,未能在国内形成比较完善的产业链,生产需要的大部分原材料等中间产品依赖海外,所以国内增加值比率也相对较低。

二、纵向比较分析

从时间序列的分析结果看,如表 4-2 所示,中日两国出口中包含的国内增加值比率均呈下降倾向。1995 年到 2011 年的 17 年间,中国下降 4.7 个百分点,日本下降 5.4 个百分点。这表明中日两国从国外进口的中间产品比重在增加,使得国内增加值流失到国外。其原因有两个:

表 4-2　　各国/地区增加值的相互依赖关系　　（单位：%）

去向国/地区 \ 来源国/地区	年份	中国	日本	韩国	北美自由贸易区	欧盟	其他国家和地区
中国	1995 年	87.4	0.2	0.9	0.2	0.2	0.4
	2011 年	82.7	1.3	4.7	1.2	1.3	1.8
日本	1995 年	2.4	95.8	3.3	0.7	0.5	2.5
	2011 年	1.6	90.5	2.9	0.4	0.4	1.3
韩国	1995 年	1.2	0.2	82.7	0.2	0.1	0.5
	2011 年	1.1	0.5	69.8	0.2	0.3	0.5
北美自由贸易区	1995 年	1.7	1.0	3.6	95.1	1.7	4.0
	2011 年	2.2	1.1	3.5	92.7	2.2	2.4
欧盟	1995 年	2.4	0.8	3.4	1.8	93.8	5.6
	2011 年	3.7	1.6	4.9	2.0	89.4	5.8
其他国家和地区	1995 年	5.0	1.6	5.0	2.1	3.7	87.1
	2011 年	8.8	4.6	12.6	3.5	6.4	88.3

数据来源:笔者根据 WIOD 数据计算得出。

第一,世界分工的深化。随着近年来世界各国供应链的深化,特别是新兴工业国向老工业国的赶超,中间产品采购来源地逐步多样化,特别是中国从 2000 年代开始成为"世界工厂",由此向各国提供中间产品或对外采购原材料等得到了快速发展。为降低成本,企业逐渐扩大国外的采购,各国间相互采购、供应呈扩大倾向。

第二,资源价格的上升。近年来以新兴工业国为中心的需求急剧上升,进入 2000 年代以后,原油价格呈快速上升趋势。例如,2000 年的原油价格大概每桶 20 美元,到 2011 年接近 115 美元/桶,上升近 6 倍。其直接导致制造成本上升,以增加值基准计算,出口中有一部分直接被资源国获取。

从数量和价格两种要因的分析结果显示,近年来出口中包含的国外增加值比率逐步增长,说明流失到海外的增加值在逐渐增大。从出口中包含的国内增加值比率下降速度看,中日两国也存在差异。1995 年到 2011 年的 17 年间,中国下降约 4.9%,日本下降约 5.3%。

根据表 4-2 的数据,1995 年到 2011 年中日两国间出口产品增加值分配的变化是:从中国流向日本的增加值率呈减少趋势,由 2.4% 下降到 1.6%,减少了 0.8%,而分配到欧美的份额小幅度增加,以及流向 RoW 的附加值率呈大幅度增加,由 5.0% 上升至 8.8%。中国出口的增加值中分配到日本的比率呈小幅度下降,减少了 0.8%,增加值流向含东盟在内的 RoW 也呈大幅度增加。值得注意的是,日本出口中的增加值分配到中国的比率则呈上升趋势,由 0.2% 增加到 1.3%。由此看出,近年来日本对中国的中间产品依赖程度在提升。

此外,以上数据也进一步说明中间产品采购来源地的多样化趋势。

三、产业层面比较分析

出口的增加值的国内外分配比率,是不同产业出口增加值国内外构成变化的总和。从产业层面分析其出口形成的增加值分配的变化,更能清楚解释中日两国不同产业出口中的增加值的国内外分配变化,进而阐释产业的变化。

从图 4-4a 和图 4-4b 中可以看出,中日两国每个行业出口中包含的国内增加值比率均呈下降趋势。然而相较于中国,日本国内各行业的国内增加值比率下降速度要缓慢一些。出口中包含的国内增加值比率下降,说明中日两国间各行业对国外市场的依赖程度均在不断上升,同时各行业的供应链均显示不同程度的深化。

从各行业间比较的结果看,总的来说,石油、化学等原材料行业出口中包含的国内增加值比率相对较低,而加工行业的比率相对较高。由于石油、化学等原材料主要依赖于资源国家的进口,所以随着进口的增加,出口中包含的国外增加值比率也在增加。加工行业的原材料占制成品的比率相对较低,所以

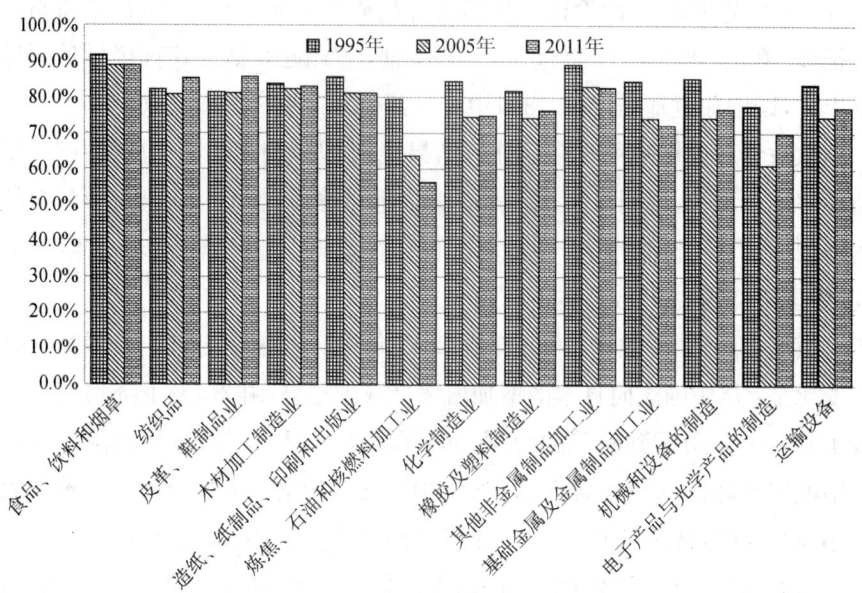

图 4-4a 出口中的国内增加值比率（中国）

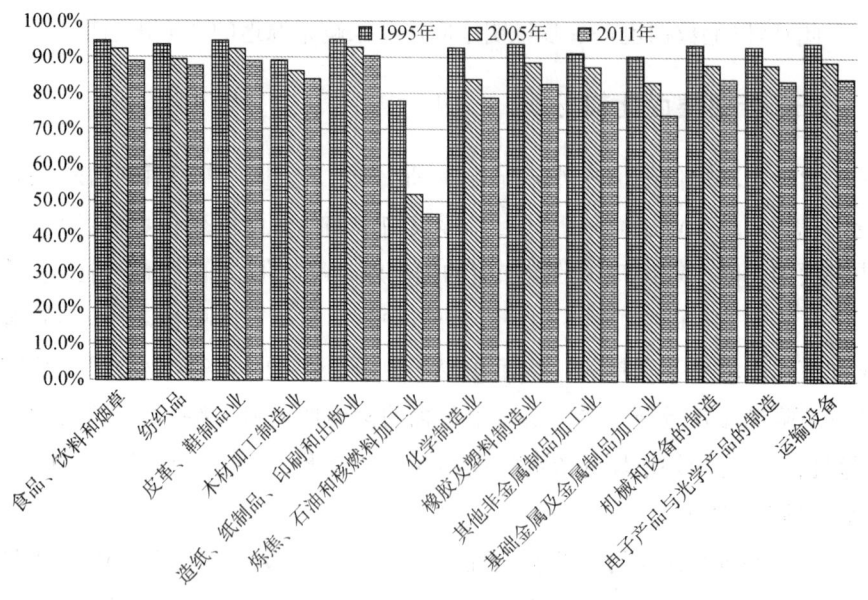

图 4-4b 出口中的国内增加值比率（日本）

数据来源：笔者根据 WIOD 数据库计算得出。

可以维持较高的国内增加值率。在加工行业中,尤其是机械和设备行业出口中包含的国内增加值比率相对较低,而电子和光学产品、运输设备则较高。

从中日两国各行业间的比较结果看,中国与日本的增加值贸易结构的对照突出。日本在高新技术行业的国内增加值比中国高。其中比较令人感兴趣的是石油加工行业,其国内增加值比率达到46.7%(2011年),对日本而言,石油炼焦行业的原材料几乎完全依赖国外,还能保持近50%的国内增加值,实属不易。而中国的轻工业部门的国内增加值普遍比日本高,由此可初步判断中国主要生产低增加值的产品,而日本则生产高增加值的产品。

出口中包含的国内增加值比率因行业不同而迥异,这在一定程度上说明中国为提高国内增加值,在分析对象期间相应地进行产业结构转型。从各行业占出口的构成比看,国内增加值比率较高的分别是机械和设备制造业、电子和光学产品制造业和运输设备,并且其增加值比率均呈现不同程度的上升(参考图4-4a、图4-4b、图4-5)。特别是中国的运输设备的国内增加值比率上升速度比较显著,而轻工业产品制造业的比率则在逐渐下降。以上的结果映射出,中国正处于从低增加值产业向高增加值产业转化的产业升级过程中。

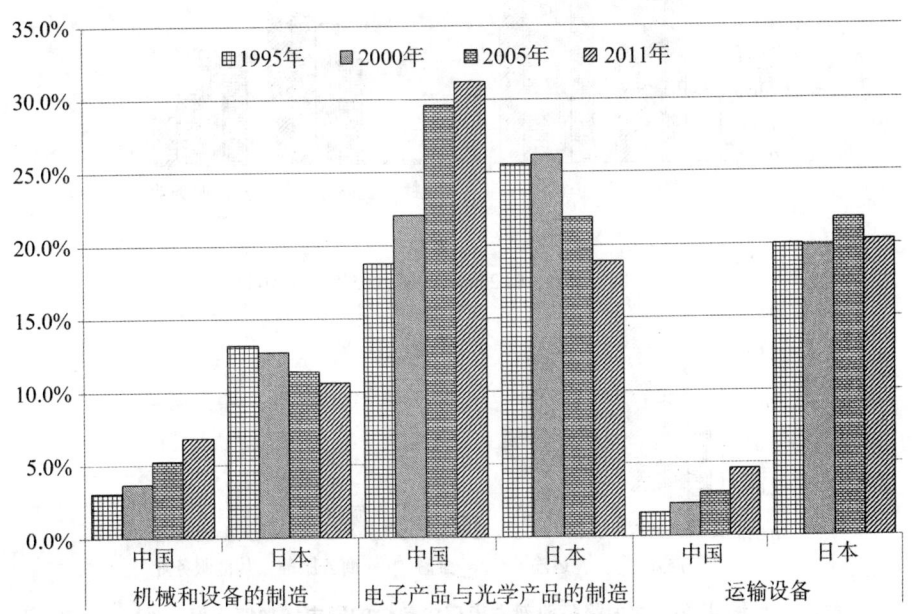

图4-5 机械和设备制造业、电子产品与光学产品制造业和运输设备占出口构成比(增加值)
数据来源:笔者根据WIOD数据库计算得出。

第六节　出口对服务业的波及效应

通常，出口对国内经济的拉动作用，分析的路径主要以制造业为主。由于投入产出表具有分析产业间的相互关联的优势，针对出口中包含的国内增加值可以扩展到服务业部门。可以解释为出口1单位产品对非制造业带来的波及效应。下面针对中日两国间的服务业部门，就出口带来的波及效应进行考察。

从国内服务业部门占出口中包含的国内增加值比率角度看，日本商业、运输、金融所占的比率高于中国。对2011年服务业5个行业增加值率进行加总，中日两国分别为16.2%、23.0%。数据直观地显示，出口对日本商业带来的波及效应最高，其次是运输（参见图4-6）。

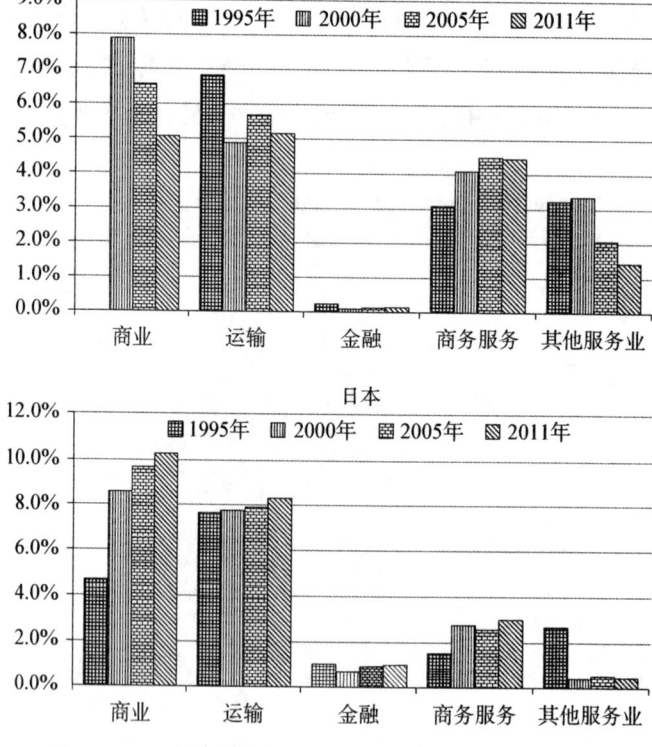

图4-6　国内服务业部占出口中包含的国内增加值比率

注：商业部门包含零售业和批发。

数据来源：笔者根据 WIOD 数据库计算得出。

从时间序列看,中国商业和运输业的国内增加值比率呈下降趋势,而日本的则显示上升趋势。这主要归功于制造业和服务业间是否存在紧密关联。例如,日本国内供应链相对比较发达,原材料等中间产品在国内可以顺利周转,所以商业与运输业的波及效应比中国大。而中国石油、化学等原材料依赖程度较高,所以不仅制造业出口中包含的国内增加值流失到海外,服务业增加值也随之流失[①]。

结　论

中日两国出口中包含的国内增加值率不同进而对经济的拉动作用不同,与其产业发展战略不无关系。

为了赶超发达国家,中国采取了出口导向型发展战略。特别是进入2000年后,积极引进外资,使得中国逐渐成为"世界工厂",参与国际贸易分工的程度逐步加深。其结果是出口依存度不断上升,加之国内产业链不完善,形成了核心零部件依赖国外的经济结构。

与中国形成鲜明对比,日本重视国内价值链的延伸,积极培育中间产品行业的发展,除天然能源等原材料外,国内市场基本可以满足加工使用的大部分中间产品。其结果是出口产品中的中间产品国外依存度较低。

在现有产业基础上,采取何种产业发展战略事关一国经济的发展。一般而言,出口中包含的国内增加值比率高的行业,应作为重点发展产业。由于出口导向型发展战略,使得留存在出口中包含的国内增加值国内比率不高,并且容易受到外部经济的影响。如能提高国内增加值率,不仅能培育国内基础产业,而且能提高抵抗国外经济波动的负面冲击。意识到以上的问题,近年来中国已经把出口主导型经济向消费主导型经济转换作为中长期的发展目标。

日本国内市场产业集聚具有一定的基础,所以没必要过度追求以出口促进经济增长,将继续保持现有的经济结构。作为今后的具体政策有以下三点:第一,继续扩大扶持提供原材料等中间产品的中小企业;第二,提高非制造业等第

---

① 根据制造业与服务业的海外依存度判断,两者呈正相关关系。这里由于篇幅所限没有显示图表,根据计算结果得出制造业海外依存度较低的日本,其服务业海外依存度也相应较低。而制造业海外依存度相对较高的中国,其服务业的海外依存度也相应变高。

三产业的增加值率;第三,提高能源的自给率,以减少该行业增加值的海外流失。

根据人均 GDP 与出口占 GDP 比率的相关关系(图 4-7),在 20 世纪后半叶,中国基本采取出口导向型的发展战略,近年来的发展路线略有变化,出口依存度明显降低。2013 年中国的经济规模占世界 GDP 的 12.5%,今后这个规模还将继续扩大。从现有的经济规模看,中国可对日本消费主导型的发展战略予以借鉴。

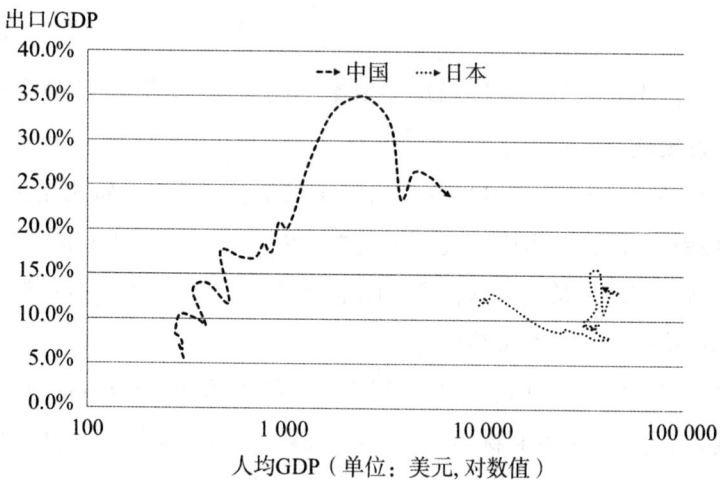

图 4-7　人均 GDP 与出口占 GDP 比率的相关关系(1990—2013 年)

　　数据来源：笔者根据 IMF,World Economic Outlook Database 计算得出。

参考文献

[1] Feenstra, R. C. Integration of trade and disintegration of production in the global economy, *The Journal of Economic Perspectives*, 1998(4), pp. 240-245.

[2] Hummels, D., J. Ishii and K. M. Yi. The nature and growth of vertical specialization in world trade, *Journal of International Economics*, 2001, 54(1), pp. 75-96.

[3] Hausmann R, Hwang J, Rodrik, D. What You Export Matters, *Journal of Economic Growth*, 2007, 12(1), pp. 1-25.

[4] Koopman, R., Z. Wang and S. J. Wei. How much of Chinese exports if really made in China? Assessing domestic value-added when processing trade is pervasive, *NNER Working Paper*, 2008(14109).

[5] Ye Zuoyi, Fujikawa Kiyoshi. An analysis on structural change of interregional division

of labor in China,《日中经济统计评论》,首都经济贸易大学出版社2011年版,第280—308页。

[6] 藤川清史、「グローバル経済の産業連関分析」、創文社、1999。

[7] 藤川清史、下田充、渡邉隆俊、「アジア太平洋地域の国際分業構造」、『経営経済』2006(42)、73—89頁。

[8] 车春鹂、叶作义、姚为群等:《贸易增加值视角下出口的本地市场效应研究:中日韩国际比较》,《广西财经学院学报》2018年第2期。

[9] 樊茂清、黄薇:《基于全球价值链分解的中国贸易产业结构演进研究》,《世界经济》2014年第2期,第50—70页。

[10] 戴翔:《服务贸易出口技术复杂度与经济增长——基于跨国面板数据的实证分析》,《南开经济研究》2011年第3期,第81—91页。

[11] 杜运苏:《出口技术复杂度影响我国经济增长的实证研究——基于不同贸易方式和企业性质》,《国际贸易问题》2014年第9期,第3—12页。

[12] 鞠建东、余心玎:《全球价值链上的中国角色——基于中国行业上游度和海关数据的研究》,《南开经济研究》2014年第3期,第39—52页。

[13] 匡增杰:《中日韩自贸区经济效应的再分析——基于GTAP模型的研究》,《经济问题探索》2015年第3期,第170—175页。

[14] 林毅夫、李永军:《出口与中国的经济增长:需求导向的分析》,《经济学》2003年第3期,第779—794页。

[15] 刘慧、叶宏伟、沈成燕:《经济增长、出口与出口技术复杂度——基于互动机制解析视角的协整检验》,《中南财经政法大学学报》2015年第1期,第88—97页。

[16] 吕越、黄艳希、陈勇兵:《全球价值链嵌入的生产率效应:影响与机制分析》,《世界经济》2017年第7期,第28—51页。

[17] 刘维林:《中国式出口的价值创造之谜:基于全球价值链的解析》,《世界经济》2015年第3期,第3—28页。

[18] 王岚、李宏艳:《中国制造业融入全球价值链路径研究——嵌入位置和增值能力的视角》,《中国工业经济》2015年第2期,第76—88页。

[19] 王飞、郭孟珂:《我国纺织服装业在全球价值链中的地位》,《国际贸易问题》2014年第12期,第14—24页。

[20] 王海燕、滕建州、王元:《中日韩外贸出口与经济增长——基于结构变化下的研究》,《哈尔滨商业大学学报(社会科学版)》2017年第3期,第82—87页。

[21] 卫瑞、张文城、张少军:《全球价值链视角下中国增加值出口及其影响因素》,《数量经济技术经济研究》2015年第7期,第3—20页。

[22] 杨全发、舒元:《中国出口贸易对经济增长的影响》,《世界经济与政治》1998年第8期,第54—58页。

[23] 叶作义、张鸿、SHIMODA,M.等:《全球价值链下国际分工结构的变化》,《世界经济研究》2015年第1期,第56—64页。

[24] 赵陵、宋少华:《中国出口导向型经济增长的经验分析》,《世界经济》2001年第8期,第14—20页。

[25] 赵亮、陈淑梅:《经济增长的"自贸区驱动"——基于中韩自贸区、中日韩自贸区与RCEP的比较研究》,《经济评论》2015年第1期,第92—102页。

第五章　新时代中国特色大国外交背景下中日对东盟经济外交比较研究

席桂桂

第一节　研究背景与研究框架

一、研究背景

经济外交是实现国家利益的重要手段,也是考察大国总体外交战略的重要视角。中国与日本在东南亚都有着重要的经济利益和战略诉求,东盟国家是中日两国实施经济外交的重点对象,东盟日益成为中日两国竞合的重要场合。中国与日本两个地区大国战略互信和战略互动方式,将深刻影响东盟外交战略选择空间。

20世纪90年代之前,特别是东亚金融危机之前,日本对东盟经济外交,无论广度和深度都远远大于中国。进入21世纪,特别是在2010年中国国内生产总值超过日本,跃居世界第二大经济体之后,[①]中日权力格局对比发生深刻变动,中日双边关系进入深刻调整时期,权力格局的演变也影响了两国对东南亚国家经济外交的广度和深度。中国和日本对东盟外交再次出现重新定位,中日对东盟经济合作进一步强化。

---

① 关于中国与日本的国民生产总值对比,中国数据来自 https://data.worldbank.org.cn/indicator/NY.GDP.MKTP.CD? locations＝CN,日本数据来自 https://data.worldbank.org.cn/indicator/NY.GDP.MKTP.CD? locations＝JP。

除了亚洲地区权力格局这一体系性因素导致中日对东盟经济外交调整外,中日两国国内政治的变化,也是影响中日在东盟经济上竞合的重要因素。2012年以来,中国与日本的国内政治都发生了重大变化,推动中日两国外交政策的深刻变化,这种变化深刻影响了中国、日本和东盟三边关系。

2012年11月召开中国共产党第十八次全国代表大会,确立了以习近平为核心的新一代领导集体,确定了新时期中国外交的一系列核心理念,中国外交展现出与以往不同的积极进取的局面。[1] 2017年10月召开中国共产党第十九次全国代表大会,确立了习近平新时代中国特色社会主义思想的引领地位,推动构建新型国际关系,构建"人类命运共同体"成为新时代中国特色大国外交的中心任务。[2] 中国政府在顶层设计上,更重视周边外交。2013年周边外交工作座谈会召开,以及2014年和2018年两次中央外事工作会议召开,进一步凸显中国周边外交工作的重要地位,明确提出"亲诚惠容"的周边工作方针,积极打造"周边命运共同体"。面对中国经济外交的"奋发有为",日本以及东盟国家对华政策也相应进入调整期。

2012年以来,日本的政局也因为安倍晋三的长期执政,保持了内政外交政策的连贯性,如今安倍内阁已经成为日本内阁史上执政最长的"超级政权"。面对中国的崛起,日本学者认为:"近代以前的'大中华世界'重建的潮流正在出现。日本是挡回这一潮流呢?还是被这一潮流卷入呢?抑或保持孤高呢?

---

[1] 中外学者开始了对中国外交政策转变的讨论,聚焦于中国外交政策变化的本质和方向是否仍然坚持和平崛起,以及中国外交政策的变化多大程度上影响了亚太地区安全秩序。如:XU Jin, "Chinese International Relations Debates and Foreign Policy Adjustments", THE GRIFFITH-TSINGHUA "HOW CHINA SEES THE WORLD" Working Paper Series, No. 3(2017). Michael Yahuda, "China's New Assertiveness in the South China Sea", *Journal of Contemporary China* 22, No. 81, 2013, pp. 446–459; Aaron L. Friedberg, "China's Recent Assertiveness: Implications for the Future of US-China Relations", Testimony before the Senate Foreign Relations Committee, June 25, 2014, Washington, DC, http://www.foreign.senate.gov/download/friedberg-testimony-06-25-14; Thomas F. Christensen, "Advantages of an Assertive China: Responding to Beijing's Abrasive Diplomacy", *Foreign Affairs* 90, No. 2, March/April 2011, pp. 54–67. Michael D. Swaine, 'Perceptions of an Assertive China', *China Leadership Monitor*, No. 32, 2010. Jian Zhang, "China's new foreign policy under Xi Jinping: Towards 'Peaceful Rise 2.0'?", *Global Change, Peace & Security*, 2015, Vol. 27, No. 1, pp. 8–13.

[2] 杨洁篪:《深入学习贯彻党的十九大精神 奋力开拓新时代中国特色大国外交新局面》,《求是》2017年第23期,第3—7页。

但有一点很明确,那就是日本无论如何也要做出抉择。"①安倍首相自认为是"战斗型政治家"。②日本对东盟外交政策进行深入调整,通过强化外交政策协调与经济合作机制整合创建,应对中国崛起带来的冲击。

中国政府的奋发有为与日本政府的务实进取,将会深刻塑造中国—日本—东盟三边关系。本文正是基于新时代中国积极构建中国特色大国外交这一新背景,借助经济外交视角,梳理并比较这一复杂变局下中日两国政府对东盟的经济外交,探讨中日对东盟经济外交的新调整对中国—日本—东盟三边经贸关系带来的深远影响。首先界定了什么是经济外交,并对中日对东盟经济外交比较的范围进行了界定;随后分析了中国特色大国外交背景下,中国对东盟经济外交新动向,以及新变局下,日本对东盟经济外交的新调整;之后深入探讨中日两国对东盟经济外交的不同特征;最后,对中日对东盟经济外交面临的新机遇、新挑战,以及未来发展趋势进行了展望。

二、中日对东盟经济外交研究:基本概念与比较范围

经济外交通常被视为利用经济手段实现外交政策目标,或者利用外交手段实现经济目的。经济外交被认为是主权国家的职能,国家通过运用一系列的经济工具,如经济援助、特惠贸易政策、经济制裁等,实现国家的政治目标。③但是,经济外交作为一个涉及多维度的复杂现象,从来不仅限于狭隘的经济或者外交利益,同时也涉及更为广泛的政治利益和战略利益维度。④ 经济外交是指借助政治手段作为国际谈判的筹码,促进本国经济繁荣;同时,借助经济手

---

① [日]家近亮子:《日中关系的现状》,[日]家近亮子等编:《处在十字路口的日中关系》,晃洋书房2007年版,第5页。转引自金熙德:《经济利益·地缘政治·意识形态:二战后日本对华外交基点的摇摆》,《当代亚太》2008年第1期,第68页。

② 张勇:《韬晦之"鸷":安倍晋三人格特质与对外政策偏好》,《外交评论》2017年第6期,第105—131页。

③ David. A. Baldwin, *Economic Statecraft*, Princeton University Press, 1985, p. 3. Geoff R. Berridge (with Alan James), *Dictionary of Diplomacy*, Palgrave-Macmillan, Second edition, 2003.

④ Maaike Ohano-Heijmans, "Conceptualizing Economic Diplomacy: The Crossroads of International Relations, Economics, IPE and Diplomatic Studies", in *Economic Diplomacy: Economic and Political Perspectives*, edited by Peter A.G. van Bergeijk, Maaike Okano-Heijmans and Jan Melissen, Martinus Nijhoff Pubishers, 2011, pp. 7 - 36. Also Albert. O. Hirschman, *National Power and the Structure of Foreign Trade*, expanded edition, University of California Press, 1980.

段作为筹码,促进国家政治稳定。① 经济外交不同于商务外交,商务外交以促进商业利益(profit)为目的,经济外交则有促进商业利益和政治利益的双重目的,实现手段则包括借助商务外交方式在内的政策,促进贸易和投资发展;借助经济援助方式、双边或多边贸易协定,以及金融和货币政策或谈判等,推动国家的经济和政治收益。

概念的界定离不开特定的社会历史特征,同样对中日两国经济外交概念的研究,也需要建立在特定政府的外交政策行为的基础上。作为一个国际关系术语,经济外交首次出现在日本政府1957年发表的《外交蓝皮书》中,日本学者将经济外交视为当时日本政府特有的一种外交政策行为,将经济外交等同于对外援助,将经济外交视为实现国家战略目标的重要手段。②

中国经济外交的概念,一方面根植于中国丰富的改革开放的实践,另一方面也深受日本经济外交方式的影响。中国的经济外交相当长一段时间以来奉行"外交为经济服务"。邓小平时期擘画中国的"改革开放"事业,提出"一切以经济建设为中心"的基本国策,"统筹国内、国际两个市场""外交为经济服务"是当时中国"经济外交"的主要特征。1997年的亚洲金融危机和2008年的世界金融危机推动中国政府将经济外交作为中国整体外交的重要组成部分,中国经济外交的重点更多强调"经济为外交服务",借助经济外交手段,增强国际影响力,为国内改革创造良好环境。武汉大学张晓通副教授提出的经济外交概念也有经济为外交服务的含义。他指出,经济外交"就是一国为了实现和维护其大国地位,实施财富与权力相互转化的行为、艺术与过程"。③

日本经济外交的理念和方式深刻影响了中国的经济外交。中国商务部前部长陈德铭在总结对外经济关系时表示,中国对外援助不仅帮助援助国实现发展,也加深了这些国家对中国企业、产品和技术的了解,有效推动了双边经

---

① Maaike Ohano-Heijmans, "Conceptualizing Economic Diplomacy: The Crossroads of International Relations, Economics, IPE and Diplomatic Studies", in *Economic Diplomacy: Economic and Political Perspectives*, edited by Peter A.G. van Bergeijk, Maaike Okano-Heijmans and Jan Melissen, Martinus Nijhoff Pubishers, 2011, p.17.

② 周永生:《经济外交》,中国青年出版社2004年版,第15—18页。

③ 张晓通:《中国经济外交理论构建:一项初步的尝试》,《外交评论:外交学院学报》2013年第6期,第49—60页。

贸合作,带动和扩大了中国企业和产品的"走出去"。① 中国政府进行经济外交时,强调在互惠基础上,借助援助、贸易和投资方式,促进受援国的发展。这种强调有着日本经济崛起时期采取"贸易—投资—援助"三位一体的经济外交方式的印记。②

随着中国企业和国民日益"走出去",中国海外利益不断扩展,经济安全被视为中国的核心国家利益。为此,中国经济外交的内涵与外延也不断丰富,经济外交的手段也不再仅限于经济援助,贸易、投资和金融合作,传统的外交、军事和其他类型的政策,也可能被吸纳到经济外交概念中。③ 经济外交的主旨成为将中国日益增长的经济实力转变为政治影响力和文化感召力,塑造中国负责任大国形象,作为"实现中华民族伟大复兴的中国梦"的重要手段。

结合中外学者相关研究,在此将经济外交界定为:利用贸易、投资、金融政策和发展援助政策等一系列工具,来支持一国的外交战略目标,将经济实力转化为国际影响力,促进国内经济发展的同时,维护国家的政治稳定。对于处于转型期的中国和日本来说,经济外交还有大力推动国际国内经济转型的目的。

中国与日本对东盟经济外交有诸多相似性,例如两者都不同于经济合作发展组织(OECD)以赠款为特征的对外援助方式,中日两国强调将经济援助与对外贸易、对外投资有机结合起来,推动受援国经济社会发展,有很明显的东亚援助模式色彩。④ 越来越多学者通过研究认为存在东亚援助模式,他们认为包括中国、日本、韩国在内的东亚援助国家进行发展援助时,重点

---

① 陈德铭:《努力开创援外工作新局面——深入贯彻落实全国援外工作会议精神》,《求是》2010年第19期,第42页。

② Wang, P. (2013). 'Chugoku no "Sanmi Ittai" Gata Enjo to Nihon no Keiken' ('China's "Trinity" Aid and Japan's Aid Experiences'). In: Y. Shimomura, and H. Ohashi (eds), Chugoku no Taigai Enjo (China's Foreign Aid). Tokyo: Nihon Keizai Hyoronsha. 转引自 *A Study of China's Foreign Aid: An Asian Perspective*, Yasutami Shimomura and Hideo Ohashi edited, Palgrave Macmillan, 2013, pp. 33 – 34.

③ Evan S. Medeiros, *China's International Behavior Activism, Opportunism, and Diversification*, Rand Project Air Force, 2009, p. 61. https://www.rand.org/pubs/monographs/MG850.html.

④ Machiko Nissanke, and Marie Soderberg, *The Changing Landscape in Aid Relationship in Africa: Can China's Engagement Make a Difference to African Development?* The Swedish Institute of International Affairs, 2011, pp. 14 – 18. https://core.ac.uk/download/pdf/2794675.pdf.

关注经济基础设施建设,援助与商业贷款、对外直接投资打包进行,企业是实施援助项目的主体,支持政府主导的经济增长,寻求援助国与受援国之间的双赢合作。① 澳大利亚学者艾金森(Joel Atkinson)也认为,存在东亚援助模型,包括日本、韩国在内的援助方,将发展援助作为实现国家总体安全的一部分。②

这种独特性和相似性成为中日之间进行经济外交比较的基础。同时,中日由于所处历史发展阶段不同,两国对经济利益、外交利益和政治战略利益强调的重点不同,导致中日两国选择符合各自国家经济政治利益的经济外交工具组合,中日对东盟经济外交也呈现出不同的特点。本文将以中日对东盟贸易、投资和发展援助为比较主线,探讨新形势下中日对东盟经济外交的现状、特征与趋势。

三、中日两国经济外交的新动向以及对东盟国家的影响

中国崛起面临的结构性压力主要来自两个方面,一方面来自体系中的霸权国美国,美国特朗普政府针对中国开展了包括贸易摩擦在内的一系列竞争,中国崛起的大环境面临越来越多不确定性。另一方面,日本在内的邻国也对中国崛起施加了重要影响,日本外交中制衡中国因素越来越明显,中国与东盟部分国家也存在主权和领土争端。东盟作为中日两国地缘政治和地缘经济的前沿国家,成为中日两国经济外交争夺的主要对象,中日对东盟经济政治上的合作与竞争进入了新的阶段。

中共十八大以来,中国特色大国外交在理念创新、制度建设和外交实践上,不断推陈出新,中国外交呈现出积极进取的姿态。中国特色大国经济外交也迎来了新发展。从外交理念创新上看,人类命运共同体、包容性发展、亲诚惠容、正确义利观等,构成了新时代中国特色大国外交的核心理念;奋发有

---

① Stallings, B. , & Kim, E. M. , "Japan, Korea, and China: Styles of ODA in East Asia", In Y. Shimomura, J. Page & H. Kato (Eds.), J*apan's development assistance: Foreign aid and the post-2015 agenda*, Basingstoke: Palgrave Macmillan, 2015, pp. 120 – 134.

② Joel Atkinson, "The real East Asian Aid model: Development assistance as an instrument of comprehensive security in Japan, South Korea and Taiwan", *Development Policy Review*, Volume 36, Issue 3,2018, pp. 265 – 284.

为、底线思维、合作共赢、共商共建共享构成新时代中国特色大国外交的基本原则。① 这些外交理念和基本原则,为新时代中国特色大国外交理论体系奠定了基本框架。

外交机制创新突出表现在外交决策顶层设计上,强化外交统筹协调能力,通过中央外事工作会议,总结实践经验,探讨五年期的外交规划。成立国家安全委员会,应对崛起中的中国在国家安全领域遇到的新问题和新挑战,践行总体国家安全观。在机构建设上,国家安全委员会的建立,在中国外交顶层设计上强化了中央对外交和安全工作的统筹决策能力。中国国家国际发展合作署和中国国际发展知识中心两个机构的建立,进一步明确中国对外援助机构的职责范围。2018年4月,中国国家国际发展合作署建立,作为国务院直属机构,承接商务部和外交部对外援助相关职责,拟订对外援助战略方针、规划、政策,统筹协调援外重大问题并提出建议,推进援外方式改革,编制对外援助方案和计划,确定对外援助项目并监督评估实施情况等。2017年8月建立的中国国际发展知识中心,是研究和交流中国发展经验,贡献中国智慧的重要平台;是分享各国发展经验,应对全球发展挑战,探索实现可持续发展的重要渠道。此外,建立"推进'一带一路'建设工作领导小组办公室",统筹协调各相关部门的顶层战略设计和政策互动。

在外交实践上,中共十八大以来,中国坚持和平发展国际环境的基本判断不动摇,坚定不移地走和平发展道路,以构建新型国际关系和人类命运共同体为目标,积极发展全球伙伴关系,推动"一带一路"建设,积极参与全球治理进程,提出并建设对话而不对抗、结伴而不结盟的伙伴关系,走出了一条新的国家间交往模式。借助北京亚太经合组织领导人非正式会议、二十国集团领导人杭州峰会、"一带一路"国际合作高峰论坛、金砖国家领导人厦门会晤、上海合作组织青岛峰会等一系列主场外交,中国政府利用主场权力(chairmanship power)聚焦特定问题,拟定谈判议题或议程,并借助主场优势影响谈判的效率和谈判结果的分配。② 通过联合国发展峰会,以及其他各类多边和双边重大国

---

① 徐进:《新时代中国特色大国外交理念与原则问题初探》,《现代国际关系》2018年第3期,第1—7页。

② Jonas Tallberg, "The Power of the Chair: Formal Leadership in International Cooperation", *International Studies Quarterly*, Vol. 54, No. 1, 2010, pp. 241-265.

际场合,中国政府积极发出倡议、提出方案、贡献智慧。

经济因素是中国大国外交的重要特征,中国经济外交站在新的历史起点上,进入大有作为的时期,并展现出更鲜明的时代特色。① 新时代中国经济外交的职能和属性发生了"双重转型":一方面,经济外交逐步由过去压倒性服务于国内经济建设向为促进国内发展与服务对外战略大局并重的方向转变;另一方面,中国开始由过去单纯参与国际经济体系活动向影响和塑造国际经济规则及议事日程制定方向转变。②

中国特色大国经济外交的不断推进,给同为东亚地区经济外交大国的日本带来了压力,日本政府的危机意识和竞争意识不断增强,在对外经济交往中制衡中国因素逐渐增长。特别是2012年安倍组建第二届内阁以来,日本外交战略目标进一步清晰,在外交战略规划、制度设计以及经济外交实践中创新发展,抗衡中国因素明显。

2013年,安倍首相在一场演讲中指出,他执政的目标就是实现日本复兴,成为一个被认可的大国。③ 在外交战略规划上,安倍政府提出一系列创新性外交理念,从第一届内阁时期宣传的"价值观外交",到第二届内阁时期提出的"民主安全之钻""俯瞰地球仪外交"以及"积极和平主义"等外交理念,进一步丰富了安倍政府在新形势下积极有为的特征。在第一个任期内,安倍清晰地阐述了"自由与繁荣之弧"(Arc of Freedom and Prosperity)的概念,它包括从东北亚延伸至东南亚、中亚、高加索、中欧和波罗的海国家。④ 就对印日双边合作提出新的设想:他设想出"扩大亚洲"的概念,倡议日本与印度结合起来,"扩大亚洲"把美国和澳大利亚包括进来,就会发展成遍及整个太平洋的广大网络。⑤

---

① 张军:《中国特色经济外交迈入新时代》,2017年4月21日,http://www.fmprc.gov.cn/ce/cgvienna/chn/zgbd/t1455478.htm。

② 任晶晶:《"一带一路"背景下中国经济外交的战略转型》,张蕴岭、袁正清主编:《"一带一路"与中国发展战略》,社会科学文献出版社2017年版。

③ Ministry of Foreign Affairs of Japan,"'Japan is Back', speech given at the Center for Strategic and International Studies", Washington, DC, 22 February, https://www.mofa.go.jp/announce/pm/abe/us_20130222en.html.

④ Policy Speech by Prime Minister Shinzo Abe to the 190th Session of the Diet, January 22,2016, http://japan.kantei.go.jp/97_abe/statement/201601/1215627_10999.html.

⑤ 安倍晋三,『二つの海の交わり』,2007年8月22日,https://www.mofa.go.jp/mofaj/press/enzetsu/19/eabe_0822.html。

随后在2012年恢复自民党领导和首相职位的选战中,安倍将上述概念发展成"民主安全之钻"(Democratic Security Diamond)。"民主安全之钻"包括了美国、日本、澳大利亚、印度等亚太国家。① 用以强调日本在亚太海洋事务中扮演重要角色。

"俯瞰地球仪外交"延续了"价值观外交"的内容,强调日本外交的基本方针不是只关注与周边各国的双边关系,而是要像注视地球仪那样俯瞰整个世界,立足于自由、民主主义、基本人权、法制支配等基本价值观,开展战略性外交。② 与共同拥有自由、民主主义、人权、法治等基本价值观的国家开展合作,构建日本在全球的战略影响力。

"积极和平主义"(Proactive Contribution to Peace)由安倍首相2013年9月12日,在首次讨论国家安全保障战略的专家座谈会上提出,即要求从"基于国际协调的积极和平主义"立场出发,讨论日本的安全保障战略,并在同年9月26日的联合国大会上和10月15日的临时国会演说中再次提及。③ 2013年日本出台的《国家安全保障战略》进一步明确了"积极和平主义",所谓"积极和平主义"指的是日本作为国际政治和国际经济重要的行为体,将同包括同盟国美国在内的相关国家相互协调,同时为地区及国际社会的和平与稳定做出较之以往更大的积极贡献。④

安倍在2018年1月第196届国会安倍内阁总理大臣施政方针演说中,进一步明确了"积极和平主义"内涵,内容包括利用日本领先的环境技术为同时实现世界经济增长和气候变化对策做出贡献。为实现可持续发展目标,谋求贫困对策、保健卫生以及女性赋权等人类安全保障相关问题的解决,日本将在国际社会发挥强有力的引领作用。在经济秩序改革领域,日本与欧盟签署了经济合作协议(EPA),与《跨太平洋伙伴关系协定》(TPP)的11个签约国达成了部长级框架协议(CPTPP),日本作为自由贸易的旗手,向世界推广建立在自

---

① Shinzo Abe "Asia's Democratic Security Diamond" Dec. 27, 2012, https://www.project-syndicate.org/commentary/a-strategic-alliance-for-japan-and-india-by-shinzo-abe? barrier=accesspaylog.

② 首相官邸、「第百八十三回国会における安倍内閣総理大臣所信表明演説」、http://www.kantei.go.jp/jp/96_abe/statement2/20130128syosin.html。

③ 金永明:《日本积极和平主义政策研究》,《国际观察》2015年第2期,第114页。

④ 外務省、「日本の安全保障政策」、2018年5月16日、https://www.mofa.go.jp/mofaj/gaiko/page22_000407.html。

由、公正规则基础上的 21 世纪型经济秩序。在中东和平与稳定问题上,为该地区提供难民、人道援助以及经济援助等。①

在经济外交实践中,安倍政府在经贸、投资和对外援助等主要经济外交领域,积极与中国展开主导权的争夺。日本倡导的亚太经济一体化,继承了 TPP 中的高标准,重塑亚太地区贸易标准和贸易格局。借助 CPTPP,日本将能够重塑亚洲贸易规则及格局,构建升级版的亚太自贸区,与中国倡导的借助 RCEP(区域全面经济伙伴关系)构建亚太自贸区,形成竞争性局面。在亚洲基础设施建设投资上,日本安倍政府扩大对亚洲基建投资,并强调希望利用"高品质""信赖度"等基础设施建设标准,与中国争主导权。

对外援助方面,日本对外援助形成了一套行之有效的政策规定、制度设计,积累了丰富的援外经验,日本"贸易—投资—援助"三位一体的援助模型,强调增强受援国的自力更生能力,优先援助发展中国家自己的发展战略等特征,是日本针对西方传统援助战略进行的修订。② 在国际援助领域产生了重要影响。冷战结束后,日本作为 OECD 成员国,接受西方国家援助规范,对外援助中赠款部分的比重逐渐增加。一方面,日本仍然重视借助亚洲开发银行(ADB)在内的多边援助机构,开展对外援助。另一方面,日本与中国在亚洲、非洲和拉丁美洲争夺地区影响力的强度也增加,借助援助方式制衡中国的因素更为明显。

作为实干型政治家,安倍对华政策偏好存在矛盾的两面,经济上谋求接触,安全上实施对冲,既表明具有反对中国以实力改变现状与秩序的强烈意志与相应能力,同时又声称战略互惠关系是两国之利,为此双方需管控海空危机,加强相关对话与合作。日本不断渲染中国军力发展及海洋活动的所谓"威胁性",实质是通过谋求涉钓战术优势,确保有利于日本的战略态势。③

东盟国家将实现国内经济可持续发展视为重要的执政任务,并将援助和

---

① 日本首相官邸:《第 196 届国会安倍内阁总理大臣施政方针演说》,2018 年 1 月 22 日,http://www.kantei.go.jp/cn/98_abe/statement/201801/20180122siseihousin.html。
② 李安山:《东京非洲发展国际会议与日本援助非洲政策》,《西亚非洲》2008 年第 5 期,第 9 页。
③ 张勇:《韬晦之"鸷":安倍晋三人格特质与对外政策偏好》,《外交评论》2017 年第 6 期,第 125 页。

贸易投资作为经济发展的重要推动力,主要东盟国家相继制定了国家中长期发展战略,这为中日实施积极经济外交,特别是结合贸易、投资和对外援助"三位一体"的经济外交提供了前提。日本依靠强大的资金实力和科学技术优势,依靠更有活力和完善的对外援助机制,以及政治强势的安倍首相在外交决策中决定性作用越来越强,安倍政府势必在应对中国奋发有为的大国外交时更为强调权势竞争。同时,面临中国经济政治实力和影响力在全球的不断扩散,与中国加强具体领域合作的实用主义外交,也势必成为安倍政府对华经济外交的重要特征。

东盟是中日两国对外合作的"桥头堡",在新形势下,中日两国对东盟经济外交呈现了新的争夺态势,中日两国关于东亚地区经济秩序竞争、中日围绕亚太地区经济秩序,在贸易外交、金融投资外交和经济援助外交等方面,对东盟国家进行了全面争夺,中日对东盟经济外交的重点从最初的商业利益转变为争夺政治和战略影响力的新阶段。目前,中日两国政府外交展现出积极进取一面,中国借助对东盟经济外交夯实周边外交,为中国实现伟大复兴的"中国梦"奠定良好的周边环境;日本在东亚耕耘多年,有深厚的合作基础和良好的民意基础,安倍政府试图借助对东盟经济外交起到制约中国崛起,再次强化日本在东盟的存在感,为实现日本政治大国梦努力。中国特色大国经济外交背景下,日本和东盟是中国积极有为外交的适应者,特别是日本作为亚太地区大国,针锋相对争夺亚太地区经济秩序主导权的态势更为明显,东盟国家是"中国—日本—东盟"三边关系中实力比较弱的一方,但是东盟因为其独特的地缘区位优势,巨大的市场潜力,以及具体议题的主导能力,游走在中日两大国之间。

第二节 "亲诚惠容"打造"命运共同体":
积极进取的中国周边外交

做好周边外交工作,是实现"两个一百年"奋斗目标、实现中华民族伟大复兴的中国梦的需要。[①] 中共十九大报告以前所未有的高度强调了经济外交和

---

① 《习近平:让命运共同体意识在周边国家落地生根》,新华网,2013 年 10 月 25 日,http://www.xinhuanet.com/2013-10/25/c_117878944.htm。

第五章　新时代中国特色大国外交背景下中日对东盟经济外交比较研究 / 89

周边外交的重要性,对中国来说,东盟国家是中国周边外交的优先方向,构建中国特色大国外交重要的地缘经济和地缘政治支点,是实现中华民族伟大复兴的重要依托,同时也是中国优质产能出口和产业升级转移的自然延伸。东南亚是大国利益的交汇区,也是全球华人华侨最多的地区,这一系列要素决定了东盟在中国经济外交布局中的特殊性。2018年迎来中国—东盟建立战略伙伴关系15周年,中国—东盟关系正处于承前启后的重要阶段,面临新的发展契机。

一、中国对东盟经济外交的新发展

新时代中国特色大国外交背景下,中国对东盟经济外交新发展主要体现在制度创新和政策创新方面。在制度创新方面,新时代中国对东盟经济外交更突出顶层设计,并创新性提出"亲诚惠容""正确的义利观""周边命运共同体"等外交理念。在政策创新方面,借助"一带一路"倡议、"澜湄合作"次区域发展机制,促进经济利益与安全议题的战略互动,引领塑造周边安全形势,通过提供区域性公共物品,塑造亚洲价值观,打造命运共同体,共同推动中国周边经济外交实现从"被动"到"主动"、从"融合"到"引领"的战略转变。

冷战结束以来,中国对东盟经济外交的目的是为中国经济发展创造一个稳定、友好的外部环境,随着进入21世纪中国经济迅速崛起,中国遭受更多来自美国施加的战略压力的情况下,东盟在中国外交战略中的地位凸显。受2008年全球金融危机的影响,中国经济增长速度放缓,经济社会结构进入深刻调整期,倡导开放型经济对中国发展至关重要,经济外交为国内经济发展服务的任务再次凸显。值得注意的是,随着中共十八大以来构建有中国特色的大国外交理念的提出,特别是"周边命运共同体"概念的提出,表明中国对东盟国家的经济外交逐步增加了塑造地区经济秩序的内容。[①]"一带一路"倡议的提出,正是基于上述背景,东盟作为"海上丝绸之路"重要的节点国家和重要的战略合作伙伴,成为"一带一路"建设的重要参与者。东盟领导人也认为"一带一路"框架下中国—东盟经贸合作不仅有利于双边经贸发展,对东盟经济共同体

---

① Timothy R. Heath, "Diplomacy Work Forum: Xi Steps up Efforts to Shape a China-Centered Regional Order", *China Brief*, Vol. 13, No. 22, November 2013.

2025年愿景的实现也具有重要意义①。

就中国"一带一路"倡议与东盟国家发展战略对接上,东盟是积极的响应者和参与者。中国与东盟国家建立起中国与东盟、中国与东盟成员国,以及具体产业部门发展战略的对接上,同时也体现在中国与东盟相关国家积极编制次区域发展合作规划上。

中国与东盟发展战略对接主要表现为《东盟互联互通总体规划2025》与"一带一路"倡议的对接。2017年11月14日,第31届东盟峰会和东亚合作领导人系列会议通过了《中国—东盟关于进一步深化基础设施互联互通合作的联合声明》,东盟承诺实现《东盟互联互通总体规划2025》与"一带一路"倡议对接,共同推动区域经济一体化发展和中国—东盟命运共同体建设。东盟十国中,与中国政府签订政府间"互联互通"合作备忘录或者规划的国家有:新加坡、缅甸、马来西亚、老挝、柬埔寨五个国家。与老挝建设"陆锁国变陆联国"战略、越南打造"两廊一圈"战略、柬埔寨实现"四角"战略、印度尼西亚建设"世界海洋轴心"战略、马来西亚建设"全面发达国家—2020"战略实现对接。② 在具体产业项目对接中,中国与东盟成员国项目合作的重点在电力、交通、电子商务、边境经济区、信用融资等领域(参见表5-1)。

表5-1 中国—东盟"一带一路"产业项目类合作分布③

设施联通	政府间和平利用核能协定	泰国
	水资源领域谅解备忘录	马来西亚
	加强基础设施领域合作的谅解备忘录	柬埔寨
	联合海洋观测站	柬埔寨
	基础设施融资合作协议	印度尼西亚、老挝、泰国
	轻轨项目贷款协议	柬埔寨、越南
	机场扩改建项目贷款协议	缅甸

---

① 《东盟副秘书长林康宪:东盟期待继续加强同中国合作》,新华网,2016年12月14日,http://www.xinhuanet.com/world/2016-12/14/c_129403122.htm。

② 谷合强:《"一带一路"与中国—东盟经贸关系的发展》,《东南亚研究》2018年第1期,第126页。

③ 谷合强:《"一带一路"与中国—东盟经贸关系的发展》,《东南亚研究》2018年第1期,第119页。

续表

贸易畅通	政府间经贸合作协议	越南、柬埔寨、老挝、菲律宾、印度尼西亚、缅甸
	边境经济合作区的谅解备忘录	缅甸
	电子商务合作的谅解备忘录	越南
	关于加强标准合作,助推"一带一路"建设联合倡议	马来西亚、柬埔寨
	融资授信额度战略合作框架协议	菲律宾
	化工、冶金、石化等领域产能合作融资合作协议	印度尼西亚、马来西亚
资金融通	融资、债券承销等领域务实合作	菲律宾、柬埔寨、马来西亚
	转贷款、贸易融资等领域务实合作	马来西亚、泰国
	融资、债券承销等领域务实合作	菲律宾、柬埔寨、马来西亚

截至2015年6月末,银监会已和东南亚十一国中的7个国家签订备忘录,深化与"一带一路"沿线国家的跨境银行业监管合作,为中外资银行业金融机构的发展与合作营造良好的外部环境。中资银行在东南亚和西亚地区设立分支机构相对集中,东南亚国家的银行在华业务活动也较为活跃。①

在中国与东盟相关国家积极编制次区域发展合作规划上,中国与老挝、缅甸和泰国等国共同编制了《澜沧江—湄公河国际航运发展规划(2015—2025年)》,计划2025年思茅港南得坝至老挝琅勃拉邦航道实现500吨级船舶航道通航,实现"泛亚铁路"中线与东南亚"互联互通"。中国与东盟十国共同发表《中国—东盟产能合作联合声明》,加强"一带一路"框架下的产能合作,中国与湄公河五国发表《澜沧江—湄公河国家产能合作联合声明》,规划湄公河区域国家利用好"一带一路"平台实现产能合作。

跨国产业园区是中国—东盟"一带一路"经济合作模式的重要创新,中国与柬埔寨、印度尼西亚、缅甸、老挝、越南等国家开展跨国产业园区合作共建,截至2016年年底,中国在东盟参与建设的跨国产业园区共23个,其中印度尼

---

① 《银监会:已与27个"一带一路"国家签署MOU或合作换文》,新华网,2015年9月29日,http://www.xinhuanet.com/fortune/2015-09/29/c_128277404.htm。

西亚6个,越南5个,马来西亚2个,泰国、缅甸、文莱各1个,投资累计15.2亿美元,参与中资企业达421家①(参见表5-2)。钦州产业园区是中国与马来西亚共建的金融跨国数据公共服务平台,"中新(重庆)战略性互联互通示范项目"涉及金融服务、航空产业、交通物流、信息通信等领域。2017年5月,中国与东盟国家签署"一带一路"环保与产业合作集聚区共建协议,加强环保技术协同创新、产业合作开发与人力资源共享等方面的合作,探索环保技术与产业合作发展结合的新道路。②

表5-2　　中国在东盟国家经过确认考核的境外经贸合作区名录③

序号	合作区名称	境内实施企业名称
1	柬埔寨西哈努克港经济特区	江苏太湖柬埔寨国际经济合作区投资有限公司
2	泰国泰中罗勇工业园	华立产业集团有限公司
3	越南龙江工业园	前江投资管理有限责任公司
4	老挝万象赛色塔综合开发区	云南省海外投资有限公司
5	中国·印度尼西亚经贸合作区	广西农垦集团有限责任公司
6	中国印度尼西亚综合产业园区青山园区	上海鼎信投资(集团)有限公司
7	中国·印度尼西亚聚龙农业产业合作区	天津聚龙集团

优势产业合作平台的创建主要基于中国与东盟资源禀赋的不同,在优势产业比较优势的基础上建立起来。例如,越南具有临海地理区位和丰富的青壮年劳动力,具有发展新兴电子产业比较优势,近年来重点参与"一带一路"涉及的电子类产业合作。泰国具有良好的汽车制造基础,2015年生产汽车191万辆,出口120万辆,重型机械与汽车制造成为泰国参与"一带一路"的重要领域。菲律宾劳动力成本较低、素质较高,通过与中国服装、电子类企业合作成功承接产业转移,实现产品国际竞争力的提升。中国广西、香港、澳门与东盟

---

① 王勤:《东盟经济共同体的形成与发展——兼论东盟经济共同体与"一带一路"倡议》,《人民论坛》2016年第10期。
② 《投资约70亿元　中国—东盟环保合作示范基地建设启动》,新华网,2017年5月16日,http://www.xinhuanet.com/fortune/2017-05/16/c_1120981733.htm。
③ 谷合强:《"一带一路"与中国—东盟经贸关系的发展》,《东南亚研究》2018年第1期,第124页。

加大整合广西丰富的中医药资源,香港、澳门的科技研发、中医药标准化生产与国际营销体系优势以及东盟国家的独特医药使用传统优势,建立了"双边多边国际创新""产业链国际合作创新""产业带国际合作创新"等平台,计划2020年建成桂港澳台—马泰越—印尼新加坡"中医药创新合作带",2025年建成桂港澳台—东盟"中医药国际创新合作圈"。新加坡作为东南亚地区金融中心和离岸人民币中心,金融服务创新是新加坡参与"一带一路"的重要领域,为参与"一带一路"提供产业融资和金融服务。

包括亚洲基础设施投资银行在内的金融资金和"丝路基金",是"一带一路"建设重要的资金来源,也是推动"一带一路"建设的关键力量,不仅是地区共识的凝聚者,关键项目的策划者和执行者,也是调动地区资金积极参与"一带一路"建设的平台和纽带。截至2018年10月,针对东盟成员国,亚投行已在4个成员经济体(印度、印度尼西亚、菲律宾、缅甸)开展了13个基础设施投资项目,项目贷款总额28.88亿美元,撬动了93.82多亿美元的公共和私营部门资金,为项目的实施带来了巨大的推动效应。道路交通、农业灌溉、能源、城市发展等领域是亚投行对东盟成员国优先投资的领域(参见表5-3)。

表5-3 亚投行对东盟国家基础设施投资项目简表(截至2018年10月)

序号	项目名称	部门	贷款国家	AIIB出资额(百万美元)	通过时间
1	印度安得拉邦(Andhra Pradesh)乡村公路建设项目	交通	印度	455	2018年9月28日
2	印度尼西亚灌溉排水系统的战略性现代化和项目管理	水资源/灌溉部门	印度尼西亚	250	2018年6月24日
3	印度国家投资与基础设施基金	多部门	印度	100	2018年6月24日
4	印度中央邦(Madhya Pradesh)改善落后道路网络	交通	印度	140	2018年4月11日

续表

序号	项目名称	部门	贷款国家	AIIB出资额（百万美元）	通过时间
5	马尼拉大都会防洪项目	城市建设	菲律宾	207.6	2017年9月27日
6	印度泰米尔纳德邦的输电系统巩固项目	能源	印度	100	2017年9月27日
7	古吉拉特邦乡村道路建设	交通	印度	329	2017年7月4日
8	印度基础设施基金	金融	印度	150	2017年6月15日
9	印度安德拉邦全民24小时供电项目	能源	印度	160	2017年5月3日
10	印度尼西亚大坝运营改造与安全项目二期	能源	印度尼西亚	125	2017年3月22日
11	印度尼西亚地区基础设施发展基金项目	金融	印度尼西亚	100	2017年3月22日
12	敏建电站项目	能源	缅甸	20	2016年9月27日
13	印度尼西亚贫民窟改造项目	交叉	印度尼西亚	216.5	2016年9月27日

资料来源：笔者根据亚洲基础设施投资银行官网公布数据制作(https://www.aiib.org/en/projects/approved/index.html)。

二、从"利益共同体"到"命运共同体"

中国对东盟经济外交体现出政府对东盟的新定位，这与中国周边外交以及中国崛起面临压力有关。"一带一路"倡议，包括亚投行的创设，都表明中国政府愿意承担昂贵成本，通过以发展为导向的基础设施建设投资和民心沟通等重大战略举措，践行构建"周边命运共同体"。中国对东盟经济外交从强调商业利益合作的"利益共同体"，转向强调发展命运"共生"的命运共同体建设方向。

冷战结束后，中国积极发展与东盟关系，以便打破国际封锁，为国内经济发展创造良好的环境。进入21世纪,随着中国加入世界贸易组织(WTO),中国与东盟之间经济协调性增强,特别是1997—1998年东亚金融危机,进一步深化了中国与东盟的金融和贸易联系。2003年,中国作为域外大国加入《东南亚友好合作条约》,与东盟建立了面向和平与繁荣的战略伙伴关系。在此基础上,中国与东盟政治互信不断增强,双边贸易额大幅提高,双边投资快速增长,人文交流空前密切。特别值得一提的是,2010年1月,中国—东盟自由贸易区全面建成,这是世界上最大的发展中国家自贸区。中国通过亚太经合组织、东盟地区论坛、"10+3"合作、RCEP等多边合作桥梁,提倡开放的地区主义,不遗余力推进地区经济协调发展,谋求打造和谐地区,打造地区利益共同体。

中国经济迅速崛起成为世界第二大经济体后,中国外交进入新的调整时期。一方面,地区性结构权力的变动给日本和东盟等国家带来不适,中国军事实力的增强,在领土争端中采取的坚决维护国家领土主权的行为,给周边国家带来冲击,导致东盟国家对中国和平发展意图产生疑虑,并开始积极采取"大国对冲战略":积极寻求与美国、印度等域外大国合作,以平衡中国崛起给其自身带来的安全压力。但是在经济上,仍然与中国保持密切联系。另一方面,中国的迅速崛起面临地区和国际环境变化,对中国外交也是一个新的命题。加上中国经济进入所谓"新常态",要应对中国经济发展速度放缓带来的一系列经济社会问题。基于上述局势变化,中国政府提出构建中国特色大国外交,对周边外交倾注更多资源和关注,提出构建"周边命运共同体"命题。

物质性因素与社会性因素是构建"命运共同体"的途径,物质性因素指的是中国需要承担经济成本,社会性因素指的是中国需要塑造某种价值观,增强中国与东盟国家之间的互信。当前中国对东盟外交更多强调的是经济外交手段为主,试图通过承担更多区域性公共物品的方式,通过承担经济成本,也愿意承担经济成本,来支持东盟国家经济发展战略,通过更为深入的经济一体化,打造负责任大国形象。然而,单一的经济手段并不能自动转变为政治影响力,这就需要中国提出价值观命题,塑造政治互信。"周边命运共同体"观念正是中国国家领导人在价值观方面对地区治理提出的新理念。

日本国际协力机构(JICA)研究所北野尚宏(Naohiro Kitano)等学者的研究成果指出,中国对外援助中的双边援助比重远远大于中国对多边开发机构的援助金额。① 通过考察中国 2005—2012 年中国对外援助的地域分布,他们发现中国对非洲援助所占比重为 45.7%,东北亚和西亚占 32.8%,拉丁美洲加勒比海地区占 12.7%,大洋洲占 4%,欧洲占 0.3%,其他地区占 4.5%,对非洲地区的重视非常明显。② 随着"一带一路"建设的推进,中国在东南亚和南亚的经济投入巨大。根据彭博社的数据,今后十年中国在"一带一路"基础设施建设上的项目投入约有 1.5 万亿美元,主要投资在马来西亚、南亚、缅甸、老挝、柬埔寨、泰国、印度尼西亚、菲律宾等国家。③ 中国在马来西亚的投资项目被认为是"一带一路"旗舰项目,包括投资 220 亿美元的东海岸铁路和两个耗资约 10 亿美元的马六甲和波德申至北部日得拉的输油管道项目,以及婆罗洲岛从金马利斯天然气总站至山打根和斗湖等城市的输气管道项目。④ 此外,在东南亚地区投资超过 10 亿美元的项目还包括:中国—马来西亚马中关丹产业园(84 亿美元),缅甸皎漂特别经济区深水港和工业园项目(73 亿美元),中国—老挝高铁项目(58 亿美元),中泰高铁(57 亿美元),柬埔寨金边到西哈努克港高速公路的项目和暹粒新机场项目(34 亿美元)。⑤ 面对如此数量巨大、项目众多的投资,中国经济外交越来越重视中国海外投资利益和经济安全,切实打造"周边利益共同体"尤为重要。

关于如何打造"周边命运共同体",习近平主席在博鳌亚洲论坛 2015 年年会上的主旨演讲中提出了四条构建原则。⑥ 具体内容包括:第一,迈向命运共同体,必须坚持各国相互尊重、平等相待。作为大国,意味着对地区和世界和

---

① Naohiro Kitano and Yukinori Harada, "Estimating China's Foreign Aid 2001 - 2013", *JICA-RI Working Paper*, No. 78, June 2014, Japan International Cooperation Agency Research Institute.

② 北野尚宏、「中国の経済協力の現状」,《中国経済》2013 年 5 月发行,https://www.jica.go.jp/jica-ri/ja/publication/other/_nb.html。

③ David Fickling, "Soviet Collapse Echoes in China's Belt and Road", Bloomberg Opinion, 2018 年 8 月 12 日,https://www.bloomberg.com/view/articles/2018-08-12/soviet-collapse-echoes-in-chinas-belt-and-road-investment.

④《马来西亚政府正式叫停三个中资参与项目 欲赴华重谈》,观察者网,2018 年 7 月 5 日,https://www.guancha.cn/internation/2018_07_05_462828.shtml。

⑤ David Fickling, "Soviet Collapse Echoes in China's Belt and Road", Bloomberg Opinion, 2018 年 8 月 12 日,https://www.bloomberg.com/view/articles/2018-08-12/soviet-collapse-echoes-in-chinas-belt-and-road-investment.

⑥《习近平:迈向命运共同体 开创亚洲新未来》,新华网,2015 年 3 月 28 日,http://news.xinhuanet.com/politics/2015-03/28/c_1114794507.htm。

平与发展的更大责任,而不是对地区和国际事务的更大垄断。彼此协商、共商大计,增强透明度和相互信任,共同维护亚洲来之不易的和平稳定局面和良好发展势头,反对干涉别国内政,反对为一己之私搞乱地区形势。第二,迈向命运共同体,必须坚持合作共赢、共同发展。要摒弃零和游戏,在追求自身利益时兼顾他方利益,在寻求自身发展时促进共同发展。坚持合作共赢的理念,要加强宏观经济政策协调,积极推动全球经济治理变革,维护开放型世界经济体制,共同应对世界经济中的风险和挑战。第三,迈向命运共同体,必须坚持实现共同、综合、合作、可持续的安全。要摒弃冷战思维,创新安全理念,努力走出一条共建、共享、共赢的亚洲安全之路。要通过对话合作促进各国和本地区安全,以合作谋和平、以合作促安全,坚持以和平方式解决争端,反对动辄使用武力或以武力相威胁。要坚持发展和安全并重,以可持续发展促进可持续安全。第四,迈向命运共同体,必须坚持不同文明兼容并蓄、交流互鉴。加强青少年、民间团体、地方、媒体等各界交流,打造智库交流合作网络,让文明交流互鉴成为增进各国人民友谊的桥梁、推动人类社会进步的动力、维护世界和平的纽带。

上述讲话已经明确,中国政府在利益共同体基础上,开始加入文明和价值观因素,继续坚持与邻为善、以邻为伴和"睦邻、安邻、富邻"的周边外交方针和政策,践行"亲诚惠容"理念,全面发展同周边国家的关系,巩固睦邻友好,深化互利合作,努力使中国与周边国家政治关系更加友好、经济纽带更加牢固、安全合作更加深化、人文联系更加紧密,从而打造紧密的周边命运共同体。命运共同体建设的推进,取决于中国的自我克制,中日互补性合作,以及美国作为"仁慈的霸权"减少对东亚事务的干预三者之间合力的结果。当前面临中美关系巨大的不确定性,基于打造"周边命运共同体",中国经济外交需要致力于在外交姿态上强调自我克制,在平等相处的基础上强调国家间关系的舒适度,主动管控边境领土风险,并在相互尊重主权平等基础上实现共赢,通过让利的方式实现共同发展。

第三节 适应中的新调整:安倍政府对东盟新经济外交

面对中国积极有为外交战略,安倍政府整体上采取了"软制衡"(soft

balancing)的战略,相对于强调借助军事同盟的硬制衡,软制衡指的是借助政治和外交手段,遏制崛起国的影响力,同时不排除与崛起国在特定议题上的合作,以便寻求更多的经济回报。① 从这个意义上来说,日本对中国外交政策与亚洲其他国家对华战略相似,对中国崛起采取战略对冲,军事安全上更多强调美国的作用,突出美日同盟的重要性,在经济上与中国合作谋求商业利益。随着安倍首相外交决策中的权力的集中,日本外交中的"修正主义特色"日益浓重,对军事大国的诉求更为加强。出于安全上重新武装日本的需要,以及对塑造、影响中国意图能力的下降,对华关系紧张状态成为一种常态,日本对华制衡色彩更强,这种新变化也体现在安倍政府对东盟的经济外交中。

一、新时期安倍政府对东盟经济外交战略的新调整

2012年安倍第二次组阁以来,对东盟经济外交的战略定位和战略重点发生变化,保证经济获益,通过新的贸易倡议扩大日本企业市场份额,恢复日本企业地区竞争力,成为新贸易规则的倡导者,强化WTO在多边贸易治理的地位和作用。② 日本经济外交的一个重要目标就是维护亚太地区的和平与繁荣,通过推动构建基于规则的自由开放的贸易制度,强化与相同价值观国家的合作,增加亚洲基础设施建设投资来实现。在此基础上,也不排除制衡中国影响力,利用对东盟超强的经济影响力,与中国争夺地区和全球经济影响力,服务于日本实现政治大国和军事大国的目的。

第一,安倍政府经济外交强调构建高标准的自由、开放贸易体系,紧紧掌握经贸领域规则制定权。2018年9月25日,再次当选为日本首相的安倍在联合国大会一般辩论中指出,日本将进一步高举自由贸易大旗,从亚太地区到印太地区推行自由贸易和公平贸易规则。③ 在具体行动中,在美国退出了高标准的"跨太平洋合作伙伴关系协定"(TPP)后,安倍政府积极推动剩下11个国家

---

① Derek McDougall, "Responses to 'Rising China' in the East Asian Region: Soft balancing with accommodation", *Journal of Contemporary China*, Vol. 21, Issue 73, 2012, pp. 1–17.

② Mireya Solis, "Globalism Ascendant, Regionalism Stagnant: Japan's Response to the Global Financial Crisis", *The Hague Journal of Diplomacy*, Vol. 6, nos. 1–2, 2011, pp. 51–52.

③ General Assembly of the United Nations, "Address by H. E. Mr. Shinzo Abe, Prime Minister of Japan, at the Seventy-Third Session of the United Nations General Assembly ", September 25, 2018, https://gadebate.un.org/sites/default/files/gastatements/73/jp_en.pdf.

签署了"全面且推进中的跨太平洋合作伙伴关系协定"(CPTPP),尽管原始TPP文件中有22项条款在CPTPP中暂缓执行,CPTPP在商品和市场准入、劳工和环保要求、政府采购、知识产权保护、贸易便利化以及涉及国有企业竞争等方面,制定了更高标准。2018年7月17日,日本与欧盟这两个巨大经济体签署了《欧日经济伙伴关系协定》,这一双边协议削减或取消了几乎所有产品的关税,创建了世界上最大的自由贸易集团,表明了美日两国反对贸易保护主义的决心。同时,这一协议依然强调构建基于规则的自由和公平贸易制度,不仅为劳工标准、环保标准设置了更高法律标准,并首次对《巴黎气候协定》作出具体承诺。① 此外,日本也是中国支持东盟推动的"区域全面经济伙伴关系"(RCEP)的积极参与者,RCEP谈判已经持续了5年,各方寄望于2018年底结束谈判。日本谈判的目标是建成全面的、均衡的、高质量的东亚自贸区。②

日本经济全球化的起步远早于中国,安倍在自由贸易制度建设以及高标准的贸易规则制定方面高于中国,这种新的经济外交动向势必对中国和东盟国家产生深远影响。安倍政府将东盟视为日本"积极和平主义"和"俯瞰地球仪外交"两大外交政策的重要前沿阵地。日本承诺支持东盟核心作用、帮助东盟建设东盟共同体、推动大湄公河次区域发展、加强互联互通、缩小发展差距及人力资源培训等方面。随着政治安全、经济、社会文化等三大支柱构成的东盟共同体的进一步发展,安倍政府在基础设施建设投资、医疗合作、人力资源培训、地区开放贸易秩序塑造方面,进一步强化对东盟的援助与合作。

第二,安倍政府提出"自由且开放的印太战略",倡导建立基于法治,建立在规则和稳固的制度基础上的海洋秩序。日本的印太战略由三个支柱构成:第一个支柱为推动建立法治、自由航行、自由贸易等规则;第二个支柱为通过互联互通促进印太地区经济繁荣;第三个支柱为通过海洋执法能力建设、人道主义援助和减灾方面的合作,承诺建成和平与稳定的印太地区。为此,安倍政府外交重点将扩大基础设施建设,扩大贸易和投资,强化商业环境和人类发

---

① European Commission,"EU-Japan Economic Partnership Agreement: Texts of the agreement",Updated on 18 April 2018,http://trade.ec.europa.eu/doclib/press/index.cfm?id=1684.

② METI,"Japan to Hold RCEP Ministerial Meeting in Tokyo on July 1,2018",May 15,2018,http://www.meti.go.jp/english/press/2018/0515_001.html.

展,构建从东亚到中东到非洲的稳定和繁荣的印太区域。① 其核心内容是加强相关方在自由航行方面的合作,强化海洋执法能力建设。② 为了构建基于法治开放的海洋秩序,一方面,安倍政府积极推动印太地区基础设施和港口建设的国际标准,另一方面,借助日本享有盛誉的人力资源培训,将马来西亚、菲律宾、斯里兰卡等东盟国家、南亚国家留学生纳入海上安保政策硕士学位培养项目,强化印太地区海洋执法能力建设和协调。这些留学生基本都是来自亚洲各国海岸警卫队的高级官员,借助海洋秩序和规则的倡导,以及海上安保政策培训项目,日本政府认为可以实现保证印太地区自由开放。③

第三,突出基于民主价值观基础上的国家间合作,强化日本与东盟国家的政治互信。安倍首相在施政纲领中提出,日本将进一步强化与共同拥有自由、民主主义、人权、法治等基本价值观的国家开展合作,在此基础上实现对华合作,"我们也要与中国开展合作,应对日益增加的亚洲基础设施需求"。④ 在构建政治互信上,除了密集的首脑外交,安倍政府也通过与东盟国家构建"战略伙伴关系",加强双方政治关系。安倍第一任期时,东盟十国中仅有越南一国与日本建立了"战略伙伴关系",到第二任期时,已经有越南、印度尼西亚、泰国、菲律宾、柬埔寨五国成为日本的"战略合作伙伴"。⑤ 2014年3月越南与日本关系提升为"致力于亚洲和平与繁荣的纵深战略伙伴关系",2015年9月两国发表《越日关系联合愿景声明》,在高度政治互信的基础上,越日两国在政治、国防安全、经济、地方交流、民间交流等领域的合作取得长足进展。2018年第33届"东盟—日本论坛"进一步明确了加强东盟与日本合作及战略伙伴关

---

① Consulate-General of Japan, Sydney, "A New Foreign Policy Strategy: 'Free and Open Indo-Pacific Strategy'", https://www.sydney.au.emb-japan.go.jp/document/english/Indo-Pacific Strategy.PDF.

② Editorial Board, East Asia Forum, "Sorting out strategic confusion in the Indo-Pacific", *East Asia Forum*, 29 January 2018, http://www.eastasiaforum.org/2018/01/29/sorting-out-strategic-confusion-in-the-indo-pacific/.

③ General Assembly of the United Nations, "Address by H. E. Mr. Shinzo Abe, Prime Minister of Japan, at the Seventy-Third Session of the United Nations General Assembly", September 25, 2018, https://gadebate.un.org/sites/default/files/gastatements/73/jp_en.pdf.

④ 日本首相官邸:《第196届国会安倍内阁总理大臣施政方针演说》,2018年1月22日,http://www.kantei.go.jp/cn/98_abe/statement/201801/20180122siseihousin.html。

⑤ 高立、徐万胜:《日本安倍内阁东南亚政策析论》,《东北亚学刊》2015年第1期,第20页。

系的措施,具体包括:日本将加强与东盟在贸易、投资、企业发展,尤其是中小微型企业、交通、能源、环保、可持续发展、扶贫、医疗卫生、老人照顾等领域的合作,同时通过体育与文化交流合作、应对气候变化、自然灾害管理及应对紧急情况、打击恐怖主义和暴力极端主义、网络安全等活动加强民间和青年交流。①

此外,安倍政府也借助经济外交积极参与国家建设,特别是通过教育援助,增强亚洲民主国家能力建设。例如,借助日本国际协力机构(JICA),日本教育专家帮助缅甸政府重新修订小学教科书,从小培育公民的民主意识,为民主制度夯实基础。②

第四,安倍政府对中国崛起有着深刻的"威胁"感知,日本对东盟经济外交强化了"经济—安全"合作议题,认为有必要全方位强化对东盟经济安全合作。通过在南海问题上支持东盟国家中的越南、菲律宾等与中国在南海有领土争端的国家,展示在南海问题上的影响力。

日本与东盟"经济—安全"合作议题突出与菲律宾、越南、马来西亚等国家的双边军事防务合作,通过"安全化"南海争端议题,作为日本与东盟关系的筹码。一方面,安倍政府调整了宫泽内阁制定的开发援助原则,打破了援助资金不能用于军事用途的原则,将官方发展援助与安全保障合作挂钩,强化对东盟有关国家的经济军事援助。将安保合作作为援助条件,可进一步加深受援国对日本的经济、安全依赖。例如,通过官方发展援助资金的方式,向菲律宾提供10艘海上巡视船,帮助菲律宾增强海上警备力量。承诺提供柬埔寨500万美元援助,用于协助清理内战遗留的地雷。对印度尼西亚提供620亿日元贷款,希望与印度尼西亚建立外长和国防部部长"2+2"磋商框架。新增对越南1 000亿日元贷款,希望开始具体协商关于日本向越南海警提供巡逻船等事宜。③ 2016年,日本援助菲律宾的第一艘海上巡视船到达马尼拉港口。④ 另一方面,日本通过双边海洋安保合作,保持在南海的发言权,塑造有利于日本国

---

① 《东盟与日本进一步深化战略伙伴关系》,越南人民军队报网,2018年6月14日,http://cn.qdnd.vn/cid-6130/7188/nid-550580.html。
② 首相官邸,「シンポジウム『アジアの価値観と民主主義』」、http://www.kantei.go.jp/jp/98_abe/actions/201807/05asia.html。
③ 高立、徐万胜:《日本安倍内阁东南亚政策析论》,《东北亚学刊》2015年第1期,第21页。
④ AFP BBNews,「マニラ港に日本供与の最初の巡視船が到着」、http://www.afpbb.com/articles/-/3097972。

家利益的权力格局。具体措施包括向菲律宾、越南、马来西亚、新加坡等东盟国家提供军事装备,加强军事技术培训,加快军事装备和技术向相关国家的转移,增加官方发展援助(ODA)在内的各项援助,日本自卫队支持东盟国家保卫海洋安全的能力建设,实现日本与东盟武器装备和技术上的无缝连接等。①

安倍政府将日本塑造为东盟可以依靠的力量,用来缓解伴随中国实力崛起以及积极有为的外交政策给周边国家带来的不适。同时,随着中美权力竞争的加剧,也可以帮助东盟避免陷入中美两个大国之间竞争造成的钳制之势中。② 安倍政府外交战略对东盟外交政策的新调整,反映在对东盟经济外交方面,则显示出日本对东盟经济外交全方位的复兴,这是日本基于变化了的亚太权力结构形势,以期从战略上牵制中国崛起形成的长期政策。

二、日本对东盟经济外交全方位复兴

20世纪90年代初泡沫经济崩溃以来,日本经济长期低迷,综合国力相对衰退。在东亚金融危机的背景下,雁行模式中的日本"首雁效应"在产业结构转移、直接投资和金融、国际政治信誉度等方面出现了衰落趋向。③ 与之相对应,中国崛起进程加快,以国内生产总值(GDP)为例,2005年,日本GDP大约是中国的2倍,但是2017年,中国的GDP增长已经成为日本的2.4倍。当然,从人均GDP来看,日本仍然是中国的4倍。过去几年,中国经济进入新常态,增速放缓。反观日本,安倍首相实施"安倍经济学",包括大胆的货币政策、灵活的财政政策和促进民间投资的增长战略,在安倍执政五年多的时间内,日本经济一直以年均1%左右的速度缓慢恢复增长,诸多经济指标趋好,如股票平均价格指数增加两倍多。2018年1月份失业率为2.4%,创1993年4月以来的新低。特别是在2017年,日本经济增速为1.6%,高于2016年的0.9%。④ 日

---

① 外務省、「第13回アジア安全保障会議(シャングリラ・ダイアローグ)安倍内閣総理大臣の基調講演」、https://www.mofa.go.jp/mofaj/fp/nsp/page4_000496.html。

② David Shambaugh, "U.S.-China Rivalry in Southeast Asia: Power Shift or Competitive Coexistence?", *International Security*, Volume 42, Number 4, Spring 2018, p. 99.

③ 赵曙东:《日本首雁效应的衰落——对雁行模式的再反思》,《南京大学学报(哲学·人文科学·社会科学)》1999年第3期。

④ 王新生:《安倍长期执政的原因探析:社会变迁、制度设计、"安倍经济学"》,《日本学刊》2018年第3期,第12—13页。

本经济形势的好转,民众对生活满意度增加,安倍政府较高的民意支持率,保证了安倍内阁的持续性。

安倍政府将与亚洲国家建立更紧密关系视为日本实现安全与繁荣至关重要的因素。2013年12月,日本《国家安全保障战略》中提到,东盟诸国是日本国际合作重要对象,对日本稳定和经济发展有重要意义。东盟各国等亚洲国家依靠与日本的经济合作,实现了稳定和经济增长,很多国家实现了民主。在2015年修改的新版日本开发援助大纲中,列举了日本对东盟经济援助的重点方向,包括:对东盟经济外交全方位复兴主要围绕支持东盟共同体建设,强化东盟地区和国家联通硬件和软件基础设施建设,强化湄公河地区援助,借助日本领先的人力资源合作增加东盟国家生产力和技术创新,并在防灾减灾方面提供大量援助。①

安倍政府对东盟国家经济外交全方位复兴旨在扩大国际影响力,实现全面大国化,重塑国际形象,并制衡中国影响力。为此,安倍政府积极拉拢东盟成员国,在外交援助、经贸投资合作领域强化合作。制衡中国成为日本对东盟经济外交的重点之一。

首先,日本贸易外交重视经济与安全利益,与中国争夺地区经济政治影响力,将贸易外交重点放在亚太贸易秩序上。2013年1月,安倍第二次组阁后受访东南亚,并用一年时间访问了东盟十国,加强首脑外交。在访问东南亚期间,安倍发表了加强东盟合作的五项原则,明确了日本东盟双方外交关系的基调,内容包括:保护和促进与东盟成员国的共有普遍价值,如自由、民主和基本人权。与东盟国家一起维护海洋权益和航行自由,欢迎美国重视亚太地区。2013年在东京举行的日本—东盟特别峰会上,日本承诺通过官方发展援助向东盟成员国提供大约200亿美元的援助。通过各种经济伙伴关系网络,进一步促进贸易和投资,拉动日本经济的复苏,与东盟共繁荣。保护和培育亚洲多样化的文化遗产和传统。促进年轻一代的交流,进一步增进相互理解。②2014年日本对"亚洲四小龙"——新加坡、韩国、中国台湾、中国香港的投资

---

① 外務省、「開発協力大綱について」、閣議決定、https://www.mofa.go.jp/mofaj/gaiko/oda/files/000072774.pdf.

② 外務省、「開かれた,海の恵み——日本外交の新たな5原則」、https://www.mofa.go.jp/mofaj/press/enzetsu/25/abe_0118j.html。

首次超过中国内地,总额达到 139 亿美元。同年,日本对东盟四国——泰国、印度尼西亚、马来西亚和菲律宾的投资也同样超过中国内地,总额达 11 亿美元。

其次,日本凭借技术优势和资金优势,强化对东盟国家合作,并借助亚洲开发银行突出基础设施建设相关的软硬件投资。第一,在绿色能源技术合作上,重视对东盟国家清洁能源技术和节能技术的合作。在人员培养和能力建设方面,日本政府在医疗健康领域和人力资源领域加强对东盟的培训,截至 2020 年,五年内培训 8 000 名医疗健康人员和 5 000 名人力资源人员。[①] 第二,在金融稳定上,2017 年 5 月,日本向东盟增设 4 万亿日元货币交换框架,应对资本因美国加息而从新兴市场国家流入美国的风险,谋求亚洲经济稳定化。第三,在亚洲基础设施建设投资上,日本安倍政府扩大对亚洲基建投资,并强调希望利用"高品质""信赖度"等基础设施建设标准,与中国争主导权。"日本版本"的基础设施建设强调透明度、财政的健全性,综合考虑受援国经济。[②] 2015 年 5 月,安倍宣称将创新融资方式,通过日本国际协力银行(JBIC)降低短期融资风险,增加亚洲开发银行借贷能力,吸引私人投资。创新日本国际协力机构(JICA)与亚开行的协调机制,为私人基础设施项目建立新的基金融资机制。五年内将向亚洲国家投入约 4 万亿日元的基础设施资金,同时与亚开行一起,对亚洲创新基础设施融资提供规模为 1 100 亿美元的投资。[③] 通过一年(而非三年)的决策周期,援助款项的支出速度得到提高。[④] 新计划表示将致力于通过人力资源开发和技术转让,帮助在亚洲建设"高质量的基础设施",同时"区别于亚投行"。2018 年 6 月,安倍首相表示将在日本国际协力银行设立新框架,于今后三年提供约 500 亿美元的资金,在亚洲各国建设地热和风力发电设施,以及开发节能性好的智慧城市等项目为对象,支援印度洋—太平洋地区

[①] 外務省,「第 21 回国際交流会議『アジアの未来』晩餐会　安倍内閣総理大臣スピーチ」、https://www.mofa.go.jp/mofaj/ic/dapc/page1_000106.html。

[②] 外務省,「河野大臣の第 54 回ミュンヘン安全保障会議出席(結果)」、https://www.mofa.go.jp/mofaj/fp/nsp/page3_002377.html。

[③] 外務省,「第 21 回国際交流会議『アジアの未来』晩餐会　安倍内閣総理大臣スピーチ」、https://www.mofa.go.jp/mofaj/ic/dapc/page1_000106.html。

[④] Anthony Fensom, "Japan Ups Ante On AIIB", The Diplomat, May 23, 2015, https://thediplomat.com/2015/05/japan-ups-ante-on-aiib/。

的基建投资。①

在援助和投资外交领域,强化日本与东盟传统外交领域,突出打造日本版本的基础设施体系。借助技术和金融优势,提供区域性公共物品。对外援助方面,自冷战结束以来,特别是受到中国在东亚影响力不断加深的影响,日本逐渐调整经济外交的政策目标,对外援助也从最初的强调经济获益,转向寻求更为复杂的政治战略获益。② 安倍政府借助与东盟"经济—安全"架构,希望通过对东盟经济外交实现三个目的:第一,推回中国③,战略重心转向亚太,与中国争夺影响力,借助经济力和民主价值观,构建遏制中国崛起的合作框架。④ 第二,借助商务外交和贸易外交,塑造日本主导的自由贸易秩序。借助金融和投资外交,保证日本长期稳定的资源、能源供给,打造日本版本的亚太地区基础设施联通网络体系。第三,增加东盟对日本政治军事大国身份的认同,煽动"中国军事威胁论",扩大日本与东盟军事安全领域的合作,强化共同的海洋权益。

日本对东盟经济外交越来越显示出军事合作的特征。通过加强与东盟地区军事领域合作,特别是介入南海争端,构建海上遏制中国影响力的伙伴关系,满足日本在亚太地区、印太地区的主导地位。基于日本与东盟四十余年的传统伙伴关系,深化发展以政治、安全保障为首的所有领域的合作,将外交重点明确指向了东南亚地区。⑤ 2014 年安倍出席香格里拉对话会时,进一步明确日本"积极和平主义"与东盟加强安全领域合作的关系,提出将对东盟国家提供大力支持,以保证亚洲海域和空域的航行自由,并在亚洲安全领域发挥更大作用。随着"印太"概念下美国、日本、印度、澳大利亚四国合作强化,日本推出了"自由开放的印太战略"积极回应。一方面,日美同盟为主导,积极构建

---

① 《日将出 500 亿美元支援印太基建 培养知日派留学生提高影响力》,环球网,2018 年 6 月 12 日,http://world.huanqiu.com/exclusive/2018-06/12232862.html。

② MAAIKE OKANO-HEIJMANS, "Japan's New Economic Diplomacy: Changing Tactics or Strategy?", *Asia-Pacific Review*, Vol. 19, No. 1, 2012, pp. 62 – 87.

③ Jeffrey Hornung, "Japan's Pushback of China," *Washington Quarterly*, Vol. 38, Issue1, 2015, pp. 167 – 183.

④ Richard J. Samuels and Corey Wallace, "Introduction: Japan's pivot in Asia", *International Affairs*, Volume 94, Number 4, July 2018. https://www.chathamhouse.org/file/japans-pivot-asia.

⑤ 外务省,「国家安全保障戦略の策定」,http://www.kantei.go.jp/jp/kakugikettei/2013/_icsFiles/afieldfile/2013/12/17/20131217-1_1.pdf.

"印太"海上安全新秩序,配合美国及其主导的"印太秩序"。① 另一方面,通过强化与印度、澳大利亚等国家的政治、军事关系,使日本成为印太地区主导性领导力量,维护和拓展日本在印太地区的国家利益。

第四节 比较视野下中日对东盟的经济外交

一、不同东亚经济秩序观下中日对东盟国家的争夺

中日两国都是开放的国际自由贸易体系最大的受益者,两者都是自由贸易规范的积极倡导者。战后经济崛起阶段,日本通过贸易和技术转让与发展中国家交往,形成产业分工的"雁型模式",一系列互补的相互依存关系在日本与东亚、东南亚经济体中建立起来,东南亚很多经济体实现了经济高速发展。"广场协议"后日本经济陷入长期低迷状态,中国经济实力迅速增强,积极倡导地区经济一体化。1997—1998年东亚金融危机、2008年美国次贷债引发的全球金融危机,检验了中国经济大国地位,中国日益融入国际经济体系,成为开放性自由贸易体制的最大受益者。中共十八大以来,中国外交面临的国际形势存在很多不确定性,特别是国际贸易保护主义兴起,发达国家用解释性更为随意"公平贸易"取代"自由贸易",力图塑造新型全球贸易治理秩序。中日两国对于塑造何种东亚经济秩序存在不同侧重,中国作为最大的发展中国家,强调将继续坚持倡导自由贸易规范,进一步打造与东盟国家自由贸易升级版,而日本则通过积极推动有关国家签署CPTPP,规划日本版本的东亚经济一体化。

日本主导的地区经济一体化秩序仍然是开放的自由贸易秩序,一方面加强双边、多边自由贸易谈判(FTA)或经济合作伙伴关系协定谈判(EPA),另一方面借助建立高标准的跨区域自由贸易区,重塑亚洲贸易规则及格局。东亚是日本产品贸易比例最高的地区,为了增强日本企业竞争力,更好应对来自东盟和中国的竞争,日本陆续与东盟国家签署FTA/EPA。2002年1月,日本率先与新加坡签订FTA并于2002年11月30日启动,打开了进入东南亚市场

---

① 葛建华:《试析日本的"印太战略"》,《日本学刊》2018年第1期,第66—90页。

的大门,此后,日本相继与马来西亚、泰国、文莱、印度尼西亚完成了 FTA 谈判。2008 年 10 月 22 日,日本和东盟整体达成 EPA 协议。截至 2018 年 8 月,日本正在实施中或已经签署的 FTA/EPA 有 18 个,东盟国家占据 8 个。① 日本倾向于更加开放服务市场,特别是在交通服务、商业服务以及产品邮递服务等。② 2013 年,日本与东盟已经达成投资和服务领域的实质性共识。

日本作为东亚地区最先实现的工业化国家,拥有超过半个世纪推动国内和地区自由贸易的经验。日本除了拥有巨大的产能,在金融管理规则的制定方面,也拥有巨大的经验优势。日本的货物贸易、服务自由贸易程度远远领先于东亚地区多数国家。与中国相比,日本在市场准入、国民待遇规则上,也远远走在中国前头,2018 年 3 月 8 日,日本等十一国在智利圣地亚哥签署了《跨太平洋伙伴关系全面进步协定》(CPTPP)。这个协议是二十多年来全球首个超大型区域贸易协议,同北美自贸协定和欧盟一并构成当今世界三大区域贸易协定。CPTPP 作为复活版的 TPP,沿袭了 TPP 在劳工标准、知识产权保护等领域的高标准。目前日本已经与欧盟达成特惠贸易协定,几乎实现了全面的零关税,再加上亚太地区主导 CPTPP,日本将能够重塑亚洲贸易规则及格局,构建升级版的亚太自贸区,与中国倡导的借助 RCEP(区域全面经济伙伴关系)构建亚太自贸区,形成竞争性局面。

中共十八大以来,中国外交定位"首先还是要紧紧围绕国家发展这个中心,服务发展,促进发展,更加积极有效地为全面建成小康社会营造良好的外部环境,为解决各种不可持续的问题,为维护中国在世界上不断延伸的正当权益提供更为有力的保障"。③ 今后中国的对外开放将更加突出合作共赢,更加注重共同繁荣。伴随着周边外交在中国总体外交布局中地位的上升,中国更为重视与东盟国家的关系,2015 年公布的《推动共建丝绸之路经济带和 21 世纪海上丝绸之路的愿景与行动》文件表明中国的地区发展战略目标是:借助

---

① 关于 FTA 和 EPA 的关系,FTA 主要指商品和服务贸易,EPA 除了包括 FTA 这两项内容,还包括投资、人员流动、政府采购、竞争政策及双边合作等。
② MITI, "The Report on APEC's 2010 Economies' Progress Towards the Bogor Goals", p. 49, available online at: http://www.miti.gov.my/cms/documentstorage/com.tms.cms.document.Document _ 5545aefe-c0a8156f-34c634c6-7a19c6de/bogor_Report_AMM20101110.pdf.
③ 王毅:《探索中国特色大国外交之路》,《国际问题研究》2013 年第 4 期,第 2 页。

互联互通建设,进一步提升投资贸易便利化水平,形成高标准自由贸易区网络,建立以"一带一路"沿线国家,特别是邻国为中心的自由贸易区。

中国对东盟国家经济外交实践遵循自由贸易原则。基础设施投资、互联互通以及跨境贸易网络主导了中国亚洲战略。[1] 这意味着中国将不断增大周边投入,积极推进周边互联互通,探索搭建地区基础设施投融资合作平台。一方面,继续打造中国—东盟自贸区升级版,推进区域全面经济伙伴关系(RCEP)和中日韩两大自贸区谈判。与 TPP 相比,RCEP 的议题设置更为宽松,致力于对正处在发展中水平的成员国给予适当的过渡期和调试空间。[2] 寻求在货物贸易、服务贸易、投资及其他领域的谈判中"确保获得全面而均衡的结果"。[3] 中国经济上崛起,在外交上表现出更多的自信,积极向邻国保证崛起的中国是东亚国家发展的机会。中国国家主席习近平表示,欢迎搭中国便车。[4]

"一带一路"倡议的提出,亚洲基础设施投资银行的倡导并建立,表明中国塑造周边经济环境的能力逐渐增强。推动"一带一路"倡议的落地,将中国发展战略与"一带一路"沿线国家的发展战略密切联系,这种战略对接产生了积极效果。根据国家统计局数据,2017 年中国对"一带一路"沿线国家进出口总额 73 745 亿元,比上年增长 17.8%。其中,出口 43 045 亿元,增长 12.1%;进口 30 700 亿元,增长 26.8%。对"一带一路"沿线国家直接投资额为 144 亿美元,略低于去年。中国企业已经在"一带一路"沿线 20 多个国家建设了 56 个经贸合作区,涉及多个领域,累计投资超过 185 亿美元,为东道国创造了近 11 亿美元的税收和 18 万个就业岗位。中国对亚太多边贸易制度建设的态度,与崛起的中国实现全球治理的角色演变路径一致。崛起的中国正成为自由贸易的支持者和捍卫者,中国贸易能力的增长,以及改革意愿的增加,为中国通过亚太多边贸易制度提供区域公共物品提供了可能。

---

[1] Avinash Godbole, "China's Asia Strategy under President Xi Jinping", *Strategic Analysis*, Vol. 39, No. 3, 2015, p. 298.

[2] 汤婧:《中国参与亚太区域整合的战略选择——RCEP 对 TPP 的替代效应》,《中国经贸导刊》2013 年 6 月(上),第 40 页。

[3] 贺平、沈陈:《RCEP 与中国的亚太 FTA 战略》,《国际问题研究》2013 年第 3 期,第 53 页。

[4]《习近平邀周边搭中国发展便车》,人民网,http://sh.people.com.cn/n/2014/0824/c176737-22084609.html。

二、中日两国政府对东盟经济外交国内驱动力不同

中日两国政府对东盟经济外交国内驱动力不同，中国以可持续发展为导向，日本则突出民主价值观导向的国家能力建设。中国对东盟国家经济外交，致力于打造以"发展为导向"的地区经济一体化，体现在包括"一带一路"倡议、"澜沧江—大湄公河合作"机制等在内的多层次发展合作倡议和行动中。日本对东盟经济外交除了经济利益外，更多是实现日本安全大国目标，并削弱中国的地区影响力。

中国对东盟国家经济外交政策性创新首先体现在打造以"发展为导向"的区域经济一体化上。所谓以"发展为导向"，指的是中国与广大东盟国家都面临着加快发展、改善民生的共同使命。作为东亚地区大国，中国借助贸易、投资、金融和援助等多元经济手段，倡导中国与东盟国家共同走出一条"公平、开放、全面、创新"的发展之路，在发展中解决经济发展与社会和自然之间的矛盾，努力实现各国共同发展。这区别于欧盟以"规则为导向"的地区经济发展模式，也不同于日本安倍政府"自由繁荣稳定之弧"或者"民主安全之钻"等有明显价值观导向的地区经济发展模式。

首先，借助多层级区域合作框架，伴以发展投资基金，推动中国与东盟国家经济一体化深入开展。中国政府倡议并参与了一系列亚洲地区、次区域的多边经济合作，其中包括：积极参与 1992 年亚洲开发银行倡议实施的"澜沧江—大湄公河合作"，倡议推动建成"中国—东盟自贸区"(ACFTA)，在建成后积极打造中国—东盟自贸区升级版，通过进一步简化通关手续、升级原产地规则以及操作程序等措施，提升贸易便利化水平，力争实现 2020 年双边贸易额达到 1 万亿美元的目标。[①] 将 1999 年云南学术界关于"孟中印缅地区合作论坛"(BCIM)的"昆明倡议"，升级为国家层面的四方合作。[②] 2011 年，东盟决定启动区域全面经济伙伴关系(RCEP)的构建进程，中国积极支持东盟以 RCEP 作为构建亚太自贸区(FTAAP)的主要路径。2013 年，中国在泰国合作倡议的

[①] 《李克强在第 18 次中国—东盟(10+1)领导人会议上的讲话(全文)》，新华网，2015 年 11 月 22 日，http://www.xinhuanet.com/2015-11/22/c_1117218197.htm。

[②] P. V. Indiresan, "The Kunming Initiative", *Frontline* (*New Delhi*), Vol. 17, No. 7(April 14, 2000), pp. 98 – 102.

基础上,倡议建立"澜湄合作"机制,随后,中国、柬埔寨、老挝、缅甸、泰国、越南六国围绕澜沧江—湄公河流域实施可持续开发和开展互惠务实合作。目前为止,"澜湄合作"机制形成了"领导人引领、全方位覆盖、各部门参与"的架构,中国基于加强澜湄地区互联互通和产能合作的澜湄基金的启动,将进一步推动亚太地区次区域合作进程。2015年4月23日,中国政府正式公布"一带一路":《推动共建丝绸之路经济带和21世纪海上丝绸之路的愿景与行动》,正式在亚欧大陆积极推动以"互联互通"为特征的一体化合作倡议。2014年中国出资400亿美元成立"丝路基金",2015年中国倡导成立致力于亚洲基础设施投资的亚洲基础设施投资银行,主要投资与亚洲地区和"一带一路"沿线地区的基础设施、资源开发、产业合作及金融合作。

从发展阶段上看,多数周边国家和地区的工业化进程尚未结束,在中长期仍然具有较大的增长潜力。中国借助以"发展为导向"的区域经济一体化,将"一带一路"建设与东盟国家中长期发展规划结合,突出铁路、公路、机场、港口水利、桥梁等基础设施建设,在获取商业利益时,提高东盟国家本土公共基础设施供给,为经济落后的东盟国家的工业化创造良好的环境,也可以引领区域价值链的发展,推动中国与东盟经济一体化更深入发展。"共商、共建、共享""一带一路"是新时期中国全方位扩大对外开放之举,在中国与东盟国家产生一系列积极实践。中国以发展为导向的地区经济一体化路径,契合了东盟国家经济社会可持续发展的诉求,以中国与菲律宾杜特尔特政府的关系为例,菲律宾出于国内经济发展的需求,以及对中国基础设施建设的需要,调整了对华关系,南海局势得到缓和。

三、中日两国所处历史发展阶段不同导致经济外交方式各有特色

中日处在不同的历史发展阶段,导致中日对东盟经济外交方式各有特色。除了共同的对东盟经济外交遵循"经贸—投资—援助"三位一体这种主导方式外,安倍政府经济外交淡化商业利益,强调政治和战略利益,对外援助更强调以"人"为本,重视人力资源建设以及民主价值观的扩展。中国政府则是在"一带一路"倡议下着力推动对东盟国家的经济外交,强调以基础设施工程建设为主导的可持续发展。

"二战"后初期,日本政府已经出现过利用东南亚复兴经济的构想,开始从政治上"切入"东南亚,①借助"赔偿外交"的方式,对东南亚进行基础开发。日本对东南亚国家的赔偿或者准赔偿是通过日本企业提供商品和服务的方式进行的,为了消除东南亚国家对日本经济扩张的不满,日本同时对东南亚国家实施经济援助,日本对东南亚经济外交呈现出"贸易—投资—援助"三位一体的特征。②直到 20 世纪 80 年代,日本对东南亚的经济外交仍主要通过"三位一体"的方式进行,借助援助和优惠贷款,将东南亚作为日本原料产地和商品市场进行开发,实现经济扩张。③冷战结束后,日本对东南亚经济外交战略重点出现变化,开始从强调商业利益的"三位一体"援助,转变为战略援助成分增加,扩大援助赠款数额,强调实现日本联合国安理会"入常",以及实现日本政治大国在内的政治和战略利益。④

中共十八大以来,中国对东盟经济外交方式突出基础设施建设投资的引领作用,并结合中国自身的新型工业化、信息化、城镇化和农业现代化进程,不断拓展中国与东盟不同国家间差别化的互利合作,更好促进中国与东盟国家的互利合作、可持续和平衡增长。以工业园建设为例,中国经济发展过程中,借鉴了新加坡产业园区经验,并结合自身城市产业园区发展的经验,与东盟成员国建立了一系列跨国产业园区,这是中国—东盟"一带一路"经济合作模式的重要创新模式。依据资源禀赋优势,中国与柬埔寨、印度尼西亚、缅甸、老挝、越南等东盟国家开展一系列跨国产业园区合作共建,借助产业园聚合优势产业,加强技术协同创新、产业合作开发与人力资源共享。

在发展援助上,中国对外援助更多强调"造血"而非"输血",注重通过项目投资建设,增强周边国家自力更生能力。根据中国政府历年发布的《中国的对

---

① 廉德瑰:《"大国"日本与中日关系》,上海世纪出版集团 2010 年版,第 146 页。
② 金熙德:《日本对东南亚外交的转折:从福田主义到桥本主义》,《当代亚太》1998 年第 7 期,第 3—9 页。
③ Juichi Inada, "Evaluating China's 'Quaternity' Aid: The Case of Angola", In: *A Study of China's Foreign Aid: An Asian Perspective*, Yasutami Shimomura and Hideo Ohashi edited, Palgrave Macmillan, 2013, p. 106.
④ Wang Ping, "The Chinese View: Reflection of the Long-Term Experiences of Aid Receiving and Giving", In: *A Study of China's Foreign Aid: An Asian Perspective*, Yasutami Shimomura and Hideo Ohashi edited, Palgrave Macmillan, 2013, p. 130.

外援助白皮书》，中国对周边欠发达国家的援助主要分四类：发展性援助（如信贷）、特别援助和贷款、经济基础设施建设和社会发展援助（如奖学金）。2009年，向东盟国家提供150亿美元信贷，共支持50多个基础设施等建设项目，涉及几乎所有东盟国家，2011年，追加100亿美元信贷，其中40亿美元为优惠性质贷款。特别援助方面，2009年向东盟欠发达国家——柬埔寨、老挝、缅甸提供总额为2.7亿元人民币的特别援助；在对泰国的援助方面，中方决定在"东亚大米紧急储备"项目下专储30万吨大米；①对于缅甸，2014年11月，中缅签署合作协议，中国向缅甸提供3亿美元农业贷款，帮助其解决贫困问题。② 2014年，中国提出东亚减贫示范合作项目倡议，并于2017年起在老挝、柬埔寨和缅甸相继建立减贫合作示范点，为推动国际减贫合作提供参考。2017年，中国政府承诺在未来三年向缅方提供300万美元资助，同时强调中方的援助不预设任何政治条件，同时还将根据缅方需求进一步提供有关资助和援助。③

结　　论

一、中日新经济外交在东盟国家所面临的挑战和机遇

东盟国家基础设施建设投资存在巨大的市场需求。根据亚洲开发银行测算，2010—2020年，亚洲地区每年基础设施投资需求高达8000亿美元，此外，地区性的交通和能源项目基础设施投资需求达到2900亿美元。④ 据亚洲基础设施投资银行行长金立群预测，亚洲地区每年基础设施投资需求接近10000亿美元。⑤ 中国政府以基础设施建设投资为特征的"一带一路"倡议提出后，得

---

① 《杨洁篪：中国愿与东亚国家同舟共济共克时艰》，中国新闻网，2009年4月12日，http://www.chinanews.com/gn/news/2009/04-12/1642191.shtml。
② 《中缅签78亿美元协议：涉及能源农业金融等领域》，新浪财经，2014年11月17日，http://finance.sina.com.cn/world/20141117/104720837463.shtml。
③ 《中国驻缅甸大使洪亮接受缅甸主流媒体联合采访》，人民网，2017年2月7日，http://world.people.com.cn/n1/2017/0207/c1002-29064239.html。
④ Asian Development Bank Report, *Infrastructure for a Seamless Asia*, August 31, 2009, p. 4, https://www.adb.org/sites/default/files/publication/159348/adbi-infrastructure-seamless-asia.pdf。
⑤ 问答神州：《专访亚洲基础设施投资银行行长金立群（下）》，凤凰网，http://v.ifeng.com/documentary/figure/201603/03be8484-88e8-4911-ba27-100c291c17e7.shtml。

到了东盟绝大多数国家的积极响应,东盟国家相继制定了自身国家发展战略,并积极寻求与中国"一带一路"倡议的对接。以马来西亚为例,2015 年 5 月 21 日,马来西亚总理纳吉布在国会下议院提交题为《基于人民的增长》(Anchoring Growth on People)的第 11 个马来西亚计划(2016—2020),这是马来西亚在 2020 年迈向高收入国之前的最后一个五年规划。① 该计划的六大战略方向之一即加强基础设施建设。2016 年 11 月初,马来西亚前总理纳吉布对中国进行了长达 7 天的罕见访问,签下价值 2 300 多亿元人民币的经贸、军事大单。马来西亚成为中国"一带一路"基础设施建设的重要投资国,中国在马来西亚的投资项目不仅涉及马来西亚吉隆坡到新加坡的新马高铁项目、马来西亚东部沿海铁路项目、马来西亚南部铁路等道路基础设施建设,也包括马六甲皇京港口建设,以及关丹工业园区建设等项目。根据马来西亚工业发展局(MIDA) 2017 年报告,中国连续两年是马来西亚对外直接投资(FDI)的最大国,2017 年中国贡献了马来西亚全部外资(547 亿林吉特,约 140 亿美元)的 7%。②

日本对东盟国家也在进行基础设施建设投资,不同于中国以工程项目为主的基础设施建设,安倍政府提出"高质量基础设施",凸显技术实力和环保性。通过基础设施建设强化区域内各国间的联系、实现无差距及无贫困的"以人为本的社会"。③ 此外,考虑到与日本特殊关系,亚洲开发银行在《2020 年战略》(ADB's Strategy 2020)中也将基础设施建设作为未来长期战略重点。除了加大道路交通、能源、通信等基础设施硬件建设外,还将积极关注与基础设施建设密切相关的软件建设,包括帮助发展中成员加强基础设施管理的能力建设,以及进行体制和机制改革。④

相较而言,无论是战略、政策、规划,还是具体贸易、金融投资和经济援助

---

① Prime Minister's Department of Malaysia, The Eleventh Malaysia Plan, 2016 - 2020, http://rmk11. epu. gov. my/book/eng/Chapter-1/Chapter%201. pdf.

② Malaysian Investment Development Authority, "Approved Investments In 2017 Creates 139, 520 Additional Job Opportunities In Malaysia", p. 3, http://www. mida. gov. my/home/administrator/system_files/modules/photo/uploads/20180306152713_Media%20Release%20AMC%202018. pdf.

③《日本下月与湄公河国家举行峰会,再推销"高质量基础设施"》,澎湃新闻,2018 年 9 月 30 日, https://www. thepaper. cn/newsDetail_forward_2489342。

④ ADB, Strategy 2020:Working for an Asia and Pacific Free of Poverty, available online at: https://www. adb. org/documents/strategy-2020-working-asia-and-pacific-free-poverty.

领域具体的合作,日本对东盟国家以及对东盟组织的耕耘更为长久、深入,日本对东南亚国家的基础设施建设投资由来已久,在塑造投资习惯方面日本企业也有优势。此外,安倍政府经济外交更多是基于对东盟国家能力建设方面的援助,东盟国家接受度更高。

东盟国家欢迎中国对其进行基础设施建设投资,但是在基础设施建设项目的推进和实施过程中,中国政府遭遇到一系列波折。例如,2012年以来,越南民众爆发了几次反对中国投资的示威游行;2015年中国同印度尼西亚签署雅加达到万隆的高铁项目推进过程中也出现了一系列波折。泰国社会也出现了较为普遍的"厌华"情绪,[①]2017年中泰高铁建设项目屡次延期。2018年马来西亚新总理马哈蒂尔上台后,提出要全面审查并将搁置纳吉布总理与中国签署的一系列基础设施投资项目,推迟了新马高铁项目,暂停了包括东海岸铁路项目、沙巴和马六甲的天然气输送管项目等一系列中资项目,总投资额达430亿林吉特的马六甲皇京港项目也因马来西亚拖欠工程款问题处在停工阶段。

似乎当前,中国在东南亚的基础设施建设投资遭遇到波折成为一种"常态",一些东盟国家针对中国经济外交的政策表现出"双重对冲":一方面在中日两大经济大国之间搞平衡,特别是涉及基础设施建设相关的工程项目,总会出现东盟相关国家领导人在中日之间搞平衡外交的身影。另一方面,东盟相关国家不同的民选政府上台后,对中国实施"再平衡",例如菲律宾杜特尔特总统一反前任阿基诺总统对华疏离态势,积极接近中国,在基础设施建设方面寻求中国投资。在马来西亚,新当选的马哈蒂尔总理一改前任纳吉布总理的对华紧密合作的态势,寻求新的对华贸易议程。这种政策倾向导致中国在推进"一带一路"基础设施建设过程中面临一系列"不确定性",给中国对东南亚投资带来一系列政策上的风险。

今后相当长一段时期,东盟国家对华经济外交可能将持续呈现出这种"双重对冲"特征,面对东盟国家对华基础设施建设项目的新态势,中国政府除了从外交上予以积极应对外,也需要反思自身在基础设施建设过程中存在的一系列问题。

---

① 张锡镇:《中泰关系近况与泰国社会厌华情绪》,《东南亚研究》2016年第3期,第22—27页。

首先,中国政府需要反思政府在推动对东盟在内的"一带一路"项目建设过程中扮演的角色。目前存在的问题是,政府显示出过多的商业属性,扮演了"大型公关公司"的角色,对国家形象造成一定损害。例如,诸多基础设施建设项目是通过领导人之间的"首脑外交"的方式,予以敲定或者推动,具体操作细节再由项目承担企业进行谈判。如果基建项目缺少资金,中国政府将提供一定的融资贷款。政府扮演的经济功能过多就会被质疑基础设施项目投资的动机,当前中国对周边国家的一系列基础设施建设投资,被别有用心的西方媒体冠以"债务陷阱",认为中国在推行"一带一路"倡议项目时,向发展中国家提供"无力偿还"的贷款。[①] 认为中国政府主推的基础设施建设是为了获得商业收益,而不是帮助当地发展。

新加坡学者邓秀珉认为,中国政府主推的基础设施建设项目是一种"贷款"而不是作为一种"投资"惠及当地政府和人民,反而会增加当地政府和人民的债务负担,会给中国带来不好的国家形象。[②] 此外,中国政府提出与东盟国家构建"周边命运共同体",但是如果中国对对象国在实施基础设施建设过程中商业贷款利率过高,又会被质疑中国是否存在言行不一致。

其次,中国政府也需要反思当前这种以争取东盟国家互联互通工程项目为主的投资方式,是否真正有效激发了国有企业的能动性,促使国企借助"一带一路"基础设施建设进行改革。中国企业在道路交通等基础设施建设上有丰富的经验,但是这种工程项目建设经验是否可以直接复制到对象国,需要认真思考和调研。尽管中国企业在对象国实施基础设施项目建设过程中注意到了社会企业责任问题,考虑到工程项目本身建设周期短,不能排除企业存在无视当地环保标准和劳工标准等短视行为。如果工程项目实施过程中,一些原材料、多数工人都是来自中国,也会引发当地居民不满。

再次,中国对东盟国家基础设施建设,无论是高铁项目、电力能源项目等,基本都是由大型国企牵头,大多由国企实施。考虑到目前国企的晋升制度仍然是政绩为主,国企领导层的任命权在政府的中央组织部,对企业来说,多拿

---

① 《宁吉喆:"一带一路"项目是有效投资 不是所谓债务陷阱》,凤凰网,2018年8月27日,http://finance.ifeng.com/a/20180827/16472361_0.shtml。

② 薛力:《"一带一路"与马来西亚——邓秀珉访谈》,FT中文网,http://www.ftchinese.com/story/001079769?archive。

基础设施项目订单是最重要的成绩衡量标准,这会导致企业决策时可能忽视投资风险,造成国有资产流失。本来中国企业可以利用中国政府对东盟国家积极的经济外交行为、政府优惠的政策措施,改革国企运营过程中的一系列弊端,正是由于国企的这种特殊性,导致"一带一路"倡议提出后,存在很多企业"一哄而上、一拥而散",操作不规范,投资不理性。"一带一路"倡议已经实施了五年,国企的企业出资人需要研究五年来国企在实施基础设施建设过程中成功的经验和失败的教训,切实加强对企业的监管。

日本政府在全球化过程中也积极对东盟进行基础设施建设,日本企业在实施基础设施建设投资过程中也积累了大量经验。中国政府需要借鉴日本等国家国际化过程中的经验教训,以便更好地塑造良好的周边安全秩序。

东盟国家在中日两国外交议程中占有重要地位,中日两国都已经制定出基础设施建设的国家规划,中国积极推进"一带一路"互联互通项目落户东盟,日本则提出"高质量基础设施合作伙伴"倡议,并与印度共同推出"亚非增长走廊"(AAGC)计划,旨在以发展为导向、以人为中心,大力宣扬国际规范与高质量基础设施建设,促进南亚、东南亚与非洲的互联互通,加强两国在印太地区的战略存在与协调。[1] 日本在东盟地区的长期耕耘塑造了日本强大的软实力,民调显示日本在东盟国家民众中的国家形象要好于中国,东盟国家对日本企业形象的好感,也普遍高于中国。[2]

中国、日本与东盟三方之间存在经济安全利益的相容性,中日两国对东盟经济外交不必然是一种"零和博弈",中日两国经济外交都是实现两国大国抱负的重要手段,随着亚洲基础设施建设银行的成立并顺利挑选投资项目,以及"一带一路"倡议的深入耕耘,安倍政府对华态度出现调整,希望加强与中国在"一带一路"项目中的合作。2017年日本政府公布"基础设施系统出口战略",首次明确写入日中民间企业在第三国推进基础设施建设合作的内容。2018年9月,中日在北京设立一个由双方官方和民间人士参与的"一带一路"合作委员会协调机制,以讨论在第三国如何展开经济合作,并考虑将泰国作为中日双方

---

[1] 王秋彬、王西蒙:《日印"亚非增长走廊"计划:进展及挑战》,《现代国际关系》2018年第2期。
[2] 中国外文局对外传播研究中心课题组:《2017年度中国企业海外形象调查分析报告——以东盟六国为调查对象》,《对外传播》2017年第12期,第34页。

基础设施建设领域投资合作的试验田。2018年10月25日—27日,日本首相安倍晋三访问中国,并与中国签署52项关于第三方合作的协议,日本开始间接参与"一带一路"建设。这意味着中日之间在东盟基础设施建设项目上的恶性竞争将改善,中日之间有了更多的合作空间。中日在第三国合作已经开始走上正轨,两国可以借助多层次的议题联系,加强中日间的交流对话,通过制度规范建设,进一步促进中日双方各层级对话协调机制建设,强化经济—安全议题的互动,共同维护亚洲稳定和繁荣。

日本政府和企业在基础设施建设的规范和标准上积累了大量经验,值得中国政府借鉴。就日本政府来说,日本政府积极开展基于PPP/PFI投融资模式的政企联手参与国外基础设施建设,具有丰富的调动民间资本的经验。日本对外基础设施建设投资已经很少进行一线施工,其优势在于工程监理。除了基础设施工程建设,日本更重视对象国政府能力建设,在技术输出、人才培养、法制建设等方面提供大量援助。日本政府构建了非常完备的信息收集、项目实施和监管体系,以及较完备的投融资和保险体系。对于日本企业来说,在细化所在国基础设施发展需求,如何更好地履行社会企业责任,如何积极主动融入当地社会、文化、历史,如何参与社区公益活动等方面,日本企业做得更好。

中日两国在基础设施建设过程中都在推广各自的标准。中国在东盟基础设施建设过程中,除了大量开展基础设施工程项目建设之外,中国政府与企业也在积极推动"中国标准"走出去。日本铁路技术标准国际标准化滞后。一方面,日本铁路技术标准长期以来是按照个别优势技术构建的,而不是按照系统构建的,标准国际化的系统性不强、整体把握能力不足,顶层设计不够具体。[①]另一方面,日本政府对东盟的基础设施建设秉承高环保标准和人权标准,审核更为严苛,特别是基础设施建设如果采用的是官方发展援助的资金,对项目的审核更为严格。尽管日本政府在调动民间资本共同融资方面成就巨大,但是资金仍显不足。中日作为东亚基础设施建设的大国,在质量标准设置和推广方面存在广阔的合作空间。

---

① 张久长:《日本参与国外铁路建设项目的机制研究》,《铁道运输与经济》第37卷第10期,第71页。

二、新形势下中日对东盟经济外交展望

中国特色大国外交背景下中日对东盟经济外交面临一系列新机遇、新挑战，中国政府越来越重视周边国家的战略地位，在经济外交上更加突出合作共赢，共同繁荣。中共十八大以来，中国政府对东盟国家在战略定位、政策规划、外交实践上面，推出了一系列创新之举，中国对东盟经济外交进入新阶段。

中国在每一个领域的倡议和规划，都伴随大量的资金投入，经济手段成为中国特色大国外交的重要特征。一方面，中国以发展为导向的地区经济一体化战略，从基础设施建设和投资，到对东盟发展中国家的援助，越来越得到认可，有助于塑造中国负责任大国形象，是构建中国与东盟命运共同体的重要骨架。但是单纯借助经济手段并不足以带来政治和安全领域的互信，中国经济外交也需要进一步细化操作方式，包括中国新成立的国家国际发展合作署如何更有效、更有目标导向性地实施中国对外援助，援助领域是否仍然以大型国企作为援助主要执行者的方式，中国的社会非政府组织和其他公民网络如何更好发挥民间力量，增加民心沟通的内容，以增加中国与东盟国家之间战略互信，化解东盟民众对中国经济外交的不满，都是值得深究的课题。中国的经济外交存在进一步提升的空间。

日本安倍政府是一个雄心勃勃的政府，对日本实现政治军事大国，成为所谓"正常国家"抱有期待，随着美国对华战略竞争压力增加，日本在中美之间战略腾挪的空间进一步增加。安倍政权的稳定，以及安倍个人积极进取的外交风格，积极应对中国崛起战略压力，取得了不俗成绩。日本对东盟经济外交经营的历史更为长久，东盟国家对日本的国家印象更为正面。对于刚进入崛起阶段的中国来说，日本崛起过程中一系列经济外交方面的经验、教训都是值得深挖、借鉴和总结的。

中日之间存在结构性的安全困境。中日存在深刻的历史积怨和现实的主权纠纷，军事上实际上互有假想敌的关系，加上美日安保协定对日本的保护，中国与日本之间始终存在所谓"安全困境"。[1] 日本安倍政府对东盟经济外交的调整，一方面固然有日本对东盟外交政策的延续性等因素，同样也有将强势

---

[1] 王逸舟：《仁治大国："创造性介入"概说》，北京大学出版社2018年版，第18页。

崛起的中国视为假想敌,通过与中国争夺东盟国家,塑造日本主导的地区经济秩序,降低中国地区影响力的考量。尽管2018年中日两国政府首脑实现互访,中日之间出现政治回暖,但中日两国之间的潜在压力和束缚仍将是深远的。

东盟国家传统上习惯在大国之间进行"平衡外交",面临中国经济和军事上的强势崛起,东盟国家开始积极拉拢与日本和印度的关系,以制衡中国。伴随着中国进一步崛起为世界性大国,周边安全态势也可能因为域外力量(如美国)的挑动进一步复杂化,东盟国家往往可能过度解读或者"安全化"中国外交政策和行为。

中日对东盟经济外交都进入了"新时代",中日两国基于各自国家利益和各自优先国家议程,对东盟国家都采取了积极的经济外交方式。尽管中日之间对东盟经济外交深受美国因素影响,中日两国作为重要的地区性大国,在东亚稳定与繁荣议程设定上有着相同的诉求。中国政府需要针对东盟国家不同国情,细化外交方式和外交目标,在外交手段上,更多采取经济鼓励方式,缓解矛盾,推进合作。中日对东盟经济外交的效果,更多取决于如何化解东盟的安全威胁认知,以及对东盟实现国家经济合作可持续发展这一核心国际发展议题的契合度上。

中国改革开放已走过40多年。40多年来,中国在取得自身巨大发展成就的同时,也为东亚和世界发展进步作出积极贡献。如今的中国将继续实施新一轮高水平对外开放,在推动自身迈向高质量发展的同时,为包括日本和东盟国家在内的世界各国提供更多发展机遇。正如李克强总理在第13届东亚峰会上所说的,"滴水不成海,独木难成林。"中方愿与各国加强团结互信,深化对话合作,守护住地区繁荣稳定的好局面,共同开创东亚和平发展的美好未来!

第六章 日本对外贸易政策机制
——基于日美贸易摩擦案例

藤生健

引　言

一、日美贸易摩擦经过

从战后20世纪50年代起，日本经济开始复苏。到1968年，日本GNP(国民生产总值)超过联邦德国，跃居世界第二，仅次于美国。20世纪70年代，西欧各国经济陷入低迷，而日本保持经济增长，在20世纪80年代达到顶峰。20世纪90年代后，日本经济陷入长期低迷，被称为"失去的二十年"。

1950年6月25日爆发的朝鲜战争是日本经济复兴的契机。联合国军以在日美军为主力，对军用物资的需求暴增。截至1955年，包括间接特需[①]在内，订单金额超过46亿美元，这些特需促使日本产业界更新生产设备，引进美国生产技术。国民购买力上升，日本经济迈向高速增长。

20世纪60年代，日本经济增长、技术革新，而美国租金上涨、劳资纠纷严重。在布雷顿森林体系(Bretton Woods Agreements)的固定汇率制度下，日元贬值(1美元＝360日元)，大量日本产品流入美国。随着20世纪60年代后期的纤维，70年代后期的钢铁，80年代的家电产品、自行车、半导体等出口美

[①] 驻日美军在日本进行的物资和服务供给。

国,日美间发生了激烈的贸易摩擦。1965年日美贸易收支逆转,时至今日,美国对日贸易依然维持赤字状态。日美贸易摩擦最大的焦点是美国试图改善对日贸易收支,保护国内产业。

当时,日美贸易摩擦也是提出纤维和钢铁等个别产品的问题。到20世纪80年代,问题扩大到多方面,日美两国间的产业、经济构造差异成为贸易谈判的焦点。日美经济结构协议从1989年开始实施,但取而代之从1994年开始,美国每年都向日本提出改革期望书。从20世纪90年代后期开始,中国经济快速增长,美国的焦点转移到对中贸易摩擦上,日美贸易摩擦的优先度逐渐降低。

二、贸易摩擦的形态

现任美国贸易通商代表莱特希泽主张,对中国应该适用美国在20世纪80年代对日本实行的半导体和汽车进口限制。贸易摩擦本是经济问题,然后进行贸易交易谈判,但莱特希泽的主张显示将这一问题政治化。若是政治问题的话,就不仅是贸易谈判双方,更大范围的利害相关方也会牵涉其中,通过大众媒体营造国民舆论,影响到整个国家。

美国身处困境,一方面总统和联邦议员为了选举、为了国内产业,主张保护主义。另一方面,作为自由主义阵营的盟主,必须保卫自由贸易守护者的声誉。日本存在对立的形势,一方是自民党在产业界和农业界都拥有势力,但存在内部矛盾,另一方是支持自由贸易的通商产业省(以下简称"通产省",现为经济产业省)与重视保障食品安全的农林水产省(以下简称"农水省")。据曾参与日美通商谈判的20世纪80年代的众议院议员东力称,为加速日本国内协调,外务省和通产省的官员曾向美方暗示、请求对日施压,日本在安保上完全依赖美国,因此基于政治判断,在某些事情上日本终究不得不对美国让步,在一国国内也存在立场、主张不同的集团,必须避免将贸易摩擦单纯理解为日本对美国。

本文将在分析日美贸易摩擦案例的基础上,概括日本贸易政策的形成过程、制定贸易政策的组织与机构、对贸易政策的各种影响、日方在日美贸易谈判中的态势等。

第一节 贸易政策的形成过程

一、日本的贸易政策

贸易政策是指与外国进行商业交易(包括交易、贸易等)的相关政策,是一国为与外国顺利进行商业交易的政策的总称。日本贸易政策的主责单位是经济产业省。一般而言,贸易政策关系到该国的经济增长,以及该国所期望形成的国际秩序与经济环境,以实质性提高国民生活水平为目的。

从大的分类而言,贸易政策分为价格制度和数量制度两类,根据不同的情形制定不同的政策。例如,进口有关税(价格制度)与进口制度(数量制度)、出口有出口补助金(价格制度)与出口制度(包括数量制度、自主制度)、消费方面有增值税(价格制度)与分配制(数量限制)、生产方面有生产补助金(价格制度)与生产调整(包括数量制度、自主制度),等等。

贸易政策与产业政策密切相关。20世纪50年代后期,日本政府重视煤炭、电力、钢铁、造船等四类产业,第二次世界大战造成国土荒芜,这些产业严重关系到经济复兴。20世纪60年代前期逐步培育纤维产业,从后期开始重视汽车、机床、家电产业,70年代逐步培育电子、软件、通信等高科技产业。

但是,日本标榜自由主义,政府对民间企业基本上没有强制力。换言之,政府虽然制订了产业培育计划,但没有强制力。因此,日本政府为培育民间产业,主要采用两种政策。第一是税收优惠,通产省与大藏省(现财务省)从国家战略出发,提高特定产业的折旧率,并延缓征税。第二是金融政策,政府系的金融机构[①]以低于市场价的利息开展融资。融资对象根据政府方针,按照投资项目的重要性进行排序。金融政策意味着国家对项目的重要认定,促进民间金融机构融资,推进协调融资。

从20世纪50年代到60年代,政府设立了许多外围团体,包括公团、公

[①] 例如,日本政策投资银行(前身是日本开发银行)、国际合作银行(前身是日本进出口银行)、日本政策金融公库(前身是中小企业公库)等。

社、事业团、特殊银行、公库等特殊法人，以多种形式支持培育民间产业。

直到1964年，日本存在外汇核配制度①。国内美元贵重，通产省和大藏省达成协议，向个别民间企业分配用于进口结算的美元，通过这种制度，日本政府将产业培养和技术进口置于优先地位，同时控制消费品购入。1964年4月，日本成为IMF第八条款国②，进口配额制度（IQ制）取代外汇核配制度，根据进口配额制度，进口规定的非自由交易物品时，如果没有向通商大臣申请获得进口配额，就不能向外汇银行申请进口许可。政府通过该制度控制了产业近代化③。

二、贸易政策形成的具体过程

一般而言，形成经济政策需要经过设定目标，收集、分析、评价信息，决策，传达、谈判等过程。就贸易政策而言，首先是收集、分析、评价有关内外经济环境及需求的信息，其次是了解贸易对象国的要求以及国内利害相关者的诉求。然后，行政机关或立法机关在会谈、协调后，进行贸易政策决策。截至20世纪60年代，日本的贸易政策主要是振兴产业、促进出口、控制进口，政府决定大政方针，引导民间企业。在纤维领域已经与美国产生了贸易摩擦，整体而言问题不大，可以看作是政府主导决策。但是到1965年，日美贸易收支发生逆转，美国对日贸易赤字持续扩大，情形大变。美国对日要求不断强硬，日本国内的产业界及支持产业界的国会议员反对美国的要求，对政府持强硬立场，贸易政策的形成过程愈发复杂，尤其是从1978年开始，美国重新评估日美间的贸易不均衡，主张有必要进行结构调整，贸易政策突破通产省（产业培养、进出口）和大藏省（关税、税制）的框架，强行扩大到更广泛的相关部门。

在日本的省厅，基本上由高级公务员专门负责企划、拟定政策，这种高级公务员被称为"尖子生"，需通过国家公务员一类考试。尖子生是候补干部，与其他"非尖子生"类国家公务员在职务安排、晋升等方面有明确区别，各省厅招录的尖子生人数不尽相同，经产省大约有20人至25人。尖子生入省后，一般

---

① 对重要物资的进口，优先核配外汇给特定的进口商或厂商的一种制度。
② 货币自由兑换的国家。
③ 日本的这种政策后来被美国指责为"日本有限公司"（Japan Inc.），逐渐成为日美贸易摩擦的主要原因。

3年至4年后可以升为係长,能力得到认可的也可以撰写国会答辩稿,企划、拟定政策等。入省7年至10年,一般可晋升为课长辅佐,撰写大臣、副大臣、政务官等政务三职的国会答辩演讲稿,拟定政策,以及撰写预算案等。基本上,多由课长辅佐级向国会议员做政策解释[①]。入省16年至18年后晋升为室长,成为小组领导,负责课内小规模部门与项目。民间企业按管理职分类,省厅干部职员名簿上所列的是室长以上的人员。除室长外,享有室长待遇的职务还有企划官、协调官、审查官、监察官、计划官等。这些职务名称不同,除室长外,没有部下的居多。室长以上的位子变少,晋升竞争中的落选者会借调到外围团体,或者退休后到民间企业和相关团体再就业[②]。入省20年至24年升为课长,此后只要不退休,在10年左右的时间内,会在课长级职位上不断调动。根据日本的官僚制度,传统而言,每2年至3年会有人事变动,在一个职位上做4年以上的几乎没有,因此,就会干上3个或4个课长级职位。课长是干部,负责指导、监督部下,检查部下的工作,协调其他部门。因此,课长本身不从事政策相关工作,而是提出方针,决定工作的优先顺序。除课长外,享有课长待遇的职务还有参事官以及不同省厅各自的相应职位[③]。课长以上,还有部长、次长、审议官等职位,上面还有局长,因其序列与职务因省厅而异,本文将不予论述。

日本的官僚制度传统上采用"禀议制"这种决定方式。一般由课长辅佐和係长拟定政策草案(一般称为禀议书),经相关部局首长及人员传阅,有修改意见的话,会根据上司意思修改后再次传阅,没有修改意见的话,由负责的课长签印,再报请领导(基本上是局长)批准。传统上,日本的组织上下级关系严格,部下对上司表达意见或异议的情况极少。但是,拟定政策是尖子生官员的专职工作,而尖子生职员人数不足省厅在编人员的十分之一,因此政策是由少数的精英官僚集团筹划制定的。

日本没有政府省厅间的协调机制,任用官员存在终身雇佣制,历史上宗派主义根深蒂固。为了革除弊端,近年来省厅间推行了人事交流,国会议员将支

---

① 应对国会议员分为执政党与在野党、有力议员与其他。
② 到省厅所管的团体和相关民企再就职,俗称"空降"。
③ 例如经济产业省通商政策局通商交涉官、财务省主计局主计官等。

持自己的产业界和中间团体的想法反映到国政中,回应支持自己的业界,为其利益代言,形成所谓"族议员"。20世纪80年代以后,官僚权力增强,省厅间不和,官僚与族议员相互勾结,首相(执政党代表)的领导力相对弱化。以1996年内阁法修订为起点,首相的权力不断得到强化,直至今日。与1995年以前相比,首相对各省的指导监督权力得到明确并强化,同时紧急事态时的权力也得到强化。此外,内阁官房(首相辅佐体制)和内阁府地位增强,内阁认定重要的事件,在首相的指导下,由内阁府和内阁委员会进行处理。2014年5月,内阁官房设立内阁人事局,掌握所有省厅的干部人事权。至此,自明治时期建立内阁制度以来,首相的权力达到顶峰。

第二节 制定贸易政策的机构

贸易政策包括两个方面:制定法律的立法机关(国会)和运用法律的行政机关(政府)。分析贸易政策的形成过程就要从这两个方面着眼。尤其是行政机关,各省厅的立场和想法不同,会影响贸易政策制定。此外,宗派主义导致省厅间对立,缺少协调,也有必要分析这对通商谈判和贸易摩擦带来的影响。这些省厅也要从立法机关和行政机关两个方面来看。

在决定贸易政策上起重要作用的机构,政府方面有经济产业省(原通产省)、财务省(原大藏省)、外务省、农水省等,国会方面是参众两院的经济产业、外务(参院是外交防卫)、财务、农林水产各常设委员会。此外,日本是议会制民主主义的政治形态,执政党在各国会委员会内设有政策部门会议[1],联合执政的话,设有政府在野党政策恳谈会[2],为政府与各执政党政策代表提供协商场所。但是,这些都是分别独立的机构,不存在统括贸易政策的常设协调会。

一、经济产业省

经济产业省的前身通商产业省,是1949年由大日本帝国时期的商工省改组而来。通产省的目的是"调整、振兴通商,管理与通商相伴的外汇","扩大出

---

[1] 部门会议的个别名称因政党而异。
[2] 这是现在的名称,不同时期名称不同。

口商品的生产,增强、改善、调整及检查矿产及工业品的生产、流通与消费"。之后,经过行政改革、省厅改编,2001年成立现在的经济产业省。"经济产业省的任务是确保经济与产业发展,矿物资源和能源的安定有效供给,增强民间经济活力,促进对外经济关系顺利发展。"在日本的行政机关内,经产省承担决定、实施贸易政策的基本责任。但是,事关预算与关税,则是财务省起中心作用。

本省以外有资源能源厅特许厅、中小企业厅等三个外设局,与贸易政策有关的主要是省内通商政策局和贸易经济协力局。经产省的机构继承了通产省的传统,由分管行业领域(微观经济)的纵向部门和分管功能领域(宏观经济)的横向部门构成。通商政策局和贸易经济协力局属于横向部门。

通商政策局负责贸易政策和对外贸易谈判,有八个课和一个部。具体而言,负责筹划制定贸易政策,对外通商谈判,经济合作协定的谈判与施行等。日本机构内部一般是局＞部＞课,但在省厅未必一定如此,机构文化因省厅而异。通商政策局内的通商机构部虽与其他八个课并列,但职责独立性更高,负责对外协定和国际协定的实际业务。地域部门东北亚课负责中国方面工作,与功能部门国际经济课也有合作。从历史上来看,美洲课权势较强,负责对美贸易谈判、信息收集和经济合作,TPP(跨太平洋伙伴关系协定)、FTA和EPA主要由经济合作课负责。

贸易经济协力局负责贸易管理、经济合作、通商振兴等,由五个课构成。具体而言,负责基础设施出口、海外人才培养、招揽对日投资和高级人才、外汇以及基于外国贸易法管理先进技术。一般而言,在日本官僚制度下,所有省厅都有的总务课负责各课的协调统括工作,在决策过程中处于协调的中枢位置,在局内的课长中,总务课长是首席课长,拥有与局长和次长商量决定局内人事(录用、分岗、评价)的权力。

另外,经产省内有十三个审议会、调查会等,由学识渊博,经验丰富的学识经验者构成,对经产省管辖的政策领域进行调查审议、建议,管理监督。它们并非定期开会,而是根据经产省准备的政策题目随时开会。这些学识经验者由经产省内选出,被聘为委员。其中最受重视的是产业结构审议会,从调查审议产业结构的长期战略到指定传统工艺品,该产业会的会议主题广泛,因此也拥有多个分科会,关于贸易政策,最近的一次是2018年6月11日,产业结构审议会第五次通商、贸易分科会召开,审议了"对外经济政策的现状与今后方向",参加这些审议会的不仅有学识经验者,还有经济团体和工会等代表委员。这也是利害相关方意见交换与调整的场合,不仅是经产省,每个省厅都很重视。

在通产省时期,通产省通过行政指导对民间企业和经济团体发挥很大的影响力,而经过20世纪80年代以后的结构改革、制度改革,其指导性作用不断降低。但与民间,人事交流频繁,传统上,民间企业的干部候选人可以借调到省内。此外,派往海外留学,以及借调到在外领事馆或者经产省的外围团体日本贸易振兴机构(JETRO)的人员也很多。在官场人脉首屈一指,成为经产省的强项。

与财务省、外务省、总务省、防卫省、警察厅一样,经产省也一直向首相官邸输送总理大臣秘书官,被认为是有直接接触总理大臣门路的"强力省厅"。

二、外务省

外务省于明治维新次年(1869年)设立,名称沿用至今。其任务是"维持国际社会和平与安全,积极参与、主导完善国际环境,维持、发展和谐的对外关系,在国际社会上谋求增进日本与日本人民的利益"。其管辖范围是:①拟定与实施对外政策;②保护并增进通商、航海权益;③缔结条约等国际法规;④与外国政府和国际机构的谈判,信息收集、分析、发送;⑤保护日本侨民,推广文化。

外务省负责对外谈判与缔结条约,对产业政策和经济、贸易政策不能施加影响力。为制定、推进贸易政策,经产省需要与各国协调并收集信息,外务省允许经产省参加对外谈判。但事实上,外务省为维护自身职责,希望将经产省的影响力降到最低,在参加经济、贸易谈判和借调驻外领事馆人数等管辖问题方面,双方时常对立。

外务省机构由地区局和政策局构成。亚洲大洋洲局中国、蒙古第二课负责与中国的经济关系,第一课负责经济以外的领域。中国、蒙古第二课负责收集、分析、评估与贸易、经济相关的信息,支持当地的日本企业。负责与美国经济关系的是北美局北美第二课。第二次世界大战以后,日本政府最为重视对美关系,所以一直到现在,北美局被认为是外务省中最重要的部局。

地区局之外还有经济局。经济局负责跨地区多国谈判以及与国际机构的协调等。例如,经济协力开发机构室负责与OBCD(经济合作开发机构)有关的事务,经济局世界贸易机构纠纷处理室负责WTO纠纷案件。经济协作课负责FTA、EPA相关事务,亚太经济协作室负责APEC相关工作,根据不同的案件情况,与地区局的担当课也会有协作。

三、财务省

财务省于1869年成立,时称大藏省。成立之初,也承担了现在国土交通省(以下简称"国交省")和经产省等所负责的工作,例如国家财政、国内基础设施完善和殖产兴业政策[①]等。20世纪90年代,大藏省贪污、丑闻频发,经过行政改革、省厅改编和名称更改,现在的财务省于2001年开始运转。其任务是"确保财政健全、恰当而公平地课税、合理运营海关业务、规范管理国库、保持对货币的信心以及确保外汇稳定"。其管辖范围是:①编制国家预算;②包括关税在内的租税制度;③国债与财政投融资;④外汇制度;⑤管理国有财产。2001年省厅改编后,金融行政职责划归内阁府的外局金融厅,但财务省掌握年度收支,握有实际预算编制权,管辖范围广泛,现如今依然权力巨大。

日本是议会内阁制,第二次世界大战以后,自民党坐在执政党的位子上长达60多年,财务省提出的预算案从未遭到否决。因为议会内阁制下,由在议会(国会)占多数的执政党组阁,掌握官僚组织、编制预算。在预算编制阶段,财务官僚会听取执政党方面的要求并反映在预算案里,执政党便没有必要在议会时提出质疑,在野党的质问在审议预算案中占压倒性多数。此外,自民党或者以自民党为中心的联合政府长期稳定执政,也没有必要在国会审议过程中修改预算案。这也保证了财务省权力强大。

在财务省内,由关税局和国际局负责贸易政策相关工作。关税局由六个课构成,负责企划、拟定与关税政策、关税相关的国际协定,以及贸易统计工作。在关税局中,由关税课负责企划、拟定关税政策,进行贸易统计。参事官室(国际协力担当)负责企划、拟定与关税等相关的多边、双边协定。国际局由七个课构成,处理外汇、调查、企划、拟定国际货币制度,与国际机构的协调,国际经济合作和经济支援等相关事务。另外,财务省设有财务官,总览国际问

[①] 明治维新前期,由日本政府推行的扶植资本主义的政策。

题,享有次官级待遇。

四、农林水产省

农林水产省(以下简称"农水省")自 1881 年农商务省设立以来,几经机构改编和名称变更,1978 年起用现名。其任务是"确保食物稳定供给,发展农林水产业,增进农林渔业者的福祉,振兴农山渔村和中山间地域①,发挥农业的多方面功能,保护森林,提高森林生产力,适当保存与管理水资源",其使命是振兴农业、畜产业、林业、水产业,确保日本粮食自给。

大臣官房政策课或者大臣官房国际部国际政策课负责企划、拟定农水省的整体政策。国际部国际经济课负责 TPP、FTA/EPA 等国际谈判。消费、安全局食品安全政策课管理农产品进口相关事务。食品产业局出口促进课管理日本农产品的出口事务。

20 世纪 80 年代,美国牛肉和橙子成为日美贸易摩擦的主题与象征。为保护本国农民,维持粮食自给,农水省与农协合作,抵制进口农产品。近几年,出于同样的目的,农水省对 TPP 态度谨慎,坚持与其他省厅划清界限。农水省与农民利害一致,联系紧密,具有不同于其他省厅的独特性。此外,一直到 20 世纪 80 年代,农水省有权决定农产品的进口配额,对商品流动有很大影响力。而 20 世纪 90 年代初,除了美国,大部分农产品实现了进口自由,农水省的影响力不断降低。

五、国会相关贸易政策

国会之众议院和参议院两院内存在经济产业、外务(参议院是外交防卫)、财务、农林水产等各常设委员会,根据不同内容审议贸易政策。《日本宪法》第 41 条规定,国会是唯一立法机关,是"最高国家权力机关"。但是实际上在国会,国会议员形成独自的立法(议员立法)极少,大多数立法是政府(内阁)提出的法案。以第 196 届国会②审议的法案为例,内阁提出的 65 项法案中有 60 项通过,议员立法的 71 项中仅 20 项通过。议员立法通过率低的原因在于,立法

---

① 日本农林统计的地域区分之一,城市或平地以外的中间农业地域和山间农业地域的总称。
② 会期从 2018 年 1 月 22 日至 7 月 11 日。

主要是由在野党提出。与之相反,除了在野党与执政党在众议院的势力不相上下,在野党在参议院占多数等情况之外,几乎所有由政府提出的法案都在不经修改的情况下通过。政府与执政党对修改协议极少做出回应,因此在野党多采取"耗时"战术①,利用会期较短,拖延审议。

所以,在立法过程中重要的是行政机关与执政党的协调,即政府制定的政策要获得执政党的同意。就具体过程而言,执政党政务调查会②负责委员会运作事宜,其下设有部门会议对接各委员会,高级官僚向部门会议的有力议员解说政策、征询意见、要求,寻求理解或修改政策。政府提出的法案假如没有获得执政党内有力议员的理解,会出现不被送审或延迟审议③的情况。对官僚而言,向执政党有力议员的"解说"是最重要且费力(交涉成本)的部分。但是反之,法案如果获得了有力议员的同意,只要没有特别的情况,基本上会在国会通过。具体而言,在执政党部门会议审议政策之后,经过政务调查会的同意,寻求执政党最高机关(自民党是总务会)的许可,获得许可后向国会提出。之后,在众参两院各委员会与全体会议进行审议,形成决议后成立。

法案的委托方依当时执政党与政府的意向而异。例如,2018年6月通过的TPP相关法案与多个方案一道向内阁委员会提出,进行审议。外务委员会专门负责审议经济协定和租税条约④等。关税相关法案委托给财务金融委员会。现如今贸易基本自由化,相对而言经产委员会和农水委员会的作用不断变小。

日本国会的调查能力非常低。在日本,国家承担国会议员三个秘书的工资费用,这些职员主要从事选举对策活动,向政府转达有权者们的陈情,基本不从事政策调查工作。因此,执政党的政策立案基本上依靠政府,在野党的政策立案依靠众参两院法制局和调查室。支持国会议员调查活动的国会图书馆的职员是908名(2019年5月),而美国联邦议会图书馆的职员超过3 500名。

---

① 在国会会期结束时尚未完成审议的法案,只要没有决定在委员会继续审议,就成为废案。但如果众议院解散,全部都会成为废案。
② 名称因政党而异。例如自民党是政务调查会,原民主党是政策调查会。
③ 国会用语称"腌渍"。
④ 以回避两国间的双重征税或防止国际逃税为目的而缔结的条约。

第三节 影响贸易政策的诸要素

一、中间团体

在日本,影响贸易政策形成的首推中间团体。中间团体是介于国家与个人之间的集团,主要是为了实现某一领域的利益最大化。

例如近几年,农业协同组合(以下简称"农协",英文缩写为 JA)发起运动反对日本参加 TPP,敦促政府与自民党至少要采取对策保护国内农民。250万左右的农业人口中 90% 以上加入了这一中间团体,农协历来反对农产品进口自由化。全国农业协同组合中央会(简称"全中")统括全国农协,对在地方势力稳固的自民党具有很强影响力,在讨论 TPP 之际,也向自民党议员多次陈情、交涉。其结果是在 2012 年 12 月,第 46 届众议院议员总选举之际,多数自民党候选人举起选举公约旗帜,"反对(参加)TPP(谈判)"。自民党在此次总选举中获得多数议席,从民主党手中夺回政权,然而翌年即 2013 年 1 月,自民党内成立"寻求立即撤回参加 TPP 集会",有 203 人参加,超过党内议员半数。事实上,同年即 2013 年 3 月 15 日,安倍晋三首相表示"反对(参加)TPP(谈判)"①,虽然这在事实上将自民党选举公约变成废纸,但重要的是中间团体对贸易政策的重大影响力。

与农协应对 TPP 问题一样,其他对国家贸易政策产生影响的例子还有:20 世纪 50 年代至 60 年代日美纤维谈判时的日本纺纱协会(生产者)与全国纤维产业工会同盟(简称"全纤同盟",劳动者),20 世纪 80 年代对美汽车出口管控时的日本汽车工业会(生产者)与全日本汽车产业工会总联合会(简称"汽车总联",劳动者)。

中间团体行使影响力的手段有:①向相关省厅陈情、请求,②向政党陈情、交涉。若政府的方针与中间团体的希望之间差距不大:①中间团体对政府的直接请求可以换来政策修改,但更重要的是②对政府的陈情,尤其是对执

---

① 2012 年自民党政权公约载有"只要以无禁区的撤销关税为前提,就反对参加 TPP 谈判"。但在实际选举时,许多自民党候选人声称无前提反对 TPP。

政党的陈情。多数情况是,在执政党内或者超党派中间结成议员联盟(议联、任意团体),遵循政策主旨,通过议联对政党决策与政府方针施加影响力。前述自民党"寻求立即撤回参加 TPP 集会"(在安倍首相表示参加谈判后改称"在 TPP 谈判中坚守国家利益集会")是典型的例子。

二、来自美国的影响

在第二次世界大战后的历史中,日本贸易政策受到的最大影响是来自美国的压力(要求)。历史地看,美国对日本提出的要求从 20 世纪 50 年代纤维制品出口管制开始,有钢铁出口管制、20 世纪 80 年代汽车与半导体出口管制。到 1989 年,为改变对日贸易赤字扩大(贸易不均衡),美国要求日本施行日美结构协议,重新审视整个宏观经济政策。关于这些美国对日施压,施压主题不同,美日的应对也不相同,难以笼统地讨论,下节就个别事例进行验证。

第四节 具体事例分析

事例 1 日本纤维谈判

20 世纪 50 年代,在战后复兴过程中,日本开始对美出口棉制品、西餐具、胶合板等轻工业制品。尤其是棉制品,产量在 1935 年超过英国位居世界第一,成为日本战后主要产业。

美国进口了日本产的廉价棉制品,国内纤维业界向当时的艾森豪威尔政府和联邦议会施加政治压力,美国讨论引入对日进口配额制度。但是,作为自由主义阵营的盟主,从促进自由贸易的角度出发,艾森豪威尔政府不愿引入保护主义制度,于是要求日本进行出口自主管控。日本政府在 1955 年 12 月同意就棉制品进行出口自主管控,但艾森豪威尔政府更进一步要求签订政府间协定,延长并严格执行出口管控。其结果是,1957 年 1 月,日美签署《棉制品出口自主管控协定》。协定名称是"自主管控",但实质是严格的管控,包括总量管控与个别商品的管控。

在 1960 年总统选举时,民主党候选人肯尼迪为保住支持层薄弱的南部票仓,向南部有力的纤维产业承诺将采取纤维制品进口限制措施。1962 年 2 月,

《国际棉制品协定》签订,1963年进口产品占美国纤维市场的比例为3.6%。

再到1968年总统大选,以西部为基本盘的共和党候选人尼克松采用同样的选举战略,呼吁进行纤维制品进口限制。1969年7月,由日美两国主要阁僚组成的日美贸易经济联合委员会举行,美方一致主张解决纤维问题,要求签订《纤维制品出口自主管控协定》。日方当时不论是通产省还是纤维业界都对自主管控持否定态度。例如1969年2月27日,通产大臣大平正芳在中央银行预算委员会上答辩时称,"各相关省厅自不必说,纤维业界也全体认为应该官民一致,以强硬态度反抗"。然而现实是,联合委员会没有提及"反抗"美国的要求,竭尽全力继续谈判,受到在野党和社会舆论批评。对此,佐藤内阁虽反驳称,"一直以来,难以响应纤维自主管控的基本立场没有改变",但还是不得不接受了自主管控。

当时,日美间的外交课题有,修改1970年的《日美安全保障条约》(自动续期)和冲绳返还问题。佐藤内阁出于政治判断,视冲绳返还优先于纤维问题。在公开场合,美方不主张将纤维问题与冲绳返还联系在一起,但在外交秘密谈判中,这两点在同时协商①。1969年11月,日美首脑会谈举行,首日就冲绳返还问题达成一致,第二天尼克松总统要求解决纤维问题,佐藤首相不得不承诺早日解决。

之后,1970年1月新就任的宫泽喜一通产相与H. Stans商务部部长谈判到当年6月,也没有达成共识。其后驻美大使牛场与总统辅佐P. Flanigan之间九次进行纤维谈判,没有达成一致。鉴于此,1971年3月日本纤维产业联盟单方面发表"自主管控宣言",其内容并不都为尼克松政府认同。

尼克松总统将谈判长期化视为佐藤政府的矛盾行为,在1971年9月召开的日美贸易经济联合委员会上发出最后通牒,在10月15日前如果没有签订政府间协定,将采取单方措施(适用"对敌交易法")。尼克松总统面临翌年11月的总统改选,需要避免遭到违背竞选承诺的指责。日本这边,大藏省担忧牵连货币问题(尼克松冲击、日元升值),通产省也担心问题向汽车和电机制品蔓延而倾向妥协。之后,取代宫泽担任通产相的田中角荣于10月13日在东京的通产省内与肯尼迪特命大使签订临时协定。内容显示日本做出重大让步:

---

① 佐藤首相密使若泉敬与尼克松总统助理基辛格举行了秘密谈判。

原则上以3年为期限,实现个别管控与统括管控,包括针对其他物品的触发条款(引发装置)。

事例2　日本对美汽车出口管控

日本战后首次向美国出口汽车是在1955年,一年2万辆。1970年42万辆,1975年92万辆,1980年达到236万辆,美国市场日系车的份额超过两成。与此相对,日本从美国进口的美国车在1975年是1.6万辆,1980年减少至1万辆。

其背景是美国汽车产业的情况与国际形势。20世纪60年代的美国汽车产业追求高利润,发展大型、高级汽车,轻视小型车。传统上,美国汽车产业工会的力量强大,为应对工会加薪的要求,不得不优先生产高利润的款型。但是以美国青年群体和女性群体为中心,对廉价且油耗低的小型车的呼声渐增。而且1973年与1979年发生石油危机,汽油价格上升,对小型车的需求暴增。至此美国汽车制造商终于开始着手开发小型车,然而小型车制造的技术性储备不足,没能开发出能够对抗日本车与德国车的款型。

受第一次石油危机影响,美国国内贸易保护的呼声增高,1974年联邦议会制定了《通商法》。第201条是实施紧急进口限制的贸易保护条款,第301条允许总统对没有给予美国平等竞争机会的国家,在交涉、修正无果的情况下,采取报复措施。

1975年,UAW(全美汽车工会)在对日本车发起倾销诉讼的同时,要求日本汽车制造商在美国当地生产并创造就业。但是,日本制造商否定了当地生产。汽车产业是组装产业,通过组装多个部件制成汽车。在日本,生产汽车零件的分包企业与制造商联营,形成了稳固的供应链(供给连锁管理)。因此,在没有体系供应链的海外进行本地生产并非易事,也无法得到日本国内零件业界的理解。

受1979年第二次石油危机影响,美国汽车产业经营状况急剧恶化。20世纪80年代中期,美国汽车产业失业率高达近40%。由此,汽车摩擦问题变得政治化。1980年6月,UAW要求美国国际贸易委员会(ITC)基于《通商法》第201条对日本车启动贸易保护条款。同年9月,福特公司、之后克莱斯勒公司也附议这一要求。1980年,正值美国总统大选之年,卡特总统主张自由贸易,共和党候选人里根在选举战中承诺救助汽车产业。11月,候选人里根在总统选举中获胜,而ITC当月作出"无罪"判决,称应对小型车迟缓的制造商负有责任,不认为增加进口车不当。

鉴于美国的这些动作,1980年春,日本通产省指示国内汽车制造商商讨对美投资、当地生产。同年5月,日本政府制定方针,扩大进口美国汽车及部件,决定原则上撤销汽车零件的关税。至此,民间企业方面,日产汽车4月宣布在美国内生产小型卡车,丰田汽车5月表示将研究当地生产。9月,日本汽车工业会宣布1%的对美出口自主管控。但是美国在举行总统选举,卡特与里根的主张都变得激进,日本的应对没有带来任何影响。

1981年1月,里根政府成立,同年2月,联邦议会参议院提出法案,主张日本汽车适用进口配额制,并将进口上限设为一年160万辆。对此,里根总统从重视自由主义阵营盟主的原则出发,为对保护主义的法律不使用总统否决权,采取了让日本主动进行出口管控的方针。此时,日本重视美国,官民一致认为自主管控是既定路线。问题是管控的范围、期限、具体的手续等。

1983年3月,伊东正义外相访美,接受了国务卿 A. Haig "为守护自由贸易而合作"的要求。4月末,贸易代表 W. Brock 访日,就美国政府正在推行的汽车产业救助政策进行说明。对此,日本通产相田中六助于5月1日发表大臣声明称,"日本国政府在美国进行这些努力,从大局出发,维持自由贸易体制,进一步发展日美经济关系,对美轿车出口采取以下临时破例措施"。

田中大臣发表的自主管控政策是,在美国汽车产业重建之前的这段时间,日本制造商自主管控对美出口,管控规模为一年168万辆,先实施两年,在第二年末再协商第三年的管控。这些是日美实际协议所达成的内容。首先关于管控规模,美方提出一年150万辆,日方的主张为1980年的实际业绩即180万辆,最终取了1979年(155万辆)与1980年(182万辆)实际业绩的平均数。就管控时间,美方主张3年,日方主张1年。虽然日美双方约定,"不论任何情况,各项措施最迟必须于1984年3月终结",但之后美方不断要求,管控规模不断变化,自主管控也一直维持到1993年3月末。《丰田汽车75年史》对自主管控有如下记载,"业界对上限规模、时长的主张都未被采纳","美国各制造商重建不顺,1984年持续自主管控,增加到185万辆。之后管控持续,最多时高达230万辆,并最终于1993年底撤销"。这表明自主管控是在通产省的强力指导下进行的。

在这期间,1982年11月,明确走亲美路线的中曾根内阁成立。同时,美国对日贸易赤字持续膨胀,很明显,如果撤销占贸易赤字大部分的汽车的自主管控,日美贸易摩擦将更加激化。日本作出政治判断,避免贸易摩擦成为政治焦点,并告知美方将在1984年4月以后继续自主管控,增加管控规模。

1984年左右,在通产省内,机器信息产业局主张政府主导继续自主管控,通商政策局则主张业界主导继续自主管控。汽车产业界的听证结果表明,由业界发挥自主性有困难。但管控规模没有得到充分协商,通产省的决定是一年230万辆,中曾根首相的心理预期是210万辆。对此,里根总统发表声明称,在1985年日本车出口自主管控的期限到来之前,美国不要求延长自主管控。这是里根经济学为了美国经济恢复与汽车产业再建。然而,3月28日,日本通产省表示"根据独立判断,延长自主管控","将管控规模扩大至230万辆",造成日美关系恶化,中曾根政权内部对立。这时候,政府内的政策协调功能与外务省、通产省的信息收集能力或者信息共享成为课题,影响直至以后。

结果,日美间的汽车贸易协议进展持续不顺,始于政治判断的自主管控一直持续到1993年末。结束自主管控的是GATT(关贸总协定)的乌拉圭回合谈判,认定出口自主管控这一手段本身在国际上是违法的。

事例3 日本的牛肉、橙子进口规模问题

相较于其他方面,围绕农产品的日美贸易摩擦在规模与金额上都要小得多。但是作为日美贸易摩擦的象征,舆论就该问题进行了大讨论,加上日美间的分歧非常大等,都值得将其作为形成贸易政策上的事例进行讨论。

20世纪60年代以后,日本在高速增长下对粮食的需求增大,不断扩大进口。根据1964年5月到1967年6月举行的GATT肯尼迪回合谈判,日本对超过农林水产品总税目数的50%降低了关税。之后也进行了撤销进口数量限制等改革。为保护国内农民,维持食品自给率,也有继续实行进口限制的物品,以牛肉和柑橘类为代表。

1977年9月,卡特政府特别贸易代表部(STR)代表团赴日,要求日本对美国产农产品开放市场。在这次准部长级协商中,美方不断指出贸易不均衡扩大,尤其要求扩大进口牛肉与橙子。对此,日本农水省以生产过剩与需求不足

为由，提出不可能撤销进口限制，双方谈判不欢而散。通产省与外务省反对因为进口数量、金额都较小的农产品而激化日美摩擦。日本政治家受到反对进口的柑橘农户与畜产业者通过农协等施加的政治压力，对此也不能视而不见。但是整体上看，日方对美不信任感强烈。因为美国对从澳大利亚和新西兰等地进口的牛肉设置管控限制，但对日本却又以自由贸易原则为挡箭牌要求牛肉进口自由化。美方认为日美贸易摩擦可能会对日美整体关系产生不良影响，代表团离开日本。

在这种情形下，福田赳夫首相改组内阁，在内阁设置"经济阁僚会议"，目的是为了在首相的指导下，在各省厅间协调贸易政策。在执政党自民党内，形成了反对改变农产品进口范围的"畜产振兴议员联盟"与"果树振兴议员联盟"，分别有200名以上、150名以上的国会议员参加。美国的牛肉和橙子等生产者向联邦议员施压，联邦议会着手撰写敦促纠正对日贸易不均衡的报告。

这期间的日美谈判，日方代表是牛场信彦，担任内阁改组时新设立的"对外经济担当大臣"，美方代表是特别贸易代表部代表 R. Strauss。牛场在冲绳返还谈判、日美纤维谈判时担任驻美大使，其手腕引人关注。Strauss 代表认为农产品进口配额违反 GATT，要求予以撤销，牛场大臣以保护国内农户与保障食品安全为由拒绝。最终达成妥协，1983年前，将牛肉与橙子的进口额提高至1978年的两倍。1978年1月，达成的共识有，"努力增加进口高级牛肉1万吨"，"将橙子进口扩大三倍，达4.5万吨"，"将柑橘类的果汁进口额扩大四倍，达4 000吨"。日方称"阻止了完全自由化"，国民舆论、反对运动都一时平静下来。

1979年至1981年，美国对日贸易赤字连续三年扩大。1982年，日本对美贸易顺差超过200亿美元，牛肉、橙子的进口自由化再次成为贸易摩擦焦点。1982年10月，在夏威夷举行的农产品进口范围谈判不欢而散，问题激化。1982年11月，亲美派的中曾根康弘组阁，计划翌年即1983年1月访美，为此发表声明称，降低或撤销47项农产品的关税，放宽其中16项的进口限制。这种首相访美之际准备"礼物"的做法，可以说是日本政府的惯例，从战后持续至今。受此影响，1983年1月，农民开展了大规模反对农产品自由化的运动、游行，通过农协向自民党议员施压。因此，在1983年的农产品谈判中，对美方提出撤销进口限制的要求，日本政府持续拒绝进口自由化。1984年4月，双方同意到1988年,每年增加牛肉6 900吨,橙子11 000吨。

再到1988年的谈判,美方主张撤销进口限制,日方拒绝,美政府于1988年5月向GATT发起诉讼。鉴此,澳大利亚政府也就牛肉进口限制向GATT发起诉讼,日本政府陷于困境。之后,日美经过谈判,于1991年4月就撤销牛肉与橙子的进口数量限制达成一致,日澳也形成共识,美澳政府都从GATT撤诉。

事例4 日美结构协议

日美结构协议(Structural Impediments Initiative,SII,也称日美结构问题协议)是为改变日美间贸易不均衡,从1989年到1990年,共召开了五次双边协议。其源头是1985年开始的MOSS协商(Market Oriented Sector Selective),1993年改称"日美综合经济协议",其后历经"年度改革愿望书"、"日美经济协调对话",以及持续到现在的"日美经济对话"。

20世纪80年代,美国对日贸易赤字庞大,与贸易摩擦相关的产业领域也不断扩大。为改善贸易不均衡,1985年签署了以纠正日元贬值、美元升值为目的的"广场协议",完全看不到改变贸易不均衡的可能。

1985年,MOSS协商举行,涉及电子、电器通信、医药品、医疗器械、林产品等进入日本市场的壁垒问题。翌年即1986年达成共识,电器通信服务市场部分自由化,撤销木制品与计算机零件的关税等。日本电信电话公社的民营化(现NTT)也在其中。但是,美国的贸易赤字并没有减少,美政府内摸索新的政策,通过改变日本国内的经济结构来化解对美出口过剩。其结果是从1986年到1987年,以美国国务院与日本外务省为主继续MOSS协议,协商两国间的宏观经济结构问题。

1988年,美联邦议会启动1974年《通商法》第301条(Section 301 of the Trade Act of 1974),该条旨在就贸易不均衡问题强化对外制裁,并要求1989年成立的共和党布什政府行使该条权力。1989年7月召开的宇野首相与布什总统的首脑会谈达成共识,开始旨在同时协商宏观经济结构与个别贸易议题的日美结构协议。日方的政治判断是,比起单方面被美国要求,或者接受经济制裁,进行双边协议更好,这样日本也能陈述意见。

在协商内容上,美方提出储蓄投资、土地利用、流通、排他性交易惯例、联合型公司组织、价格机制等六项。日方提出八项,包括储蓄投资、企业的投资活动与生产力、强化美国的竞争力、企业惯例、政府规制、研究开发、出口振兴、劳动力的教育与训练等。日本政府的谈判体制是,专任外务审议官为首席,大藏省财务官、通产省通产审议官三人为代表。但实际协商开始后,内容涉及多方面,劳动省、法务省、公正交易委员会等也派出代表参加谈判。因此,由内阁官房负责整体协调。

日美结构协议于1990年4月6日完成中期报告,同年6月28日完成最终报告。为核查最终报告中两国经济结构改革的进展状况,1990年10月至1992年7月举行了四次跟进会议。为实现日美共识,改革不断推进。减少日本国内储蓄、增加投资的方针得以确立。1990年6月,内阁决定从1991年开始的十年间实行430兆日元的公共投资基本计划。后来1994年,村山内阁将这一投资额增加到630兆日元。此外在流通领域,1991年5月,《大规模零售店铺法》(以下简称"大店法")修订,大型店铺的管控得到缓和。"大店法"于2000年废止。《反垄断法》也于1991年4月修订,强化了惩罚规定与公正交易委员会的作用。日美结构协议的相关人士大多一致认为,长期来看,日美协商的结果有利于日本经济和产业结构改革。

1993年诞生的美国克林顿政府继承了日美结构协议所确立的日美贸易谈判框架。1993年7月日美综合经济协商开始,谈判得以继续。其基本框架,现在也以日美经济对话的形式延续下来。

结　　论

本文分析了日本贸易政策如何形成,制定贸易政策的组织与机构,贸易政策受到的各种影响,日本政府当初如何应对历史上的日美贸易谈判。战后日本的"复兴奇迹"与"高速增长"与贸易出口密不可分,但毕竟引起了日美贸易摩擦。战后复兴与高速增长较大程度上得益于政府及其与产业界的紧密合作,政府顺应了部分战时经济的潮流,通产省的强力行政指导则带来政府与产业界的紧密合作。20世纪70年代的美国政府将此揶揄为"日本有限公司"(Japan Inc.)。

日本政府的"强力指导力"的源泉来自行政许认可权,对重要产业的税收优惠以及公共融资。在日美贸易谈判中，美方搬出自由主义原理对这些情况予以批评，20世纪80年代结构改革以后逐步缩小。日美结构协议之后，在日美共识的基础上，虽然日本政府推进了以制度改革为首的结构改革，但日本的实际人均GDP以0.8%的增长速度持续低迷。

时至今日，日美贸易摩擦依然存在。美国对日贸易赤字在2018年为689亿美元，从20世纪90年代开始基本上很少上下浮动，对日赤字占美国贸易赤字的比率从1990年的50%一路下滑，现在已经低于10%。与此相对，对中贸易赤字在2018年达4 191亿美元，占总赤字的近50%。结果是，日美贸易摩擦在美政府内的优先顺序降到继中国、欧盟之后的第三位。

在中美贸易摩擦加剧的形势下，拙稿若能对中国的通商研究有所裨益，将是无上幸福。所谓荀子曰，"青出于蓝，而胜于蓝"。

第七章　试论日欧经济伙伴关系协定中原产地规则之适用问题

李桦佩

引　言

2019年2月1日，日本和欧盟经济伙伴关系协定（Economic Partnership Agreement，以下简称"日欧 EPA"）与日本和欧盟战略伙伴关系协定（Strategic Partnership Agreement，以下简称"日欧 SPA"）两个协定正式生效。日欧 EPA 是全球迄今为止达成的最大双边贸易协定，市场规模涉及发达国家6.38亿的人口、每年21万亿美元的 GDP 约占全球经济总量三分之一，全球贸易总量规模更高达38％的占比，催生了世界最大的自由贸易区。① 同时，日欧 EPA 也是继跨太平洋伙伴关系协定（Trans-Pacific Partnership Agreement，TPP）、大西洋贸易与投资伙伴协议（Transatlantic Trade and Investment Partnership，TTIP）之后全球举足轻重的区域贸易协定之一，尤其是在世界贸易组织改革长期受阻多边贸易谈判停滞，美国特朗普政府采取单边及贸易保护主义，致使2018年春开始的中美贸易摩擦长期化，导致世界经济出现各种不确定性，如经合组织下调了2019年世界经济实际增长率预期值，2019年世界经济增长率预

---

① EU-Japan trade agreement will enter into force on 1 February 2019，欧盟官网，https://www.consilium.europa.eu/en/press/press-releases/2018/12/21/eu-japan-trade-agreement-will-enter-into-force-on-1-february-2019/。

期值改为 3.2%,比 2018 年 11 月的预期值下降 0.2 个百分点。① 在此背景下,各国开始合纵连横大行双边经贸合作关系,以对抗美国的贸易保护政策,力求与美国分庭抗礼。日欧 EPA 毫无疑问将对日本欧盟乃至全球经贸关系产生重要影响。因此,考察日欧 EPA 的具体内容,尤其是其在规则层面的新变化,对于把握国际经贸规则的未来走向更显意义。

第一节 日欧 EPA 之概览

WTO 自多哈谈判受阻,多边贸易机制几乎宣告失败。因此,在全球范围内相对利害关系一致,特定两个或三个以上的大国,大行远交近攻合纵连横,频繁制定以促进货物贸易为核心的区域贸易协定。日欧 EPA 亦可被认为是在 WTO 体制下,以货物贸易为主之区域贸易协定。本文首先透过日欧 EPA 谈判背景与目的之介绍,及其就关税减让部分的具体进程,观察其实质为自由贸易协定安排的内容。

一、背景目的

事实上日本与欧盟于 2011 年 5 月即开始就签署经济伙伴协定进行磋商,但是直到 2012 年 11 月欧盟理事会才同意与日本开展谈判,日欧 EPA 首轮正式谈判始于 2013 年 4 月,谈判初期进展比较艰难,几经周折,最终于 2017 年 7 月 6 日布鲁塞尔日欧首脑会议上取得了关键性突破,并于 12 月 8 日达成框架协议。2018 年 4 月 18 日,协议文本经欧盟委员会提交欧盟理事会审议批准,同年 7 月 17 日日本欧盟双方在东京正式签署协议,并决定于 2019 年年初正式生效。

日欧 EPA 从磋商谈判到正式生效前后耗时 9 年,共计举行过 18 个回合的谈判。日欧 EPA 从表面上看仅是日本与欧盟双边经济伙伴协定,但就其实际也可认为是日本与欧盟 28 个加盟国(虽然英国业已正式脱欧,但协定生效于英国脱欧之前)在协调权衡各自利害关系后而催生的"超大"自由贸易协定。如果从欧盟内部加盟国数量这个视角而言,甚至可以认为日欧 EPA 是以极为

---

① 《全球增长在持续上升的贸易和金融风险中放缓》,经合组织官网,http://www.oecd.org/newsroom/global-growth-is-slowing-amid-rising-trade-and-financial-risks.htm。

仓促的速度出台,特别是自2017年1月美国总统特朗普入主白宫后主张美国利益优先大行贸易保护,不少欧盟关税方面的专家甚至认为是特朗普促进了日欧EPA谈判的进程,让日本与欧盟为了扩大自由贸易而不得不在一定程度上缩小谈判差异,尽可能求同存异尽快达成通过协议。

二、主要内容

日欧EPA的架构超越传统的双边贸易协定,大量参照TPP且涉及相当多的新兴议题,内容可谓非常丰富,日文版协议包括序言、正文23章以及23个附属文件。正文共478页,不仅涉及进出口产品的减免关税(仅农产品减税品目即达2 000多种),还涉及地理标识(GI)、原产地标记、贸易规则等,共计16个领域。附属文件的部分则多达786页。欧盟版协议的页数更是巨细靡遗,包括欧盟进口日本产品时撤销关税以及依次减让程序的部分(附属文件2-A第二篇　欧盟减让表)。① 日文版日欧EPA协议之框架如下:

目录(第1～9页)

前文(第10～12页)

第1章　总则(第13～24页)

第2章　货物贸易(第25～52页)

第3章　原产地规则以及原产地手续(第53～86页)

第4章　关税以及贸易便利化(第87～101页)

第5章　贸易救济(第102～114页)

第6章　植物卫生检疫措施(第115～134页)

第7章　贸易技术障碍(第135～159页)

第8章　服务贸易、投资自由以及电子商务(第160～265页)

第9章　资本移动、支付、资金转移以及临时的安全措施(第266～271页)

第10章　政府采购(第272～287页)

第11章　竞争政策(第288～291页)

第12章　辅助金(第292～300页)

---

① Key elements of the EU-Japan Economic Partnership Agreement,欧盟官网,https://europa.eu/rapid/press-release_MEMO-18-6784_en.htm。

第13章 国有企业、特别权利以及被赋予特权的企业以及指定的独占企业(第301~311页)

第14章 知识产权(第312~369页)

第15章 公司治理(第370~375页)

第16章 贸易以及可持续开发(第376~400页)

第17章 透明度(第401~405页)

第18章 关于规制的良好惯例以及关于规制的合作(第406~428页)

第19章 农业领域的合作(第424~428页)

第20章 中小企业(第429~435页)

第21章 纠纷解决(第436~462页)

第22章 关于制度的规定(第463~471页)

第23章 最终规定(第472~478页)

纵观日欧EPA章节的内容构成,附属文件每章的量可以说为日欧EPA协定整体定了调:即其本质上对"自由贸易协定"做了最贴切的诠释。换句话说日欧EPA,"(纯粹意义上的)自由贸易协定的部分"(直接与货物贸易相关的部分)包括:第2章货物贸易的附属文件(附属文件2-A、附属文件2-E),计495页;第3章原产地规则以及原产地手续附属文件(附属文件3-A、附属文件3-F)计112页;共计607页,即占了协定整体的77%。

至于货物进口关税的部分,欧盟与日本的整体平均进口关税,分别为4.79%和4.9%,且约有54%及59.7%税项的关税税率都在5%以下;相对于开发中国家而言,可以说双方货物贸易的市场准入关税障碍实际上并不高。倘若进一步观察双边贸易,大部分双边贸易值分布在低关税产品区,如欧盟自日本进口的产品贸易值约72.8%关税落在5%以下,其中35%属于零关税产品贸易值;而日本自欧盟进口的产品贸易值约82.2%关税落在5%以下,其中68.5%为零关税产品贸易值。5%以上的高关税贸易值在日本自欧盟进口的贸易值部分约占10%,而欧盟自日本进口的贸易值部分约为27%。日欧在货物市场的进口贸易关税障碍其实并不高,且仅集中在少数产品;这也意味着双方自关税减让中可期待的获得效益相对不高,而高关税产品则是获利的主要来源与争议的重点,如欧盟的牛肉在日本市场面临约40%的高关税,奶酪则近30%;日本则要求欧盟取消进口汽车10%的关税。具体请参见表7-1。

表 7-1　　　　　　　　　　日欧 EPA 主要内容

	产品	谈 判 结 果
日自欧进口	牛肉	现行关税 38.5%,协议生效第 16 年削减至 9%
	猪肉	现行低价猪肉的关税最高 1 千克 482 日元,协议生效第 11 年削减至 50 日元
	奶酪（切达、高德干酪、卡芒贝尔干酪、意大利乳花干酪等）	现行关税 29.8%,协议生效第 16 年废除 新设 2 万吨低关税进口配额,协议生效第 16 年扩大至 3.1 万吨,配额内废除关税
	红酒	现行关税 15% 或 1 升 125 日元,协议生效后立即废除
	意大利面	现行关税 1 千克 30 日元,协议生效后第 11 年废除
	巧克力点心	现行关税 10%,协议生效后第 11 年废除
	结构集成材料	现行关税 3.9%,协议生效后第 8 年废除
	服装类	现行关税 13.4%,协议生效后立刻废除
日对欧出口	乘用车	现行关税 10%,协议生效后第 8 年废除
	汽车零部件	现行关税最高 4.5%,协议生效后立刻废除
	彩电	现行关税 14%,协议生效后第 6 年废除
	牛肉	现行关税 12.8%+100 千克 304.1 欧元,协议生效后即废除
	绿茶	现行关税 3.2%,协议生效后立即废除
贸易规则	● 互相保护农林水产品和酒类产品的地理标识 ● 报关、贸易手续便利化 ● 日本中心城市管辖的竞争招投标也向欧盟企业开放一定额度 ● 关于投资保护与纠纷解决,与 EPA 相分离,继续协商	

资料来源:《日本学刊》,2018 年第 5 期,第 2 页。

第二节　日欧 EPA 的主要诉求

在世界经贸规则的谈判陷入僵局的时代背景下,为共同对抗美国的贸易保护政策,日欧试图推动自贸区协定的签署,联合理念相似的发展中国家,构建高标准国际新经贸规则,以化解由于 TPP 等区域自贸协议带来的负面冲击。本节分析日欧双方在日欧 EPA 中的诉求及其对世界经济可能造成的影响。

一、日欧共同诉求

1. 抗衡美国贸易保护政策

日欧双方期待通过日欧 EPA,共同应对美国总统特朗普上台后美国保守贸易保护政策给双方造成的压力。特朗普入主白宫后,立刻宣布推出 TPP,同时搁置 TTIP 谈判,还断然对日欧出口美国的产品加增关税。贸易保护政策不仅对世界造成冲击,同时也必然对日欧造成联动,日欧 EPA 是日欧双方对美国贸易政策急剧变化共同选择的对策。

2. 多边受阻寻求双边经贸合作突围

日欧合作推动 EPA 也是日欧双方共同的价值取向。随着产业供应链的国际化,WTO 作为"20 世纪贸易"的多边机构,无法适应以供给为核心的"21 世纪贸易"[①],WTO 多哈贸易谈判陷入僵局,新一轮高标准的多边贸易协定迟迟无法推出,组织改革也无法达成共识。因此各国纷纷将对 WTO 多边规则的期待转向双边自由贸易协定的推动,日欧也不例外。

3. 捍卫自由贸易主导制定全球新高标准国际经贸规则

主导制定全球新高标准国际经贸规则,捍卫全球自由贸易。日欧制定高标准的贸易规则,不仅对抗美国的贸易保护政策,也符合双方的经贸利益。日欧在美国退出 TPP、搁置 TTIP 谈判之后,急于寻求替代方案,日本企图借由日欧 EPA 向日美经济对话要求筹码,同时对于国际经贸规则的实践也可作为 TPP、中日韩 FTA、区域全面经济伙伴关系协定(RCEP)等自由贸易谈判的标准模板。而对于欧盟也冀望促使美国重新回到 TTIP 的谈判中。

4. 构建高标准国际新经贸规则应对新兴国家的崛起

日欧通过高标准的 EPA,对其他国家的产品设置市场准入门槛,保护本国的市场与就业,同时在打造出一个制度化、机制化的发达国家间政治、经济和金融集团,重建对西方有利的国际政治经济规则的前提下,联合理念相似的发

---

① Richard Baldwin, "21st Century Regionalism: Filling the Gap between 21st Century Trade and 20th Century Trade Rules", CEPR Policy Insight, No. 56, 2011.

展中国家,来巩固和提升其国际地位。

5. 提振日欧双方内部经济

日欧双方试图透过签署 EPA 扩大自由贸易,撬动国内改革政策,带动振兴国内国民消费,促进日本经济增长。

6. 转移内部政治矛盾

日本方面,由于安倍内阁支持率逐步下滑,因此需要借由日欧 EPA 来转移其国内政治焦点。欧盟则希望能够达成 EPA 来增加农产品出口,以利于与快速兴起的民粹主义势力争夺农民选票,维护政治稳定。

7. 为全球经济添加新动力

受国际金融危机和欧洲主权债务危机的冲击,世界经济始终未能脱离阴霾,增长无力,国际市场需求疲软,贸易保护主义抬头,各国都在努力寻找新的经济增长点。对欧盟而言,亚洲市场在危机中的表现不俗促使欧盟必须重视亚洲。

二、日本的诉求

日本为贯彻落实战略性贸易外交政策,力求主导国际贸易制定权,兑现安倍政府大幅提升其 FTA 全球覆盖率,通过日欧 EPA 实现优势产业对欧零关税的特惠待遇。

1. 追求新国际贸易规则制定权

日本企图通过加强日欧经济战略合作,推动战略性贸易外交政策的落实,在全球贸易体制中构建规则,倾向于追求在国际贸易中的主导权,在全球各区域进行贸易谈判来提高自身的战略自主能力。同时经由欧盟的市场创造更多的经济增长机会,缓解欧洲主权债务危机和国际金融危机对经济发展带来的冲击。

2. 兑现安倍政府提高其 FTA 全球覆盖率的目标

日本希望能够大幅提高 FTA 的覆盖率。2012 年安倍执政之初,日本的 FTA 覆盖率仅为 19%,安倍的执政目标是在六年内将其提升至 70%。然而由于美国退出 TPP 等因素,2016 年覆盖率仅上升了 3.7%,签订了日欧 EPA 后,提高了十一个百分点。[①]

[①] 「JETRO FTA の潮流と日本」、https://www.jetro.go.jp/theme/wto-fta/basic.html。

3. 提升优势产业对欧出口零关税

在减免关税方面,日本期待欧盟进一步开放牛肉、汽车及汽车零部件、彩电等领域的市场,分阶段实现日本优势产业的零关税。

三、欧盟的诉求

欧盟为落实其全球自贸战略,试图避开WTO规则,透过平衡与亚洲地区国家的双边关系重振经济,创造就业,重新追求其国际经贸规则制定的话语权。

1. 重振经济

欧盟意识到,在金融危机和主权债务危机之后,发展贸易是创造就业,促进经济增长而又不必加重财政负担的少数捷径之一。因此,把握欧盟以外特别是亚洲地区的市场对于欧盟的未来而言更是关键。

2. 创造就业

根据欧盟测算,如果全部完成与美国、日本、东盟、印度等正在进行的谈判,有望使欧盟GDP提升2.2%(2 750亿欧元),并增加220万个工作机会(相当于欧盟劳动力的近1%)。因此,欧盟高度关注日本和美国在亚洲地区的动向,甚至将日本视为其进一步开拓亚洲市场的跳板和据点,力图化解由于TPP等区域自贸协议带来的负面冲击。

3. 扩大影响

欧盟希望通过和日本等亚洲国家的贸易合作更好地落实全球自贸战略,扩大在亚洲经济中的影响力,同时平衡与亚洲地区国家的双边关系,避免过度依赖中国的经济。欧盟的出口总额和进口总额都曾位居世界第一,但近年来均分别被中国和美国超越,进出口总额在全球贸易占比均滑至第二,且进口总额还有被中国隐隐超越的趋势,因此欧盟需通过建立更大规模的自贸区以带动进出口额的增长。

4. 追求新国际贸易规则制定权

欧盟试图避开WTO规则,通过与在经济上有较大影响力的发达国家签署双边协议来制定全球贸易的新标准。

5. 提升优势产业对日出口的份额

在减免关税方面,欧盟期望日本能够对欧盟的传统优势产业如红酒、猪肉、奶酪等开发更多的市场,希望日本大幅度降低农产品的关税或实现零关税。

四、对世界经济可能带来的影响

日欧通过EPA建立的自由贸易架构,无疑会对全球经贸格局产生一定的影响,高标准推进世界贸易投资规则的创新,维护自由贸易体制的多元化发展,并且进一步撼动WTO的改革,为国际新经贸规则的制定提供了参考。

1. 高标准推进世界贸易投资规则的创新

在逆全球化和贸易保护主义的经济背景下,日欧EPA制定的关税特惠待遇为全球贸易标准制定了新的标杆。日欧EPA反映了世界贸易投资规则的发展趋势是高度开放和自由,同时会在一定程度上促进世界贸易投资规则的创新。

2. 维护自由贸易体制的多元化发展

从国际贸易战略的角度来看,日欧EPA对维护自由贸易体制和世界经济的多元化稳定发展有积极的作用。

3. 进一步撼动WTO的改革

从WTO多边贸易体制的角度来看,日欧EPA的签订以及美国零关税政策,体现了日美欧共同建立一个足以与WTO对抗的大型自贸区的倾向。

第三节 原产地规则的适用

原产地规则在区域经济一体化方案中处于核心地位,因其可确保优惠的市场准入仅给予在该区域内真正发生了实质性改变的货物。在自由贸易区内,各国均保留其各自对区域外贸易伙伴的外部关税和商业政策。

一、原产地证明制度的简介

仓促出台的日欧EPA在生效后,执行上其实会直面原产地证明和申报的问题。原产地证明是指,由出口国(或地区)根据原产地规则和有关要求签发的,明确指出该证明中所列货物原产于某一特定国家(或地区)的证明文件。原产地证书是进口国海关确定货物适用税率、实施差别关税和贸易管制措施,进行贸易统计的重要依据。[①] 传统的原产地证明制度通常有三个:其一是第三

---

① 姜晓依、厉力:《原产地规则》,中国海关出版社2014年版,第47页。

方证明制度。其二是认证出口者证明制度。其三则是自我申报制度。第三方证明制度，是向独立的第三方机构申请，由其提供原产地证明的制度。认证出口者证明制度，则是由出口国的相关单位经审查后向合格的出口商，给予可以发行原产地证明的资格。自我申报制度，则是出口国一方的出口商、生产商或进口国方的进口商，根据资料自负责任申报。因此，自我申报制度中，相关者（生产商、出口商、进口商）都可以提供原产地证明，关键在于如何控管才得以有效行使职能。三种制度具体选择哪一种，或者是三种并用，通常由自由贸易协定各自决定。日本签订的 FTA、2018 年 12 月 30 日才生效的 TPP 以及日欧 EPA 均采取自我申报制度。然而，欧盟在 2017 年开始适用的欧盟—加拿大全面经济贸易协定（CETA）中采用的是登记出口者制度，由在原产地即受惠国主管机关登记的出口商直接向欧盟海关申报原产地，但是，欧盟在 CETA 和日欧 EPA 中均提出，想向加拿大或日本出口商品的欧盟出口商必须在欧盟进行登记，并取得 REX 号码。

关于原产地证明的"自我申报制度"是欧盟首次导入的制度。日欧 EPA 协定文本包括附属文件中，大致规制了自我申报制度，但是就实际进口报关时应提交何种附件文书证明，原产地证明应在哪个具体时点提交却未明确。所幸，欧盟于日欧 EPA 协定生效前一个月公布了实务指南（Guidance）。所有区域经济合作协定有效执行的关键在于，必须要确保给予缔约国的原产地货物跨境交易的关税优惠措施。

二、日欧 EPA 生效前存在的问题

依据日欧 EPA 规定的自我申报制度，日本有两种途径可以申请适用关税特惠待遇，一是出口商或生产商依据发票或其他相关的商务性文件出具原产地证明，二是进口商依据自身获取的资料、信息等知识储备即依据对产品原产地的了解提出申请。但是，欧盟指出前述第二种方式与欧盟现有的登记出口商制度无法对应。

1. 依据进口商知识储备申请的程序问题

在未出具原产地证明的情形下，基于不同的前提，进口商依据自身知识储备所提交的申请材料会各有侧重，如何规范提交申请的程序以及明确申请材料的具体内容还存在一定的争议。例如提交的方式和期限、有哪些事项应当

被记载以及重要附件的提交问题。

2. 基于原产地证明的进口报关申报时的附件问题

依据原产地证明申请适用关税特惠待遇时,有必要在进口报关时追加重要的附件,然而关于附件的类型以及重要性的界定还需进一步予以明确。

3. 报海关审核原产地性的期限问题

为核实进口商品的原产地性,报关署有审核证据性的数据文件的职责,但需明确审核的期限,即何时进行原产地证明的举证存在冲突。具体而言,有三种选择,一是进口报关时,二是报关后限定一个较短的期限,三是规定以年为单位的报关税务调查。

4. 基于原产地证明的进口报关检验的进口商责任范围

在出具了原产地证明的基础上,若进口商报关署依据其提交的针对原产地性的计算报告进行审核,但是出口商未主张对应的审核材料,那么是否追究出口商的责任还存在争议。即需明晰进口商举证责任的范围。

三、日欧 EPA 生效后对冲突的协调方案

在日欧 EPA 生效前一个月,欧盟委员会首先公布了四项工作方针,涉及:同一产品多次运输下的原产地申报书[①];信息的私密性;进口商的知识储备;适用特惠待遇的申请。即欧盟方将新引入的自我申报制度存在的事务性问题大致分为了四个部分进行了整理,具体如下。

1. 严格规范原产地书面证书的格式

与基于原产地证明的进口报关申报的情形一致,若是从其他国家或地区进口的,在进行税务检查时也是按照一般规定采用同样的形式,网络在线申报与纸质申报均可。具体而言,如果要求的优惠关税待遇基于"单次装运的原产地声明",则代码为"U110";如果要求的优惠关税待遇基于"多次装运相同产品的原产地声明",则代码为"U111";如果要求的优惠关税待遇基于"进口商的知识",则代码为"U112"。索赔的依据,即通过使用原产地说明或进口商的知识来确定进行验证的方式。欧盟提及关税优惠的申请涉及产生的文档、证书和授权等其他参考文件的提交,但是欧盟方还没有设想日本作为进口商需

---

① EU-Japan EPA Guidance Statement on Origin for Multiple Shipments of Identical Products.

提交追加的附件,如原产品申报详单等相应的文件。

2. 基于原产地证明的进口报关申报的附件要求

虽然进口国海关保留了进口报关申报时核查的权限,但是原则上不考虑预先确定的附加文件。即与基于进口商知识储备的进口报关手续一样,欧盟不存在日本作为进口国时的原产品申报详单等附件。在进口报关申报时,只区分代码 U110 和代码 U111。

3. 原产地性的核查期限

在进口报关时详细核实原产地证明文件的权限,无论是基于原产地证明的进口报关申报,还是基于进口商的知识储备的进口报关申报,都被欧盟的进口国报关单位所保留。但是,鉴于到目前为止欧盟的进口报关申报事务繁多,且海关人员不足,短期内实施详细检查其实并不现实。而且,虽然在实际业务水平上,每个加盟国的执行状况可能会发生背离,但是对于德国来说,在追溯 3 年进行的关税税务调查时,只要被认为是必要的,就会进行深入检查,甚至进入原产地证明详细检认检查。即原产地证明的举证期限,原则上是海关进行税务调查的时间。

4. 进口报关检验时进口商的责任范围

出口商可以自由决定与进口商共享哪些产品原产地信息。进口海关在进口商进口报关申报时不能否认优惠关税待遇,除非进口商违反进口海关的要求,即不提供原产地声明作为要求优惠关税待遇的依据。

从出口商到进口商的信息共享决定了进口商的相关举证责任范围。

若索赔是基于原产地声明,而出口商不与进口商直接共享信息,则进口商必须通过行政合作、通过出口海关获得相关的信息;若索赔是基于原产地声明的,并且出口商通过进口商或直接向进口海关分享了必要的信息,则进口海关可以确认产品的原始状态;若优惠关税待遇的主张是基于进口商的知识储备,则进口海关核查后的举证责任完全集中于进口商,不应以任何方式涉及出口商,并且不可能通过海关当局之间的行政合作请求进行验证。

关于日方的出口商生产者和欧盟的进口商之间的关系,大致可以分为两种模式:关联公司与日本母公司、欧盟子公司和第三方。本质上,无论哪种情况其实并无区别,但是由于上述的举证责任分配问题,欧盟的进口商可能会是日本的出口商或生产商。

四、驻欧日企的应对和未解决的问题

正如上文所述,对于在日欧 EPA 下从事进出口贸易的日资企业来说,原产地证明的发票以及其他相关商业文件的提交,进口报关时的具体申报手续是否需要提交附件,进口报关时详细核实文件的期限,原产地证明的举证责任等,原则上都有一个可操作性的解决方案。除上述四个方面,还存在以下三方面的冲突有待解决。

1. 日欧当局之间的行政合作职能

基于原产地证明的进口报关申报时,欧盟进口方海关会介入税务调查,当调查官要求出示原产地证明详细资料,但该进口商没有原产地证明以外的信息时,欧盟海关可能会需要借助日本的海关获取日方的出口商或生产商的信息(例如对产品原产地的意见;受审查产品的描述和关税分类;对生产过程的描述和说明,足以支持产品的原始状态;有关检查方式的信息等),或者在调查后对原产地性进行评价。此类调查应当以何种频率进行,是否具有可行性需要进一步的探讨。这既是海关的职责所在,也是相关企业十分关心的问题。

2. 日商可向欧盟海关提供直接信息

该问题规定于实务指南第 3.21 条第 4 项①,该条款是指当欧盟进口商被关税税务部门调查,且被要求提交原产地证明详细文件时,可以向调查官报告由日本出口商或生产商直接提供。欧盟缔结的其他自由贸易协定均未涉及此条款,因此在实际上是如何发挥作用的还有待考察。

3. 原产地证明详细文件的语言问题

根据相关文件,原产地证明可以用日语书写。但在实践中,若欧盟进口商以知识储备为基础申请关税特惠待遇,在进口报关时,会被报关单位要求提交详细的原产地证明文件,此时语言要求是英语。故将重要文件翻译为英语进行提交是否是进口商的义务也有探讨空间。

---

① EU-Japan EPA Guidance Claim, Verification and Denial of Preference 3.21.4, https://ec.europa.eu/taxation_customs/sites/taxation/files/eu_japan_epa_guidance_claim_verification_denial_en.pdf.

第四节 对中国原产地规则的启示

随着日欧EPA的生效,中国对日欧的出口有可能因此萎缩,对中国相关产品会产生较强的贸易替代效应。中国需要在WTO改革中提出完备的、切实可行的方案以争取更多的话语权。除依托国内的自由贸易试验区进行风险和压力测试以有效应对挑战外,还应积极对接国际贸易的新规则。日欧EPA中原产地规则适用问题或可为我所借鉴。

一、中国自贸区原产地规则的适用现状

目前,中国建立的自由贸易区依据不同合作对象确定了不同的原产地规则。在原产地规则优惠制度的适用上,以第三方证明制度为主,自我申报制度为辅。即以由原产地政府指定的公证机构出具原产地证书,由受惠国认证为主,以出口商申请为辅。

自我申报制度的引入,源于2014年7月1日生效实施的《中国冰岛自由贸易协定》《中国瑞士自由贸易协定》谈判过程中,冰岛、瑞士两国都提倡原产地自主认证。经多方调查研究及综合评估,中方同意引入基于"经核准出口商"制度的原产地自主声明体系,即进口商向海关申报时,可凭经核准的出口商作出的其货物符合相关原产地规则的声明享受优惠关税待遇,未获得经核准出口商资格的企业仍需向签证机构申领原产地证书。

相较于日欧EPA,中国的自贸区原产地规则在制度选择和程序上还存在一些不足。一是原产地认定标准不统一。中国目前已有18个自贸区,签署了14个自贸区协定,不同协定的优惠原产地规则都各有侧重,从而形成了一个错综复杂的规则网络。涉外的出口企业需要根据不同的市场需求安排生产、运输等,这在一定程度上增加了企业的生产和出口成本,不利于贸易的自由化。同时海关的行政管理部门也需要深入了解这些规则,徒增海关的管理成本。二是管理部门之间的沟通互助不足,这在一定程度上会导致关税优惠待遇的延时获取。三是原产地证书的签发便利度有待提高。目前虽规定了原产地自主声明制度,但是涉及的国家不多,企业对自由贸易区原产地证书的利用率不高,这主要是一方面由于企业不熟悉规则,另一方面则是海关等原产地管理部

门重视程度不足。

二、完善中国自贸区原产地规则的思考

具体而言，结合国内外自贸区实践，上述不足可从以下三方面探讨自贸区原产地规则的发展。

一是制定统一协调的优惠原产地规则。中国在与相关国家谈判、签订区域自由贸易协定时，一方面要在WTO原产地规则的框架内尽量统一原产地规则和标准，例如在原产地规则的基本结构和一些具体规则上保持一致。另一方面应针对不同的产业和地区，根据实践中出现的问题，制定宽严有度、灵活易操作的标准。

二是强化管理部门之间的沟通互助机制。各行政管理部门可以借鉴日欧EPA中关于日欧之间的互助职能的规定，加强与国外行政部门的协作。贸易规则的相互对接和渗透，商品、资本、人员与服务的交接，均为扩大对外交流，提升开放水平需要思考的方面。

三是推广原产地自主声明体系，思考基于进口商知识储备的关税优惠待遇申请方式是否可行。该制度的推广必将促使企业更主动地申领优惠原产地证书，积极运用自由贸易协定提供的各种优惠贸易工具，提高自由贸易协定的使用率，真正发挥自由贸易协定促进贸易的功能。

结　　论

日本和欧盟都是中国重要的贸易伙伴，中国是日本第二大出口贸易伙伴和第一大进口贸易伙伴，截至2016年，欧盟连续11年都是中国最大贸易伙伴国，中国也一直维持着欧盟前两大贸易伙伴地位。但随着日欧EPA的生效，中国与日欧大部分产业的双边贸易必然会受到冲击。即便中欧双方交流频繁，经贸合作不断，仍然存在贸易不平衡等问题，中日经贸关系今年日趋放缓，两国贸易总量从2012年起连续下滑，日企对华投资近年也几近腰斩，出现了由原有的73.5亿美元下滑到2015年的32.1亿美元的现象。日本加强与欧盟的经贸合作，此消彼长势必会进一步减少中日间的经贸合作份额，日欧EPA的生效，势必造成中日今后在欧盟市场的激烈竞争。综上所述，日欧EPA建

立在双方共同需求的基础上，但鉴于双方产业结构上有很大的相似性，且内需不足，市场或许不如预期中庞大，更多是先行制定规则，表明对抗贸易保护主义的态度，但由于其涉及各种高标准国际新经贸规则，今后应持续观察其生效后具体规则适用之情况。

参考文献

1. 池田良一、「日本EU経財連係協定（EPA）発効後のEU側での実務的問題とそれへの対応—欧州委員会ドイツ税関当局公表の実務指針等の分析を中心に」、『国際商事法務』Vol. 47、No. 5(2019)。
2. 李宜静：《欧日EPA生效后对台湾出口欧盟及日本之可能影响》，《纺织月刊》2019年第6期。
3. 张季凤、王厚双、陈新等：《关于日欧EPA的深度分析：内容、诉求及影响》，《日本学刊》2018年第5期。
4. 池田良一、「日本EU経財連係協定（EPA）の在欧日系企業への影響—施行（発効）に向けての実務的対応と準備のために」、『国際商事法務』Vol. 46、No. 12(2018)。
5. 史惠慈：《日欧盟EPA的影响与启示》，《经济前瞻》2017年。
6. 刘滢泉：《后TPP时代原产地规则与全球价值链的互构》，《哈尔滨工业大学学报（社会科学版）》，2019年第5期。
7. 成新轩、郭志尧：《中国自由贸易区优惠原产地规则修正性限制指数体系的构建》，《管理世界》（月刊）2019年第6期。

第八章 "一带一路"与中日韩高校的贡献
——产学研合作交流新模式探讨

高 翼

引 言

一、研究背景

2013年下半年,中国政府首先提出了打造"丝绸之路经济带"和"21世纪海上丝绸之路"的伟大构想。"一带一路"作为一项合作倡议,并不是一个实体性的经济组织行为,也没有一套完整的运行机制。而是针对快速发展的全球化趋势而提出的关于区域发展的全新的合作理念,是在已有的区域主体间合作关系的基础上,借助各个国家互相合作的成功经验,进一步发展和巩固原有的合作关系,建立更多新的合作关系,加强区域内经济体命运关联度,打造高度相关的命运关联体。

而在区域或是地域合作中,首推产学研模式。国务院在《关于实施科技规划纲要增强自主创新能力的决定》中明确指出,要不断加强自主创新,积极建设创新型国家,要建立企业为主体、市场为导向、产学研相结合的技术创新体系,形成自主创新的基本体制架构;高校是科教兴国和人才强国的生力军,是国家和地区创新体系的重要支撑环节。产学研联合应该是科技开发、人才培养与企业需求之间的一种互动实践。

产学研合作及其技术创新的可能模式多样,既有正式合作也有非正式合作,既有长期合作也有短期合作,既有高校和科研机构研究人员利用自身科研成果创办企业,也有通过专利许可和技术转让实现科技成果转化,还有企业根据自己的技术需求与高校联合开发,或委托高校开发,或要求高校提供咨询服务等。在国家和各区域经济转型的大背景下,如何让高校更好地参与产学研联合成为产业转型升级战略中至关重要的一环。

二、研究对象和目的

产学研合作通常是指企业与大学及研究院所之间的技术合作,尤其是企业为技术需求方,以学、研为技术供给方的产学合作关系;是指大学与企业利用各自占有要素的优势、分工协作共同实现一项技术创新过程的行为。同近年来兴起的企业与企业之间的合作创新相比,学、研与企业的合作更强烈地表现出功能互补的优势;同时它也是一种异质性组织间的合作,即经济型组织与科技型组织的合作行为,使技术创新活动更好地体现了其科技与经济的统一。

随着世界各国经济的高速发展,产学研合作已经成为知识转换成效益的最有效途径,同时亦是技术创新、经济发展的必然要求。由于产学研合作能够有效促进技术创新、推动技术商业化,所以,产学研合作成了世界各国竞相提倡的技术创新组织形式,也成了学术界研究的热点。国外很多发达国家,尤其是日本、美国和欧盟等,在产学研合作方面成效显著,已经探索出了一系列成熟的机制,为本国各个产业的发展,带来了巨大的利益。在中国已经开展了近20年的真正的产学研合作的理论研究和实践,并取得了一定的成绩。目前,产学研的实践已经走到了理论的前面,这对理论研究提出了新的要求。这就需要"三主体"之一大学及相关科研究院所加强理论研究,来进一步引导实践和创新。

三、研究方法和创新之处

由于产学研问题是社会学、经济学等多门学科共同关注的问题,本研究将采用跨学科的研究视角和方法,力图实现自然科学与社会科学研究方法的交叉融合,尽量做到"五结合":理论与实践相结合、学术研究与问题研究相结合、历史与现实相结合、横向研究与纵向研究相结合、定性分析与定量分析相结合,充分发挥跨学科研究的优势,以期为研究提供较为宽广的理论视野和深厚的学术根基。

目前国内关于产学研的研究虽然数量很多,但时效性并不强,在科技创新日新月异的今天,理论研究也应该紧跟时代的步伐。国内外学者对产学研的实践以及推进为本研究的构思和研究提供了崭新的理论视角和广阔的研究视野。本研究将传统的高校产学研放入时代的大背景下进行考量,充分利用国与国、地区与地区合作交流的成功经验,以期为分析和研究我国产学研现存的问题提供崭新的思维和路径,推动深化新时代产学研合作交流建设。

第一节 产学研合作概述

产学研合作最早始于美国加利福尼亚州的斯坦福大学科学园,它是由斯坦福大学副校长特曼教授倡导而建立起来的。通过企业与高校、科研院所合作发展,加强企业技术改造和技术开发,加快先进技术在企业中推广应用,促使高科技成果商品化、产业化,这是一条加速科技成果转化为现实生产力的必由之路。当时,产学研合作的发展目标是以大学为研究开发中心,在大学附近建立起各学科研究开发、生产与经营系统,科学园给予各研究开发、生产和经营单位以优惠政策,使科学园互相激励、互相调节、共同发展。

目前,从世界范围来看,产学研合作已经不是一个新概念。世界各国政府都采取了相应对策促使产学研相互结合,从而促进高科技成果的转化应用,使之产生应有的经济效益和社会效益,推动社会的发展进步。

根据不同的观点,产学研合作的概念也不同。大概分为三种:第一,产学研合作是产业界与学界之间的教育活动;第二,产学研合作是产业界与学界之间的研究活动;第三,从广义的角度认为产学研合作是学界与产业界之间的教育和研究的协作活动。本文中的产学研合作应用的是广义角度的概念。

一、产学研合作的形式

在产学研合作的诸要素中,教育是中心,其与社会市场的结合点是培养高级人才;联合科研是关键,是产学研合作的内在动力;社会服务是高校与社会的双向要求。

产学研结合诸要素,在学界把其总结为"三源四机制"。

1. 三源

主体源——产学研合作的组织基础。其中高校是中心主体,科研机构和企业是结构性主体,政府是协调与导向性主体。

动力源——产学研合作的驱动机制。产学研之所以能合作,是因为高校、产业界、科技界有各自的优势,能够通过合作达成互利互惠、共同发展的目标。高校具有科研优势、学术优势、多学科综合优势和人才培养优势。企业有生产技术、技术设备、一线实验与应用条件、系统应用技术、资金和管理技术。科研单位有科技研发队伍、科研成果、基础研究和应用研究体系。

制度源——产学研合作的政策导向机制。

2. 四机制

产学研合作要顺利进行,需要各项机制来保障。具体包括:①决策管理机制,指决策管理的组织设置、问题与目标的确立,解决问题方案的实施、组织运行的总和评价。②保障与激励机制,指产学研合作过程中制度、经费、利益的保障。③运作与发展机制,充分发挥各主体的积极性和创造性,寻找最佳的合作点,使产学研合作项目不断完善、巩固和发展。④调节、平衡、约束机制,主要通过政府和市场的调控、法律法规的约束、合同协议的规定,解决产学研合作中出现的矛盾和偏差。

二、产学研合作的领域和交流对象

从不同的角度来看,产学研合作的形式根据其结合的领域和交流对象如下区分。

1. 教育、研发和创新领域

① 教育(培训)领域:指对在校所学的理论和实践进行合并,企业提供教育(培训)实习基地,企业和学校及科研院所的高级研究人员参与的教学活动。比如,企业人士入校授课、教授送课进企业,教师对企业内培训的咨询,通过企业支援的教育过程、教材开发,参观访问学习,大学和农村生活体验等一般工作经验,学生兼职,现场实习,实习能力,产业界临时职工委托教育,产业界职工教育,教师的现场研修等。

② 研究开发领域:指产业界和大学共同分担人力、设施、经费等执行的研究(主要与政府委托研究事业有关),产业界委托大学及研究所开展的研究活

动即技术开发及指导等。

③ 技术转移领域：这是以大学为中心的产学研合作的主要部分，包括大学的人力、物质资源的创新资源，或大学（大学的人力资源）所拥有的技术和专利等产业财产权、知识产权的产业化和技术的转移的活动。

2. 人力、物质、信息和权利的交流

① 人力资源的交流：学校与产业界之间的人力资源交流发生于教育和研究活动中。例如，产业界人士的学校理事会参与学校运营委员会，以学校教师名义聘请产业界专家，学校教师被聘请为产业界讲师提供指导技术，职工培训，创业诊断及自查，还包括产业界职工或学校学生通过产学研结合获得能力，以开发作为学校和产业界交流的机会。

② 物质资源的交流：学校与产业界之间的物质资源，即在教育、研究活动中发生的设施和器材及资金交流。包括产业界向学校提供实习、器材、产业体及职工对学校设施、设备的实验，实习机会及制品开发和享有考试机会，奖学金，研究费资助，研修费资助等。

③ 信息资源的交流：学校和产业界的信息交流指的是，为了支援学校的教育过程开发和产业经营活动等，学校和产业界相互交流各自拥有的信息。这里包括产业界向学校提供技术变化、劳动市场变化、关于雇用的信息、学校向产业界提供并发生于教育过程中的运营信息、学生个人兴趣信息等相关信息。

④ 权利的交流：包括研究开发过程中，所发生的例如财产权和知识产权等权利和技术的所有权、使用权的问题，大学所拥有的知识和技术向产业界进行的转移。

三、产学研合作的必要性

如图 8-1 所示，产学研是一个系统工程，其功能和作用都是双向的。以下从高校角度出发，具体阐述模型图的相互关系。

1. 科研是源泉，也是动力

高校的根本任务是培养人才，特别是培养以创新素质为核心的高素质人才。学校多数科研人员都兼有教学任务，他们会将最新的研究成果用于教学内容，促使学校课程专业设置的调整，并从整体上提高教师队伍的教学水平；

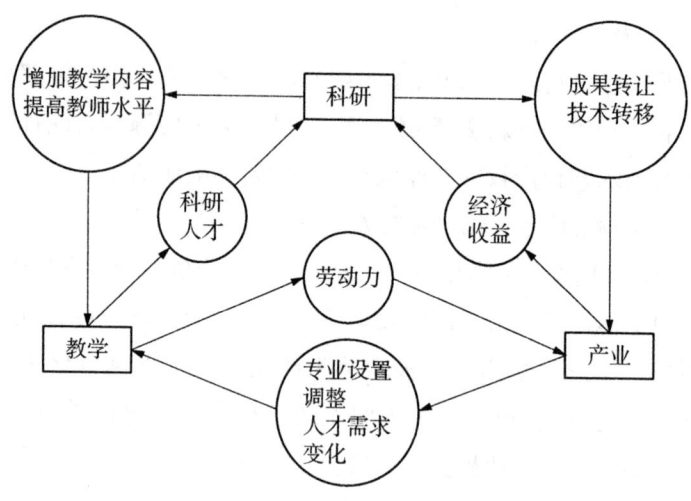

图8-1 产学研系统示意图

而大量的科研成果(尤其是高级别获奖成果或高效益成果)又为学校整体水平的提升提供了强有力的支撑,(升硕士点或博士点)从而提高学校人才培养规格与素质。同时,科研收益可部分用于改善办学条件,故科研是教学的"源"。教学是科技知识的传承,即教学是科研的"流"。科研向企业提供技术服务,进行人员培训、成果转让或与企业联合开发新产品,没有科研就不可能有新产品,企业就适应不了市场,所以,科研是产业的"源";科研成果特别是应用型和开发型成果,只有转化为生产力才能实现科研的收益目的,才能为科研的继续研究提供经费和资源,所以生产是科研的"流"。

2. 高校教学是基础,也是根本

教学是基础与根本,教学的任务是培养高素质人才。一方面,教学向科研提供生力军,保持科研队伍的结合合理与活力,促进科研高档次、高水平,否则科研的"源"就会枯竭;另一方面,教学向企业输送人才,帮助企业培训人员,保证企业人力资源"流"的畅通,否则,企业就会老化,最终被挤出市场。

3. 企业是"试金石",也是"点金石"

企业是市场与社会的反映,教学培养的人才及科研成果最终流向企业。企业是科研与教学的出发点与归宿。企业从教学和科研渠道获得人才与成果后,利用自己的设备、资金、管理优势,进行产业化,将一部分收益返回科研,并向科研提供前期经费开发新产品,使科研获得了继续研究的经费保障;同时,向教学提供人才培养实验、实习基地和人才需求信息,极大地降低人才培养成本,提高了学校人才培养目标调整的准确性。

4. 政府是保障者,也是支持者

政府在产学研合作的作用主要是:①政府委派或组织专门机构对产学研合作进行支持;②政府通过政策性立法进行支持;③政府以科技计划等形式对产学研合作进行支持;④设立产业基金,拨出专款进行支持;⑤开辟多种信息渠道,鼓励科技人员进行交流。由此可以看出,政府主要从行政、法律、经济手段等对产学研合作予以保证和支持。

第二节 日韩和中国高校传统产学研合作模式及特点

一、日本

1. 日本的"官""产""学"

日本产学研合作体系被称为"官""产""学"。"官"指的是政府,包括所有公共机构,如公共研究机构、公共组织等。政府在产学研合作中不仅起着组织、导向、服务、协调的作用,同时还承担着一定的规划、扶持和保障作用,是产学研合作中必不可少的要素。政府主要通过制定各种规章制度、政策法规、财政投入、税收优惠等手段积极引导、调整、规范和服务产学研合作。

"产"即产业界,就是承担生产的企业。一般来说,参与产学研的企业多为科技创新型企业。企业是技术创新的主体,它以满足顾客和市场需求为目的,为社会提供商品和服务,同时创造大量的价值。它是产学研合作中的主体。

"学"指学术界。进行基础研究并开展教育,培养人才的院校。高等院校是基础理论研究与科技发展创新的主体。同时,"学"中还包括各类研究机构、研究院所,它们是进行基础研究、应用研究和以各类技术研究开发为中心的事业法人,也是构成产学研合作的又一要素。

2. 日本产学研的发展历程

日本产学研合作创新的历史非常悠久,从明治维新初期开始就出现了产学研合作的萌芽。但是,产学研合作真正发展要到"二战"后,面对战后经济几乎是瘫痪的状态,日本政府为了迅速恢复经济和发展生产,推行吸收性战略,即积极引进、消化和吸收国外的先进技术,以此来推动经济的发展。

20世纪五六十年代正是日本战后经济复兴时期,企业急需大批技术人才和熟练技术工人。针对这一需求,1956年日本政府正式批准了由当时通产省(现为经济产业省)提交的"产学教育制度"的咨询报告,确立了以教育培训为重心的产学合作促进政策。1958年,文部省又开始在国立大学实施"接受委托研究员制度""选拔委托学生制度",让民间的在职技术人员能进入高等院校接受研究生水平的培训,目的是为企业代为培养研究生。同年,文部省应产业界的要求,创设了委托研究制度,规定企业可以通过合同的形式委托大学或国立研究机构进行研究开发,研究经费由委托者负担。这也是现行日本产学研合作模式之一:委托研究的起源。回顾整个20世纪五六十年代,日本的产学研合作具有明显的特点:以产学研合作为主,重点培养产业人才。1960年,池田内阁在"国民收入倍增计划"中指出:"关于教育培训问题,今后尤为重要的是产学结合问题。"他指出,为提供足够的教员和指导人员,应大力加强与民间技术人员和熟练专门人才之间的协作体制,以加强学校教育和职业培训之间的联系。

进入20世纪80年代,产业革命升级,对于科学技术的经济属性高度认可。为了在激烈的竞争环境中保持优势,日本政府在科研投入方面不惜代价,特别是加强了其基础研究和独创性自主技术研发能力。1980年,日本颁布了《80年代通商产业政策展望》,首次正式提出"科技立国"战略。目的是通过科技进步带动社会经济发展。

20世纪80年代至90年代初,日本创造了经济高速发展的鼎盛奇迹。纵观日本经济快速发展的历程,技术创新对于日本经济发展起着关键作用,而技术创新又离不开研究开发活动,可以说产学研合作模式在其中发挥了至关重要的作用。1981年,原日本科技厅(现并入文部科学省)在其制定的"推进科学技术制度"中强调把产、学、官的研究人员组织起来,打破组织界限,开展科研工作。1983年,文部省建立了"国立学校与民间企业等的共同研究制度"。其宗旨是促进高等院校与民间企业开展协作研究。其内容规定:通过订合同的形式,国立大学接受民间机构的研究人员到学校来,利用大学的设施等,与大学教师一起就共同感兴趣的课题进行合作研究。这就是现行日本产学研合作模式之一:共同研究的起源。1986年,日本政府制定了《研究交流促进法》。其目的是,鼓励国家研究机构的研究人员到民间企业参加共同研究,国立研究机构的设施设备向民间企业研究人员开放,接收他们参加协作研究项目,打破了原有组织的界限,进一步促进了各方面研究人员的交流,提高了科技开发和研究的效率和速度。1987 年,文部省设立了三个国立大学协作研究中心——"富山大学地区共同研究中心""神户大学共同研究开发中心"和"熊本大学地区共同研究中心"。

到了 20 世纪 90 年代,随着日本泡沫经济破灭,为打破经济低迷和促进产业升级转型,日本政府意识到只有开展基础性、开拓性的前沿研究才能保证国家和产业的持续竞争力。日本出台了一系列促进产学研合作的政策与法律,产学研合作进入快速增长阶段,且形成了更加规范、稳定的依靠规则与合作的产学研合作。1995 年制定的《科学技术基本法》是日本第一部有关科学技术的根本大法,规定了日本在发展科学技术方面的方针,把产学研合作作为基本国策,同时要求推进基础研究、应用研究和开发研究的协调发展。1998 年制定《大学等技术转让促进法》,2000 年制定《产业技术力强化法》,在大学设立技术转移机构,建立加快尖端科技领域产学研合作的新制度,鼓励企业长期委托国立公立大学进行研究开发。

3. 日本产学研合作的模式

目前学界对于日本产学研合作模式的划分,分为以下六种。

(1) 委托研究

该模式是大学在研究方面与民间企业等合作的主要形式之一。其内容是:大学的研究人员接受民间企业、各部门研究机构、地方公共团体等委托进行的科学研究。双方就研究范围、期限、经费、专利和版权所有、保密责任等签订合同。项目所需研究经费由委托者负担,委托者只出经费,并不派出研究人员。

1958 年,应产业界的要求,文部省创设了委托研究制度,允许大学可以接受企业的委托进行某项课题的研究,其研究成果由委托者或其指定者优先实施。该模式几经修正,发展比较成熟,应用较为广泛。特别是 20 世纪 90 年代中后期,由于日本政府实施了一系列促进产学联合创新的支持措施,对于委托研究的快速发展起了比较大的推动作用。委托研究项目从 1995 年的 3 100 项迅速增长到了 2002 年的 6 600 项,年增长 11.3%。[1]

---

[1] 刘彦:《日本以企业为创新主体的产学制度研究》,《科技政策与管理》2006 年第 8 期。

(2) 共同研究

该模式是日本产学研合作中另一种常见的形式。具体内容是：日本国立大学接受民间机构的研究人员，大学研究人员与民间研究人员就共同感兴趣的课题进行合作研究。共同研究的经费主要由民间机构承担，参加研发团队的人员费用由合作方各自承担，研究取得的成果为双方共有。

该模式是由文部省于1983年创设了"国产学校与民间等的共同研究制度"的基础上发展而来。参与共同研究的企业以中小企业为主。究其原因，一方面20世纪90年代日本泡沫经济崩溃后，大多数中小企业在严峻的经济形势下，研究开发投入能力下降，而信息技术的迅速更新换代和国际竞争的激化又要求企业必须加快创新速度，另一方面，中小企业出于本身研究能力和资源配置的选择，利用国立大学的基础研究资源，与大学合作进行研发的需求日益增加。该模式又分为普通型和分担型两种，普通型指研发团队集中在大学或研究院所共同完成研发任务；分担型指合作各方研发人员分散在企业、大学和研究院所，利用各自的研究设备完成分别的研发任务，最后进行集中汇总。

(3) 委托研究员

这种模式是民间企业的技术人员和研究人员到国立大学及大学共同利用机构，接受相当于研究生水平的指导，以把握最新的研究动态。涉及的专业包括人文、社会、自然科学等所有领域，通过提高素质和能力，以备人员在企业未来的研究活动中发挥更大的作用。代培期限原则上为一年，有的带研究课题，有的不带研究课题。代培费用由委托企业负担。该模式根据文部省1958年建立的"接受委托研究员制度"发展而来。

(4) 奖学捐赠金

1987年文部省发布规定，捐赠者将捐款交给国家，国家将同等数额的现金交付给接受捐赠的大学，由此开创了奖学捐赠金模式。在日本财务制度中，国立大学属于国家机构，在收支等财政方面必须遵守国家所制定的严格规定。而教育捐赠的制度则不同，教育捐赠规定，受赠的国立大学可以灵活使用这些捐赠。比如，可以开展研究活动、国际交流；用于学生的奖学金；在大学的学部或专业设立以教育为主要目的的"捐赠讲座"或在大学附属研究所设立以研究为目的的附属研究机构。开设的捐赠讲座或捐赠研究机构，以自然科学、社会科学诸领域为研究对象，其名称可以附以捐赠者名字，开设3～5年内可以更新,研究经费每项每年不少于 3 000 万日元。日本政府也提倡和鼓励民间企业、团体、个人向大学捐款,以改善大学的条件和科研水平。比如,2018 年诺贝尔生理学奖得主本庶教授就将奖金全部捐给了京都大学。

(5) 共同研究中心

该模式指的是,为国立大学及其附属研究机构配备研究设备和大量的研究资料,建成更适宜综合化研究,面向国内外开放的共同研究中心。1987 年文部省率先在富山大学、神户大学、熊本大学三所国立大学创建研究中心。从此共同研究中心作为国立大学与产业界联系合作的窗口。研究中心除了进行一些重要的合作研究和委托开发项目外,还对企业研究开发等事宜进行技术咨询和培训的服务,成为企业技术人员接受高级技术培训的课堂。值得一提的是,不光是与国内的大学进行共同研究,早在 20 世纪 90 年代初,日本民间企业积极和海外的大学进行合作,在一些名牌大学开设实验室或是研究中心。日本电气公司 1990 年在美国普林斯顿大学建立了研究中心,利用该校的优秀科研人员研究人工智能;日本大药物公司在美国西雅图建立了附属于华盛顿大学的生物膜试验室,以求在生物膜研究成果商品化方面夺取优势。①

(6) 科技城和高新技术园

该模式是指日本从 20 世纪 80 年代起,学习、效仿美国硅谷的做法和经验。在中等城市周围开辟科技新城。新城以大学、研究机构为依托,以集聚数目众多的企业为支柱,形成互相联系的创新网络,使得大学等研究机构的成果能迅速通过企业进行转化,诞生巨大的经济效益。为了产生集群效应,日本政府不惜巨资在全国兴建筑波大学科学城、关西科学城、横滨高新技术园、九州高新技术园等合作研究场地。其中最为有名的就是被誉为"日本硅谷"的筑波大学科学城。作为其核心,筑波大学本身就是日本 21 世纪产学研合作大学的典范。在建立之初,筑波大学就没有采用日本传统大学的学部、学科等体制机制,而是建立学群、学系的教学组织形式,为产学研合作制度提供了良好的教育组织形式。而筑波大学科学城也是日本顶尖的研发场所,集聚了日本 49 家国家试验研究机构、教育机构和 250 多家民间研究机构,在此工作的研究人员

---

① 张锁柱:《加速科技产业化的有效途径——日本的产学研写作初探》,《日本学刊》2001 年第 2 期。

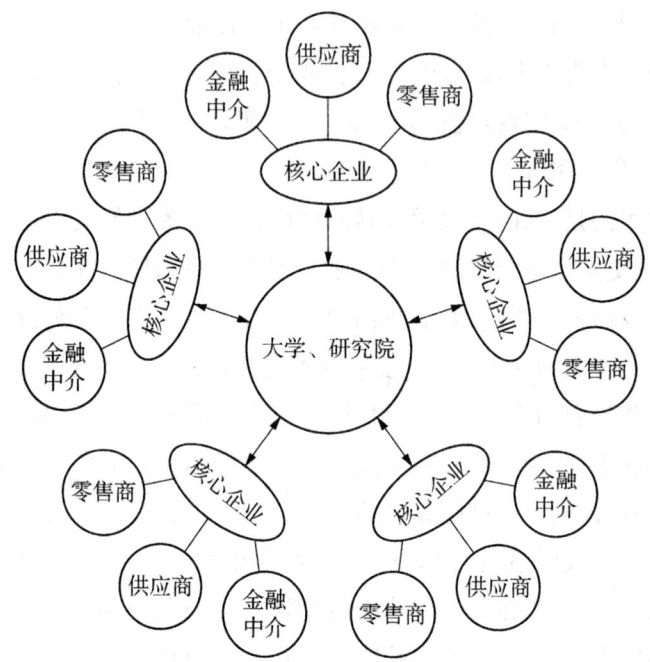

图 8-2　日本科技城结构示意图

约占全日本研究人员的四分之一。

除了以上几种模式外,日本还有很多以振兴学术研究为目的的公益法人,其中以学术研究为目的设立的法人被称为学术法人;以资助科学研究为目的的法人被称为研究资助法人;以学术研究情报、知识信息交换为目的的法人被称为学会法人。这些与学术有关的公益法人,多数是以民间资金为基础的财团法人或社团法人设立的,在学术研究上,对产、学、官的合作起到了重要作用。

4. 日本产学研发展的特点

(1) 不断健全相关法制,保障合作健康发展

长期以来,日本政府的明确政策倾向就是鼓励企业、大学和政府研究机构之间的合作。从 20 世纪 50 年代开始,日本政府为了大力推进产学研合作,创造有利于产学研合作健康发展的环境,很早就开始建立相关的制度,对合作的内容、经费的负担、设施设备的利用都做了相应的规定。1984 年,原日本最高科技决策咨询机构——科学技术会议发表其第 11 号咨询报告(关于适应新的

形势变化,立足于长期展望的、振兴科学技术的综合的基本对策),对"产学官"做了较为详尽的阐述,正式把产学研合作作为日本科技体制的一种形式加以确定,并且一再强调这种合作体制在发展日本独创性科学技术中的作用,一再强调日本政府今后的科技政策应该对"产""学""官"的科技活动给予必要的指令和调整。

在过去的30多年中,面对创新环境的改变与严峻的经济状况、财政状况,日本大力推动产学研合作,这一过程中早期大学与企业对参与产学研合作的积极性都不高,主要依靠政府不断进行制度完善、政策引导才得以顺利进行。在这一过程中,政府的作用凸显,产学研合作的推进主要依靠政策的制定与政策的实施两方面的顺利开展得以实现。比如,关于产学合作研究所产生的专利权的处理问题就是合作开展中面临的一个较大的困难。日本的大学与企业存在着不小的分歧。企业与大学以共同研究等方式产生了研究成果,在共同申请专利后,专利权通常归双方共同所有。但日本企业一般是根据自己的经营情况决定是否实施专利,而大学无法实施专利,如果与之合作的企业不实施专利,那么大学只有通过将专利转让给其他企业才能确保自己的经济权利,如果合作的企业不同意大学转让专利权,则大学一般会向合作企业索要"不实施补偿"。日本企业界一直对"不实施补偿"采取非常审慎的态度,通信、电器和汽车领域的大企业甚至明确拒绝给予大学"不实施补偿",而日本政府对此的态度也不明朗。结果,日本大学对于同企业进行共同研究和委托研究表现不积极。对于大学来说,这些合作形式只不过是企业的转包作业,双方并未实现真正意义上的利益共享。

为了促进大学科研成果的产业化和产学研的合作,1998年,日本国会《大学等技术转移促进法》实施后,产生了大批的技术转移机构(TLO),这些技术转移机构在大学与企业间架起了沟通的桥梁,将大学的科研成果和专业研究转移到了企业,实现了科研成果产业化的最终目的,创造了大量的经济价值,为科技成果转移做出了很大的贡献;1999年,《产业活力再生特别措施法》明确了国家委托研究成果民间转移的可行性并对TLO的技术转移事业给予了费用减免的优待;2000年,《产业技术力强化法》进一步规范了专利费用减免措施的规定并通过TLO可无偿使用国立大学设施的做法来促进大学科技成果的转化;2004年,《国立大学法人法》实施,大学法人地位的落实明确了大学向批准型 TLO 注资的可能性；2004 年，日本《专利法（修订）》调整了大学经 TLO 运作的专利相关费用的标准并阐明了加快专利审查的基调；2009 年，《产业活力再生法》设置了专门的新技术研究组织并开启了新技术的活用业务。这些连续的具有相互促进效应的转让促进法案有力地推动了科研成果产业化的深化，基本解决了关于专利权的问题。

（2）推进行政体制改革，灵活发挥中介的效果

在产学研合作的初期，为日本战后经济复苏做出巨大贡献的企业与注重理论研究而忽视应用研究的大学都对产学研合作积极性不高，此时日本政府却存在着相关行政职能机构纵向分割、无法统一规划的功能障碍。具体而言，科技厅作为科技振兴的最高领导机构与其他省厅并行，其综合协调职能受到限制。比如，在日本各界与基础性研究相比更关注应用技术开发的情况下，通产省在科技政策制定上更有主动性和主导权；同时，科技厅对预算的调整往往要由大藏省（现财务省）来最后决定；而在研究经费上隶属科技厅管辖的国立研究机构又与隶属文部省管辖的大学存在竞争关系。其次，挂靠于科技厅的科学技术会，作为国家科技政策制定的最高审议机构，并没有设置日常的事物处理机构，每年仅召开 1~2 次会议，这使得该会议对国家综合科技政策进行制定和有效调整都显得软弱无力。

1995 年《科学技术基本法》颁布后，行政体制上的改革刻不容缓。2001 年，中央省厅再编，综合科学技术会议（CSTP）应运而生。地位上，它作为直接辅佐首相和内阁，统筹领导经济产业省、文部科学省等中央行政机构的四大重要会议之一（设立于日本内阁的四个重要政策会议为：经济财政咨询会议、综合科学技术会议、中央防灾会议和男女共同参与计划会议）设置于内阁府会议，由首相担任议长，成员包括科学技术政策担当大臣、总务大臣、财务大臣、文部科学大臣、经济产业大臣等主要大臣以及来自企业与大学的 7 位有识之士。会议下设审议产学研合作组织改革的"科学技术体系改革专门调查会"，和创造、确保、活用知识财产的"知识财产战略调查会"。这样一个就产学研合作相关措施，收集、比较各省厅的政策信息，为了补充相互间的不足的"圆桌会议"就此成立。同时，2001 年的中央省厅再编设立内阁府，科技厅解体，与文部省合并为文部科学省。国立研究机构转而由文部科学省接管。此举解决了长期以来"学"分属两个省厅管辖而互相竞争无法统一协调合作的问题。

除了这些为产学研合作新机制扫除障碍的行政改革以外,日本诸多的产学研推进机构也对大学科研成果向民间企业转移和研究成果产业化起到了不可或缺的作用。其中,科学技术振兴机构(JST)在日本产学研合作推进过程中,发挥了十分重要的作用。JST 的产学研推进事业占其业务预算的 23%,主要包括 3 个方面的任务,即知识产权支持、匹配支持、研发支持。值得一提的是匹配支持,JST 架起了学术界与产业界双向沟通的桥梁。一方面,通过创新日本大会、新技术推介会,为科研人员提供了向产业界展示和推广尖端研发成果,打开了学术界向产业界沟通的通路。另一方面,举办需求研讨会,为企业提供了向学术界寻求帮助,解决企业技术瓶颈的平台。同时,JST 还建立了门户网站,每月公布当前热门技术、研究主题、研究报告等,构建了产学研合作数据库,提供基金项目信息、服务及相关人力资源信息等。此外,还开展科技创新人力资源发展项目,提供免费课程,以提升公共部门及大学产学研合作推进人才的能力。

除此之外,1998 年起以专门从事大学技术转让业务的有限股份公司——尖端科学技术孵化中心为代表的从事大学技术转让组织机构也已经在日本几所主要的大学中出现,既帮助了研究人员和企业之间的沟通,省去了很多麻烦,又促进了大学社会活动功能的提高,可谓是一举两得。

(3) 打破体制和地域的界限,促进研究人员自由流动

在产学研合作开展的早期,由于研究人员分别隶属于不同的部门,如果没有特别的批准,无法进行共同研究。因此,原日本科学技术厅于 1981 年创设和实施了"创造性科学技术推进体制",这一制度特别强调从"产""学""官"各个系统以及海外,广泛搜寻正在从事与所要进行的研究项目内容有关的优秀人才,并组成研究小组(研究人员关系仍在原单位,或者以回原单位为前提签订一定期限的合同,研究结束后研究小组解散),借此来确立一种以"人"为中心的流动研究体制。日本文部省也于 1983 年,创设了与民间合作的共同研究制度,规定大学可以接受来自民间机构的研究人员,从而解决了人才无法调配的问题。在此基础上,1986 年,日本政府制定了《研究交流促进法》。其目的是,鼓励国家研究机构的研究人员到民间企业参加共同研究,国立研究机构的设施设备向民间企业研究人员开放,接收他们参加协作研究项目,促进官、产、学各机构在人、物以及信息方面相互交流与协作,以利提高科技开发和研究的

效率和速度。1998年4—5月,国会分别通过了促进大学技术研究成果向民营企业转让的相关法律《大学技术转让促进法》和《研究交流促进法》的部分修正案,均于该年5月实施。根据《研究交流促进法》的部分修正案的规定,民间企业在国立大学及国立试验研究等所在土地(均为国有土地)上建立共同研究设施,其土地使用费给予优惠;放宽了对国立、公立大学教师(根据日本法律,国立、公立大学教师属国家公务员)到企业兼职的法律限制;鉴于现行的退休金金额计算方法对暂离职参加合作研究的大学人员相当不利,日本国会1996年4月通过了《教育公务员特例法》的部分修正案,并于同年10月开始实施。这就通过破除法律屏障促进人员的相互交流。

在加强人才培养和交流上,日本政府放宽了以学位、研究业绩等主要标准的较严格的录用教师的条件,允许大学从民间企业招聘教师,不问他们以往在教育研究方面的业绩如何,"只要在专业领域有丰富的学识和经验,被认为是有教育和研究能力者"就可以得到承认。如此一来,录用民间企业的科技人员到大学任教,可以将产业第一线的最新信息和科技成果教授给学生,从而促进了教学内容的更新。除此之外,接收民间企业人员到大学进修;企业聘用大学教师讲学;实施内地留学制度(大学教师利用一定的时间脱产到国内大学、研究院所和公司企业等进行专门领域的研究或学习,然后再回大学)。这些"请进来"和"走出去"的制度和有力措施加强了不同领域研究人员的横向联系,使他们在实践中不断充实新知识,掌握第一手科研信息和技术,提高了科研的水平。

二、韩国

1. 韩国产学研的发展历程

在韩国产学研结合及韩国的工业化过程中,技术开发和国家技术革新体系得到了很大发展。一般来说,可分为以下几个阶段:①产学研结合基础形成期(20世纪60年代至70年代);②产学研结合研究的繁荣发展时期(20世纪80年代至90年代);③产学研结合研究成熟稳定时期(2000年以后)。

20世纪60年代,韩国的产学研结合的主要目标是人才培养。科学技术人才及劳动者技术熟练程度和技能的增加,为经济发展贡献的人才培养促进了产学研结合研究的发展。1967年设立《科学技术开发基金的综合计划》(1967—

1986),以此为基础设立了 3 次科学技术振兴的 5 年计划和 3 次人力开发计划,把重点放在科学技术人才的培养上。

20 世纪 70 年代是产学研结合研究的萌发期,产学研结合研究以重要的政策手段登场了。工业化进程中最大的阻碍是对海外产业技术的依赖,因此,产学研结合提高了韩国自身的技术开发能力。1973 年韩国修改《产业教育振兴法》,把"产学合作"写入该法并使之制度化,文教部也设置了产学合作科。

20 世纪 80 年代很流行在民间企业内设立自身研究所,通过产学研结合或产学研结合的模式共同研究发展,来开展通过共同合作研究的政府国家研究开发事业。1980 年以后产学研结合成为国家技术开发战略的重要政策课题,20 世纪 90 年代开始进行产学研结合的下层研究结构的设立工作。

20 世纪 80 年代的最大特点是出现了国有大型研究课题。在国家级研究开发事业当中,首先把产学研结合开发研究指定成选定标准,特别从 1990 年开始把大部分的特定研究开发事业转换成产学研结合研究课题。随着政府强调产学研和研究政策,产业界的技术开发事业也得到了发展。后来,在 1992 年韩国国家科学技术顾问会议中,为了发展科学技术的效率化,再次强调产学研研究结合的重要性和建议了产学研结合促进方案。

为了产业技术开发及产学研结合研究事业,韩国开始准备技术基础事业制度的制定工作。进入 1990 年后,设立了产业技术发展的 5 年研究项目计划和技术下层研究机构拓展为 5 年计划。其目的是为了设立技术开发基金计划体系。1997 年,科学技术部又设立了科学技术革新 5 年计划,大幅度加强了国家技术革新体制,进一步促进了以产学研结合市场导向的技术开发体制。同时确定了新技术保育事业,地域技术革新中心事业为产学研结合基础研究的重点。支援制度也开始呈现多样性,从以资助研究机关为中心实行的国家研究开发事业,转移到以大学为中心的协同研究重点发展。这时候最具有代表的政策是科学财团的优秀研究中心的设立政策。并且,产业资源部推进的基础开发技术事业也为大学中心的产学研结合体制的建立起了很大的推进作用。

进入 20 世纪 90 年代中后期以后,为了支援产业技术信息、人力及其研究开发支援相互联系的产业,设立了产业技术情报院、韩国科学技术研究院附属研究开发信息中心、韩国电子通信研究院的信息服务站、中小企业厅和中小企业振兴公团的技术情报服务站等多种形式的产业技术信息服务网。除了信息方面的协作,20世纪90年代中期以后,慢慢出现了地方科学技术振兴措施与地域内造成协同研究重心的潮流。地方合作研究中心以及地域技术革新技术中心成立,作为协同研究的中心团体——科技学术园、资源风险创业的新技术创业保育中心等技术协同革新体制政策等出现。此外,逐步出现了协同研究促进法,地方科学技术行政体制重组,地方自治体基础技术开发事业以及基础构筑事业等产学研组织间互相促进的政策。

进入2000年,韩国政府进一步通过宏观战略指导与协调,税收优惠政策支持,技术研发资金支持等措施进一步完善产学研体系。2001年,政府推出了为期5年的"科学技术基本计划",重点开发"6T"领域,即IT(信息技术)、BT(生命工程)、NT(纳米技术)、ST(宇宙航空技术)、ET(环境工程)、CT(文化技术)。2004年,韩国启动"十大新一代成长动力工程",重点发展数码广播、智能机器人、新一代半导体和未来型汽车等十大高等技术产业。2012年,韩国政府又制定了《国际科学商务带基本计划》,旨在促成世界级的基础研究活动,建立基础研究与应用研究相融合的机制,为发展世界级的科学产业创新集群构筑基础,以解决基础科学能力及科研成果转化不足日益成为经济增长的瓶颈问题,在复杂的世界经济背景下,进一步加强产学研合作,提升国家竞争力。

2. 韩国产学研的主要模式

(1) 共同研究

此模式是韩国产学研合作的重要形式之一。韩国政府通过共同研究开发事业积极推动产学研合作。主要形式包括产业源头技术开发事业和产学研联盟事业。

产业源头技术开发事业是政府主导,政府主要出资来支持企业、大学和研究所进行技术开发的项目。其中最著名的就是"国家研究开发计划"。国家研究开发计划是韩国政府为了缩小与发达国家的技术差距,根据中长期科技发展规划而制定的国家研究开发项目。共分为七大计划,先导技术开发计划、特定研究开发计划、基础研究支援计划、工业基础技术开发计划、能源资源技术开发计划、信息通信研究开发计划、国防研究开发计划。这些计划的实施,一是政府提供稳定的研究经费,二是以公开招标的方式通过产业界、大学和研究所的合作,以产学研共同研究的形式进行。可以说,韩国的国家研究开发计划就是一个大型的产学研共同研究计划。

产学研联盟事业主要支持中小企业的技术开发。由产学研共同技术开发事业、企业下属研究所事业、产学研合作室事业三项构成。其中,产学研共同技术开发事业主要是资助各项课题。企业下属研究所事业的目标是设立下属研究所。产学研合作室事业是设置合作室。

(2) 产学研合作研究中心

这种模式主要以大学为基地,政府负责划拨土地并给予土地税收的优惠政策,产业界征集会员并集资建立研究中心。研究中心一般包括大学研究实验楼及会员单位的研究实验室,企业研究院遇到技术瓶颈可以带到大学研究实验楼同教授等科研人员共同合作攻克,反之大学教授和学生也可以根据自己的研究方向找到对口的企业共同研究(参见图8-3)。

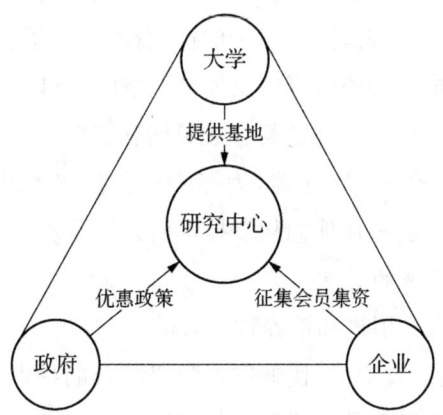

图8-3 韩国产学研合作研究中心示意图

(3) 建立合作科技园区

设立大学合作科技园区,目的是使企业能够利用大学的研究力量、信息、技术和设备,加强大学研究成果向企业转让。大学合作科技园区承担着大学研究成果向企业转让和对新建企业的支持、加强人才培养和交流的职能。建立科技园区成为实现产学研结合,推动成果转化的有效途径。目前,韩国已建成或在建的大学合作科技园区有十几个。较具代表性的有首尔大学基础科学合作支援团、浦项工大产业科学研究所、大宇高等技术研究院、延世大学工学研究中心以及位于大田的大德科技园区。其中,大德科技园区无疑代表着韩国技术研发的最高水平。

大德科技园区是一个典型的政府驱动的科技集群,始建于1970年,经历了四个发展阶段:20世纪70年代基础设施的构建阶段;20世纪80年代研发能力扩张阶段;20世纪90年代创新产生阶段;2000年后集群形成阶段。其主要研发领域为生命工学、信息通信、新材料、精细化学、能源、机械航空等国家战略产业技术、大型复合技术和基础科技。园区内现有韩国科学技术院、韩国电子通信研究院、韩国原子力技术研究院、韩国生命工学研究院在内的多家科研院所,另外,还包括了忠南大学、大德大学等多家高校。汇集了众多专业研究机构、大学和企业的"大德谷"在产学研合作方面非常便捷,实现了研究设备等资源的共享,能够迅速将科研成果应用于企业生产,成为韩国的科技摇篮以及推动韩国经济成长的加速器。

截至目前,"大德谷"诞生了数以万计的科技成果,包括动态随机存取破储器、6.4万位芯片、64兆位芯片、断层摄像机、肾脏碎石机、黑猩猩基因组图、超薄膜分析技术等,已成为韩国政府加快技术创新体系建设的重要措施之一。

除了大德科技园区,为了加速科技成果转化,韩国科学技术研究院还设立了技术创新中心和技术商业孵化器,为那些具有新技术思想而无研究条件的人员提供研究场所和设备,使他们从事技术研究与开发。

3. 韩国产学研发展的特点

(1)重视人才,大力引进和培养科技人员

20世纪60年代以及70年代韩国产学研结合的特点是,民间企业本身开发能力未成熟,大学和政府研究机关也是研究开始时期,自然而然其研究开发目的是专业技术人员培养以及供给,以此作为外国技术导入的中间层消化吸收窗口合作中心。20世纪70年代中期,随着经济的高速增长,韩国为培养一批高级专业人才,在继续依靠自费和海外奖学金的前提下,1977年第一次确定了"国费留学制度"。1978年3月,文教部正式委托韩国教育开发院制订1978—1991年长期教育计划,主要内容包括扩充教育经费、强化职业教育途径、发展高等教育、加强基础科学教育。20世纪80年代,政府开始关注大学研究开发功能的培养,自1985年起,相继在大学建立起一些优秀的研发中心,包括科学研究中心、工程研究中心和地区研究中心。20世纪90年代,把科学技术人力政策的焦点放在了培养优秀科学人才上,把提高科学技术人才的竞争力作为科学技术人力政策的重点,提出要在2012年前,培养10所处于世界前

100位的研究性大学。引入"国家特别研究员"制度,培养1万名核心研究人员,着重研发韩国第十代新增长动力技术。实行优秀科学家国家管理制度,让有望问鼎诺贝尔奖的韩国科学家负责国家大型研究项目,并提供所需要的研究经费,向这些科学家提供相当于部长级官员的"国家要员级"的人身保护。1999年,韩国制订了"21世纪脑力韩国计划"。1999—2005年,理科博士培养人数从2 500人增加到4 500人,每年派2 000名博士后出国研修。除吸引海外科学家回国服务外,还制定了"聘用海外科技人才制度",大力引进外国科技人才。另外,韩国还对培养科技后备人才不遗余力:对优秀高中生设立"总统科学奖学金",被国内大学录取的学生四年大学期间可获得1 000万韩元,被国外名牌大学录取的可获5万美元的奖学金;凡是在国际科学奥林匹克竞赛中获奖的"科学英才",总统接见获奖者及其家长和老师,获奖者还可享受免服兵役的优待;对在韩国投资的外国高科技企业,鼓励他们在韩国设立研发中心,在研发中心雇用未就业的韩国理工科硕士博士,由韩国政府替外资企业发工资。

(2) 强化政府作用,充分发挥主导作用

韩国政府在推动产学研方面的作用非常重要,不仅最初的启动资金需要政府资助,而且政府的干预可以克服市场失灵,平衡外部经济与内在成本的矛盾冲突,保障社会公众享受科技成果带来的普遍权利。这些都不是企业和市场本身能够弥补和纠正的。在科技活动方面,政府的作用不单单表现在制定发展战略和相应法规,为产学研活动提供一个相对稳定的法制环境,还表现在不断加强政府科技机构并逐步提升其在政府中的地位。

1962年韩国在其国家经济计划院下设立了"技术管理局",于1967年成立了"科学技术处",首开欠发达国家建立科学技术政府机构之先河。1988年,韩国对科技管理机构进行了改组,成立专设机构"科学技术委员会",由副总理级官员任委员长,同时,将科技处升级为科技部。科学技术委员会负责科技工作的宏观决策和调控,对国家预算有分配权;科技部则负责制定和实施各项政策、规划,对预算进行具体分配,主管具体科技事务。为了协调政府各部门的科技政策和各行业科技审议机构的活动,成立了以总理为首,由各部门负责人组成的国家科学技术审议委员会和国家科学技术咨询委员会。国家科学技术审议委员会是全国科技政策总协调机构,由总理领导,各部的部长是该机构成员,负责审议科技部制定的科技政策、规划与计划,协调各部的科技政策和各行业科技审议机构的活动。韩国政府的科技主管部门经历了多次的调整,但每次调整后,科技主管部门的地位和管理权限都得到了大大加强。1998年政府重组时,科技部长官进入内阁,其排位从各部长官的末席一举跃升为24个部中的第8位,在经济部门中则仅次于财政经济部位居第二。1999年,将原由副总理领衔的国家科学技术委员会升格为由总统直接领导的国家科学技术委员会,科技部作为其执行机构。2004年,提升科技部部长为副总理级。

除上述决策和管理机构外,自20世纪60年代以来还陆续建立起准政府和民间性质的一批二级机构或团体,主要担负投资及管理、协调任务。其中科学技术团体总联合会的作用十分突出,实际上是韩国民间的"科技总部",在科技活动中拥有相当大的发言权。著名的产业研究院和开发研究院则被称为韩国政府的"左膀右臂",在制定产业政策和技术政策方面扮演着智囊团的角色。韩国通过调整科技部与其他相关部委的职能,地位和管理权限得到了大大的增强,逐步成为国家创新体系的中枢机构。如将原分散在产业资源部、信息通信部、教育部、农业部等有关部委的各领域科技政策,统一划归科技部协调;国家研发预算的划拨和管理,交由科技部执行;在科技部下成立科技创新本部(副部级)作为国家科学技术委员会的执行部门,负责科技政策和与科技创新相关的国家研发计划、产业和人才政策以及区域技术创新政策等方面的总体管理与协调;原由科技部承担的纯基础研究、应用研究、产业化支援等具体的研发促进职能,交由产业资源部、信息通信部、教育部、建设交通部执行,科技部重点从事大型集成技术、萌芽技术、目的性基础研究和科普等。

(3)创新合作模式,不断推陈出新

此处不得不提到的是在2000年成立的"产学合作基金会"(以下简称"基金会")。基金会依据《产业教育促进与合作法》修订案中的条款设立,将已有的众多促进产学研合作的机构和组织贯穿起来,形成体系化的科技成果转化机制。基金会是统筹所在高校的科研管理活动的中心,全权负责所有涉及产学研的合作事务。当时很多高校效仿美国的模式,设立科技转化办公室。但是这些科技转化办公室行政色彩浓厚,更多负责科技成果转化中与政府相关的事务,缺乏有效的激励机制和商业运作手段。基金会成立后,将科技转化办公室并入,同时整合高校内部其他与产学研合作和科技成果转化相关的组织与资源。

基金会具有独立法人的身份,可以整合专利申请业务,接管所有高校科研中产生的专利的权属。此前高校通常以研究者本人或提供项目经费的企业的名义申请专利,因而基金会的设立不仅提高了韩国高校保护和运用知识产权的意识,也防止了利用高校科研教学资源开发的专利的流失。基金会下设的科技转化中心发挥纽带作用。一方面,科技转化中心与科研人员建立密切联系,搜集所在高校的科研成果,通过专业化的团队集中进行专利运营(主要是转让给企业或是向企业出售使用许可)获取利润;另一方面,专利运营获得的利润一部分用作基金会投资者的投资回报(有时高达50%),另一部分作为研究者的成果转让补偿,剩余部分用以投资高校的基础设施建设。这样通过专利运营,科研成果和资金双向流动,形成了有机的良性循环,如图8-4所示。

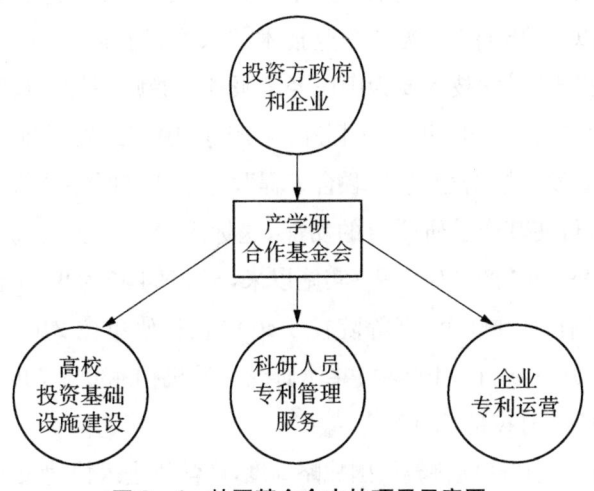

图8-4 韩国基金会支持项目示意图

基金会的实际运行结果不负政策制定者的初衷,自韩国引入了该机制3年来,高校的技术转化数目和盈利规模都有很大提升。高校尤其是获得私人部门资助较少的公立高校的专利申请和科研成果转化率都有了大幅度的提升。到2003年,韩国19所高校的科技成果转化数目为133件,是2001年58件的两倍多。与此同时,科技成果转化的盈利规模也从2001年的4.73亿韩元增长到2003年的19.13亿韩元,涨幅接近4倍。这些都可归功于产学研合作基金会的设立。另外,基金会不仅极大地促进了高校的技术成果转化,而且提升了高校科研人员的知识产权保护意识。如,首尔国立大学仅在2004年一年就获得260项专利,而仅仅3年前,韩国高校全年的专利数量还不到百件。高校专利数量的井喷式增长很大程度上得益于产学研合作基金会专业化的专利运营。

三、中国

1. 产学研合作发展的四个阶段

中国开展产学研合作主要经过三个阶段。第一阶段是积极探索产学研合作阶段(1985—1995年):1982年,中共中央与国务院根据经济和科技发展的形势,进一步制定"经济建设必须依靠科学技术,科学技术工作必须面向经济建设"方针,要求科技行业和经济行业发挥社会主义相互合作的优越性,整合力量,选择对国民经济发展有重大影响、与产业发展有密切关系的项目,以突破技术难关,以提高经济发展与产业技术的水准,增强国际的竞争力。1984年,中共中央提出"科学技术要为国民经济服务",激励高等院校将科技成果转化成实际的生产力。1992年,由国务院生产办(国家经贸委前身)、国家教育部、中国科学院发起推出"产学研联合工程",并组建临时办公机构,即"产学研工程"办公室,行使其产学研联合的功能,这标志着产学研正式由民间进入官方阶段。自1992年"产学研工程"实施以来,至1994年为止,全国参加产学研合作的企业已有34 300个、高等院校1 400所、科研单位2 170个,转让项目7 980项、合作开发项目8 400项、共建研究开发机构430个,共建成股份公司218个。(1994年科技部统计)。

第二个阶段是从实施科教兴国战略高度,产学研进入快速发展阶段(1995—2005年):1995年5月,中共中央、国务院正式出台《关于加速科学技术进步的决定》,该决定提出了实施科教兴国战略,并强调"继续推动产、学、研三结合,鼓励科研院所、高等学校的科技力量以多种形式进入企业或企业集团,参与企业的技术改造和技术开发,以及合作建立中试基地、工程技术开发中心等,加快先进技术在企业中的推广应用"。这是中共中央、国务院文件第一次提出产学研合作,标志着产学研合作正式纳入了科教兴国战略。同年,国家经济贸易委员会决定于"九五"计划期间,将进一步组织完善"产学研联合开发工程",逐步形成以企业为主体,并与高等院校、研究院所、技术服务机构共同推进技术创新体系及有效运行机制。1999年,中共中央、国务院出台《关于加强技术创新发展高科技实现产业化的决定》,指出"要加强企业与高等学校、科研机构的联合协作。根据优势互补、利益共享的原则,建立双边、多边技术协作机制,通过相互兼职、培训等形式,加强不同单位科技人员的交流。企业研究开发经费要有一定比例用于产学研合作"。

第三个阶段是从建设创新型国家的战略高度,产学研合作进入了又好又快发展阶段(2005年至今)。2005年,《国家中长期科学和技术发展规划纲要(2006—2020年)》明确指出,建设以企业为主体、产学研结合的技术创新体系,是全面推进国家创新体系建设的突破口。2006年1月,胡锦涛在全国科学技术大会上指出,"要建设以企业为主体、市场为导向、产学研相结合的技术创新体系,使企业真正成为研究开发投入的主体、技术创新活动的主体和创新成果应用的主体,全面提升企业的自主创新能力。"这标志着产学研合作已经上升到建设创新型国家的高度,纳入了国家创新体系建设。

2. 产学研合作的主要模式

二十多年来,中国产学研合作取得长足进展。在各级政府的引导下,企业与科研院所、高等院校积极运作、实施,通过专家咨询、技术转让、共建技术中心、共同研究开发、共办高科技实体等多种形式展开产学研合作。常见的产学研模式有技术转让、合作开发(包括委托开发)、共建实体三种。

(1) 技术转让

20世纪80年代中、后期至90年代初期,技术转让是中国产学研合作的主要形式,合作各方对新技术、新产品、新材料等的专利权、专利申请权、专利实施许可权、非专利技术转让等签订的技术合同,并遵循自愿平等、诚实信用和互利有偿的原则,使合作各方的责、权、利能得到保障和约束,合作各方在合作中以合同为依据,风险共担、利益共享。20世纪70年代末80年代初的技术转让,多伴有高校、科研院所与企业的教学、科研长期合作关系。20世纪80年代末后,技术转让多借助媒体或中介单位及其中介个人、大学和科研院所的某些技术优势特色或是知名度,多成为技术成果转让的前提和成交的重要因素。

(2) 合作开发(包括委托开发)

这是中国目前产学研合作的最主要形式。这有两方面原因:①是由于企业生存与发展的需要,是企业对于技术需求层次的提高,承担技术开发风险的能力增强。②是成熟的技术存量不足,特别是工程化的成熟技术存量不足。

随着科技的进步和经济的发展,学科日益高度分化,任何一个单位都不可能在所有领域处于全面领先的优势地位,许多技术项目需要通过合作开发(包括委托开发)、优势互补的方式攻克技术难关,实现高技术产业化。合作开发(包括委托开发)项目均是企业生产过程中面临并需要尽快解决的技术难题,或是企业认为有市场潜力的新产品,多数是企业同行竞争中提出的问题,目标高、时间紧、对技术开发中周期有明确要求、技术开发难度大,一旦被其他企业捷足先登占领市场,其开发后的效益将严重受损。

(3) 共建实体

共建实体是产学研合作最高级、最紧密的形式,也是最有成效、最为成熟和最终希望建立的合作方式。虽然这种模式在目前产学研合作中所占比例不高,但却反映出产学研合作的主要趋势。企业与高校、科研院所组建的不同形式的联合实体,主要包括联营企业(工厂、公司)、研究与开发机构(研究开发中心、中试基地、开放型实验室、研究所等)以及联办学院、共建工程研究中心等。

共建实体的特点有:①作为共建实体,多伴有教学或科研方面的长期合作关系。高校与科研院所作为人才科研培训基地,沟通了合作的信息渠道,构造了松散乃至紧密合作的桥梁;通过成果转让,合作开发从相识到相知,知根知底,从而建立起良好的人际关系,为共同建立实体,奠定了坚实的基础。②共建实体各方有共同发展目标和利益趋向。共建实体是高校、科研院所共同发展目标的最有效的形式。企业的发展离不开科学技术,而高校、科研院所在人才、科学技术方面的优势恰是企业所需。③合作各方技术、条件上的互相信赖与互补。高校、科研院所拥有知识产权,扎实的专业基础与理论功底,获取科技信息相对快捷;企业所具有的明显优势,如生产的资金、场地设备条件、产品开发、营销和经营管理能力等优势,有利于产学研各方的紧密合作,加速成果转化。④有比较合理的管理体制与运行模式。所建实体的管理基本上参照合资企业、股份制企业的组织与管理体制与运行模式。⑤合作各方责、权、利关系明确。合同一般均有合同各方的责、权、利关系的约定。在投入上,企业以资金、场地、设备、营销等入股,而高校、科研院所用科技成果、实验室及其设备、技术或部分资金入股,体现风险共担。在权益上,若有合作各方共同研究开发的成果,则由合作各方共有,若是高校、研究院所研究开发的成果,权益则由高校或是科研院所享有。

3. 产学研合作的具体形式

(1) 科技园区模式

政府、高校、科研机构和企业共同合作,以推动科技创新为目标,资金和项目为纽带,大学和科研院所的技术和人才为依托,通过签订合同、协议等法律文件,按照社会化运作方式建立区域性科技园,设立园区内创业服务中心等孵化器。

中国的科技工业园的发展经过了三个历史发展阶段。第一阶段是孕育试验阶段(1983—1988年),1988年创办的北京市新技术产业开发试验园是第一个国家级科技工业园区。第二阶段是初步发展阶段(1988—1993年),国家出台了相应鼓励政策,各地政府纷纷响应,高等学校积极参加,国家级工业园区不断扩张。第三阶段是完善发展阶段(1993年至今),1993年全国高校科技产业工作会议的召开和1994年《关于高等学校发展高校技术产业的若干意见》的颁布,掀开了大学科技园建设的新篇章。作为产学研结合的产物——大学科技园,以大学的科技、人才、资源为依托,以创办有持续创新能力和国际竞争力的高科技企业或企业集团为主线,形成了产学研结合的一体化发展模式。

目前的科技园区已经初步形成了研究基地、孵化基地和产业基地的有机链接,从而形成了园区内的产业群、企业家群,进而产生规模集聚效应,基本实现了高科技产业群的高速发展。清华大学科技园和北京大学科技园建成面积已超过10万平方米,上海交通大学利用学校周边闲置厂房,更新改建为培育高新技术企业的孵化器。在"十一五"期间,我国加快了大学科技园的建设,建设功能健全、特色突出、创新创业环境良好的大学科技园100处,使之逐步成为技术创新的基地、高新技术企业的孵化基地、产学研结合示范基地。

(2) 研究中心模式

高校、科研机构和企业通过签订合同,合作设立科研开发中心等相对独立的研发机构。研究中心的主要功能是向企业提供技术资源,并通过与企业的联合实验,使成果迅速转化为生产力。这类合作还催生了联合培养科研人才的新方法。研究中心模式实际上是产业技术创新联盟内部建立技术共享平台的体现形式,这种模式目前在我国陆续创建,取得了一定成效。

(3) 附属研究院模式

根据企业自身发展的要求,由高校和科研院所提供智力支持,在该企业内部建立附属研究院。高校和科研机构根据约定，派遣专家入驻企业或定期到企业进行人才培养、开展科技攻关，展开长期合作。这是产学研合作的一种特殊形式，其优势是能够让企业进行有针对性的技术开发，使研发的产品更贴近市场需求，从而增强企业的市场竞争力。这种模式最大的特点是让企业掌握了核心科技，拥有一批自主知识产权，增强了中国企业在市场竞争中的话语权。这一模式已被一些具有实力的企业成功实践并取得了成效。

(4) 项目联合模式（产学研联盟）

这是产、学、研三方以某一科技项目为载体进行长期合作，并通过签订合同、协议等法律文件构建产业技术创新联盟。该模式通过单一的项目合作有效地凝聚和整合了各方的优势和资源，以最快速度使试验室项目转化为生产力。通过构建联盟使教育、科研和产业之间建立起比一般性合作更紧密的关系。这是我国目前大量存在的产学研联盟的基本形式。

4. 中国产学研发展的特点

(1) 中国产学研合作政策体系渐趋完善

截至2016年底，通过检索产学研相关关键词，仅中国知网，列出的各种研究文章就有2 092条。而国家层面（包括中共中央、国务院、全国人大、国务院所属部委）关于产学研协同创新的各种政策文件信息大约在1 575条。政策形式有25种，其中包括法律、法规、意见、规划、通知、方案、纲要等。从政策制定主体看，有国家最高权力机构制定的法律（包括宪法、基本法和部门法），有地方权力机构制定的地方法规（自治条例），有我国政府和其他国家政府或国际组织之间签订的国际法（国际条约、公约、协议、备忘录等），有国务院制定的行政规章、国务院所属各部委制定的部门规章和地方政府制定的地方行政规章，还有产学研合作促进主体内部的规章制度等。此外，还有中央制定的一系列政策（包括重要领导人的讲话、报告、决议、纪要、决定、通知）以及党中央、国务院联合制定的政策等。

(2) 中国产学研合作经费投入稳步增长

随着创新驱动发展战略深入实施，中国产学研合作飞速发展，政府、企事业单位对高校经费支持节节攀升。从经费上看，全国高校获得政府科技经费由2012年的602.45亿元增长至2016年的856.21亿元。高校获得企事业单位委托经费由2012年的367.38亿元增长至2016年的413.74亿元。2016

年,全国高校获得科技经费总额为 1 356.12 亿元,其中,来自政府和企业事业单位委托分别占 63.14% 和 30.51%。

(3) 中国产学研技术成果输出快速增长

近年来,中国创新能力迅速提升,技术市场快速发展,技术合同交易额逐年上升,从 2011 年的 4 763.6 亿元增长到 2015 年的 9 835.79 亿元。高等院校、科研机构和企业在推动技术市场交易、促进国家经济社会发展及服务国家创新驱动发展战略中发挥着极为重要的作用。从产学研技术输出合同成交额看,2011—2015 年,全国高等院校技术输出合同成交额由 248.6 亿元增长至 314 亿元,科研机构技术输出合同成交额由 260.4 亿元增长至 560 亿元,企业技术输出合同成交额由 4 119.3 亿元增长至 8 476.92 亿元。①

(4) 中国产学研合作创新成果大量涌现

近年来,中国产学研合作创新成果快速涌现,以中国产学研合作促进会设立的中国产学研合作创新与促进奖为例,可说明产学研合作成果发展现状。截至 2016 年,中国产学研合作创新和促进奖共评选出各类奖项 2 492 项。其中,产学研合作创新奖 868 项、产学研合作促进奖 793 项、产学研合作创新成果奖 733 项、产学研合作突出贡献奖 70 项。产学研合作创新奖由 2009 年的 98 项增加至 2016 年的 164 项,产学研合作创新成果奖由 2009 年的 70 项增加至 2016 年的 161 项。2015 年,中国产学研合作创新与促进奖一等奖为 27 项,二等奖 42 项。2016 年该奖项的一、二等奖数量分别增加至 49 项、51 项,共有来自全国内地 19 个省、市、自治区的 144 家高校、科研院所和企业分享了一等奖的殊荣。②

四、中日韩产学研现状的比较

1. 共同点

综观中日韩三国的产学研合作现状,不难发现有着众多的共同点,归纳起来主要有以下 3 点。

(1) 受共同的利益驱使。产学研各方之所以能达成一致,最根本的原因就是受利益的驱使,如果产学研合作不能使各方的利益实现最大化,就没有存

---

① 数据来源:根据 2012—2016 年国家科技部《全国技术市场统计年度报告》整理。
② 数据来源:根据中国产学研合作促进会中国产学研合作创新与促进奖资料整理。

在的必要。

（2）政府的大力扶持及资助。政府的扶持对产学研合作有着巨大的推动作用。不难发现，中日韩三国产学研发展的历程中，政府的支持和干预是不可或缺的。各国无一例外制定及颁布了大量支持产学研发展的计划、法律法规，都是为了保障产学研合作能够顺利有效地进行，政府的各项资助措施也为产学研合作提供了最初的启动资金。

（3）充分发挥各种组织的作用。除了政府在合作中的推动作用外，各种组织也起到了很好的中介作用，这些组织和当地金融机构、学术团体、民营机构紧密联系，使科学发展及合作创新成为全民的共同事业。

2. 不同点

通过比较分析，中日韩三国产学研现状的区别如表 8-1 所示。从政府支持力度来看，韩国最强，中日次之；在政府作用方面，分政府引导和政府控制；主要模式及发展特点方面，日本强调资助在大学内或附近创办的股份制企业，韩国则强调政府组建的企业化运作机构，中国则大力推动创新企业的设立和成果的转化。

表 8-1　　　　　　　　中日韩三国产学研情况一览

国别	政府支持力度	政府作用	主要模式	发展特点
中国	力度强	引导	● 技术转让 ● 合作开发 ● 共建实体	● 产学研合作政策体系逐渐完善 ● 产学研合作经费投入稳步增长 ● 产学研技术成果输出快速增长 ● 产学研合作创新成果大量涌现
日本	力度强	引导	● 共同研究 ● 委托研究（委托研究员） ● 共同研究中心 ● 科技城	● 不断健全相关法制，保障合作健康发展 ● 推进行政体制改革，灵活发挥中介的效果 ● 打破体制和地域的界限，促进研究人员自由流动
韩国	力度最强	控制	● 共同研究 ● 科技园区 ● 基金会	● 强化政府作用，充分发挥主导作用 ● 重视人才，大力引进和培养科技人员 ● 创新合作模式，不断推陈出新

第三节 "一带一路"是中日韩深度合作的优秀平台

2015年3月,中国政府正式公布《推动共建丝绸之路经济带和21世纪海上丝绸之路的愿景与行动》,"一带一路"倡议步入实施阶段。在讨论和推动实施"一带一路"建设的过程中,我们关注的重点地区主要集中在中亚、东南亚、南亚以及中东、东非地区,较少有人注意到"一带一路"与东北亚地区的关系。如果仅从传统的"丝绸之路"或"海上丝绸之路"的路径来看,东北亚地区在"一带一路"倡议中的重要性也许确实不如欧亚大陆。但如果从推动我国与周边国家利益共同体甚至命运共同体建设的大视野来看,东亚国家则同样是"一带一路"倡议的重要合作国家。

首先,从地势来看,"一带一路"倡议通过海陆两条线将推动形成欧亚大陆经济整合的大趋势,在区域结构上将推动形成一个联通欧亚非三个大陆的"海陆闭环"。如果说这个"海陆闭环"的西部终端在欧洲合拢,那么其东部终端的合拢地就是东亚。早在1994年,日本著名学者森岛通夫就提出创建"东北亚共同体"和"亚洲共同体",认为推进以中日韩三国为核心的亚太合作是三国今后的唯一的选择。

其次,从国际形势来看,在当今全球经济体系的三大主力板块中,西欧有着不断扩大的欧盟,北美拥有成熟的北美自由贸易区,面对欧盟和北美区域一体化咄咄逼人的态势,为了在国际经济事务包括多边贸易谈判中以一个声音说话,东亚区域的整体合作已成为当务之急。而在东亚区域合作中,中日韩合作最为重要。原因在于,以中国为中心的传统的儒家思想将东亚置于统一的意识主流之下,以日本为核心的产业梯度转移将东亚置于统一的经济圈之中,韩国经济迅速崛起的示范效应则为东亚发展中国家指明了经济发展方向。

但是由于诸多原因,东亚区域的合作进程目前受到干扰,"磕磕碰碰"已成中日韩三国关系的新常态。将传统友好和经济互补等优势转化为中国与沿线国家合作的效益,而此次中国政府提出的共建丝绸之路经济带和21世纪海上丝绸之路的"一带一路"倡议,为东亚区域合作和多彩发展呈现了新的发展机遇,也为民间外交和文化交流提供了崭新平台。

一、中日韩有着"一带一路"合作的历史渊源

事实上,中日韩合作开拓"一带一路",有着唇齿相依的历史渊源。早在两千多年前,亚欧大陆的两端就开启了对话,雄才大略的汉武帝遣臣子开辟的丝绸之路也由此肇始。中国秦汉时期,古丝绸之路已形成并逐步发展,到隋唐时期,进入最繁荣的阶段。唐宋时期,凭借先进的航海技术,我们的祖先成功开辟了通往西方的海上丝绸之路,将中国和世界的众多国家联系起来。而在古丝绸之路,就一直出现来自朝鲜半岛和日本列岛的身影。

历史上,东亚各国间的交流长期以中国为中心,呈辐射状,日本奈良曾是丝绸之路的东方终点,公元710年到公元784年奈良曾是日本的都城,定名为平城京,其城市的布局是模仿唐朝长安建造的。考古发现,在日本新泽千冢古墓中发现了许多古罗马、波斯的玻璃器,它们不但与三燕文化因素共存,而且与冯素弗墓中出土的玻璃器颇为相似。专家认为,这些器物应是经由中国辽西地区传到日本的。在朝鲜半岛发现的一些金器、具有佛教文化元素的遗存物、马具等也是通过同样路径传去的。在宋代以前,中国与东半球许多国家的"海上丝绸之路"都已先后形成。在东亚邻国中,与朝鲜半岛往来最早。在公元8世纪新罗时期,韩国民众主要利用北方海路、黄海海路和南方海路,通过中国间接地与其他国家进行交流。韩国民众从古丝绸之路中获益,包括贸易,还有新思想的引入。新罗僧人慧超大师就是沿着海上丝绸之路去印度求法的。

"丝绸之路"作为物质文明的象征,最初是东西方贸易路线的术语。"丝绸之路"使沿途各国互通有无,商贸兴盛,文明融合,呈现祥和繁荣景象。从东亚文化交流的角度考察,"丝绸之路"其实又是文化交流之路,故有学者称其为"书籍之路"。日本遣隋遣唐使均以购求书籍追求学问为重任,古代"书籍之路"横贯亚洲,无论是在国家管理还是在日常生活等方面,中华文明对东亚地区的文化发展都产生了重要的影响。① 有学者根据文献中的记载总结出了"古丝绸之路"中日韩文化交流的5条通道(辽东道陆路、辽东道水路、山东道、吉林道和较晚出现的江浙道水路)。1980年中日合拍《丝绸之路》,让许多人真正

---

① 王勇:《遣唐使时代的"书籍之路"》,《甘肃社会科学》2008年第1期。

了解这条举世闻名、蕴涵丰富人文历史文化的古代商道;2004年中日媒体再度携手,重拍《新丝绸之路》,依靠强有力的学术理念支持,深入古道沿线文化特征地区进行拍摄,探询当地人文地理和历史文化的变迁。中日两度合拍《丝绸之路》不仅在日本、东亚地区,也在国际上引起了巨大反响。日本民众对丝绸之路爱得深沉,也是一种大陆情结的释放。

古丝绸之路是一条文化交流之路,文化的影响力超越时空、跨越国界。东亚各国在相互交流中,形成了本地区的文化特征。池田大作先生对此有精辟的总结:"东亚地区的文化,特别是构成其潮流的风土人情、精神思考,具有什么特征呢?——大概可以说这地区贯通着一种'共生的道德气质'。在比较温和的气候、风土里孕育出的一种心理倾向,就是取调和而舍对立、取结合而舍分裂、取'大我'而舍'小我'。人与人之间、人与自然之间,共同生存,相互支撑,一道繁荣。而这种气质的重要源头之一是儒教,自不待言。"

"丝绸之路"体现了人类跨越阻隔、交流互鉴的胆识和毅力,在古代东亚区域国与国之间及东西方文明交流交往历史中写下重要篇章。历史告诉我们,以和平合作、开放包容、互学互鉴、互利共赢为特征的丝绸之路精神,值得今人继承和弘扬。推进"一带一路"建设,是继承历史遗产,共同开创未来的深刻启迪。

二、中日韩有着"一带一路"合作的现实需要

中日韩合作开拓"一带一路"有着深度融合的现实需要。中日韩是亚洲重要国家和世界主要经济体。三国人口总和超过亚洲的1/3、世界的1/5,经济总量占亚洲的70%、世界的20%,贡献了亚洲经济增量的70%和世界经济增量的36%,堪称世界经济版图和国际经贸合作的稳定增长极。三国地缘相近,优势互补,近年来经济合作逐步深化。全球经济仍处在危机后的低迷期,中日韩等东亚国家经贸稳定发展,对于引领亚洲发展具有重要作用。2015年,三国贸易总额达到6 257亿美元,人员往来近2 400万人次。[①] "一带一路"倡议强调开放性,三国可以共商共建和共享,可以发展战略对接。

[①]《外交部副部长张业遂在"首届中日韩公共外交论坛暨2016年中日韩合作国际论坛"上的致辞》,《中国日报》2016年4月。

韩国政府近年提出了作为韩国经济外交构想的"欧亚倡议"（新北方政策），旨在通过欧亚地区国家间的经济合作，扩大韩国对外贸易，带动朝鲜开放，消除朝鲜半岛的紧张局势。在"欧亚倡议"框架下，韩国正在推动"丝绸之路快线"计划，其操作是通过连接国际物流来实现经济合作，同时通过加强人文交流和往来，进一步拉近欧洲大陆和亚洲大陆之间的政治、外交关系。这与中国"一带一路"的构想有相当部分的重叠，探讨双方的合作方式是一件互利互惠的好事。韩国的"欧亚倡议"关注的重点地区是朝鲜和俄罗斯，同时涉及中国的东北三省；而中国的"一带一路"则把重点放在了中国中西部和中亚以及中国东南沿海和东南亚、南亚、东非等地区。如果中韩两国的这两大构想实现整合，将会出现横贯欧亚大陆的三条主干线，辐射区域可以完整覆盖整个欧亚大陆，由此所带来的欧亚经济融合的广阔前景十分令人鼓舞。20世纪90年代末，桥本内阁也提出过"丝绸之路外交"战略，谋划"中亚攻略"。中国"一带一路"倡议和日本的"丝绸之路外交"、国家正常化战略有不少矛盾之处。基于东亚共同体建设目标的中日战略互惠的基础又非常脆弱，中日政府间暂时难有大的战略性合作。但是，作为全球化时代的第二、第三大经济体，大幅度弱化彼此经贸关系并不符合双方的利益。作为"安倍经济学"新三支箭，日本内阁2015年10月提出了旨在振兴经济和改善民生的"一亿总活跃社会"的目标。目前，两国关系已出现"适当回温"的迹象，双方应当努力在"一带一路"合作上达成更多的共识。中日在东亚区域合作方面有着很大的空间，无论在环境保护、节能减排、汽车发动机等技术方面，还是在城市垃圾回收和再利用、公交地铁运营等市政精细化管理方面都有着广阔的领域。双方还可以尝试在第三国的项目合作方面互相协调，取长补短，实现互利共赢。

中日韩最理想的经济局面是，发挥各自优势，形成互利共赢的自贸区。中日韩合作既有良好的现实基础，又有广阔的发展空间。以加快中日韩自贸区谈判进程为抓手，积极推进东亚一体化建设，可能是当务之急。以充分发挥各自比较优势为基础，积极推动在重大基础设施建设等领域建立跨国合作模式，将中国装备制造的性价比优势同韩日高端技术、周边国家的发展需求紧密结合，开展国际产能合作，打造三方合作新品牌，可以为各自经济增长和全球经济复苏增添新动力；以加强创新政策交流为引领，将中国创新驱动发展战略、韩国创造型经济政策、日本科技立国政策相对接，探讨在软件和信息技术服务领域,特别是移动互联网、云计算、智慧城市、大数据等领域的合作,促进亚洲地区的可持续发展和共同发展。①

1. 日本与中国合作"满足亚洲基础设施需求"的愿望

从产业合作的角度,中国面临经济新常态下的经济调整、产业转型、要素整合、制度创新等新约束,亟须谋求技术和产业创新。而日本在新型汽车、电子工业、精密仪器、机器人产业化、新材料开发、数控应用、专利创新等工业硬件领域的世界占有份额高,日本多年海外投资积累的经验和遭遇的失败,日本经济需要中国概念和元素的拉动等互利互鉴因素,都使中日产业合作的潜力和空间依然对彼此具有吸引力。

特别是在基础设施领域,日本是世界上最具有基础设施建设技术和经验的国家,在包括中国在内的很多亚洲国家,日本都有合作项目。例如北京首都国际机场,就是中日在基础设施领域合作的典型。在2013年日本政府提出的"日本再兴战略"和2014年日本政府公布的"新经济成长战略及长期政策蓝图"中,都将海外基础设施建设作为今后日本获取效益的领域之一,日本企业也希望能在亚洲地区继续扩大相关业务。像日立、东芝、三菱重工、川崎重工等日本企业的盈利重点都是基础设施领域。日立在欧洲、亚洲获得大量的高铁项目,东芝及三菱重工在海外频频拿到发电厂建设项目订单。此外,日本企业还积极参与项目的运营、管理、维修保养以及更新业务等。"一带一路"规划,基础设施建设先行。今后,"一带一路"沿线上将会有大量社会基础设施项目开工,中日两国企业可以共同参与开发合作,加强基础设施建设规划、技术标准体系的对接,共同推进国际通道建设,将中国的价格、高效等竞争优势与日本的工程、运营管理技术优势相结合,形成合力走出去。例如,在高铁领域,中国在车厢、铁轨、桥梁建设等方面具有优势,而日本在车辆的牵引系统、制动系统等核心部件制造以及高铁运营、管理等方面竞争力强,双方可以实现优势互补,共同承担高铁建设工程。另外,在基础设施建设领域,中国在积极探索多元筹资的 PPP 模式,欢迎国内外民间资本投资"一带一路"PPP 项目,日本民间资本可以参与其中,获取收益。

---

① 《外交部副部长张业遂在"首届中日韩公共外交论坛暨 2016 年中日韩合作国际论坛"上的致辞》,《中国日报》2016 年 4 月。

2. 韩国与中国和东北亚合作的"新北方政策"

韩国作为中国的近邻和战略合作伙伴,一直密切关注中国倡导的"一带一路"。2014年10月,韩国曾计划加入亚洲基础设施投资银行意向创始成员国,后迫于美国方面的压力而暂时未果。2017年9月,韩国文在寅政府提出了"新北方政策"(New Northern Policy)及其落实措施"九桥战略"(9-Bridges),通过与俄罗斯在远东、北极的合作,欲开拓新的资源能源基地,打造新的战略走廊。"新北方政策"是相对于韩国历史上的"北方政策"而言的。20世纪80年代末,卢泰愚政府开始实施"北方政策",其目的在于增加韩国与社会主义阵营国家间(尤其是中国和苏联)的经济合作,实现同中国、苏联等社会主义国家关系的正常化,并最终改善半岛紧张关系,实现国家统一。然而"北方政策"在实施过程中并未取得理想效果。2010年天安舰事件后半岛关系持续紧张,以及越来越明显的区域经济一体化发展趋势,迫使韩国调整北方政策以缓和半岛关系,增加与中俄等北方国家的经济合作。"新北方政策"应运而生。2013年10月,在韩国对外经济政策研究院(KIEP)举办的"欧亚时代的国际合作"会议上,时任总统朴槿惠提出了"欧亚倡议",即"新北方政策"。

韩国的"新北方政策"、中国的"一带一路"倡议相辅相成,在思路上有着共通之处,如果将两者进行对接,即可在两国各层级政府间政策沟通、基础设施联通、投资贸易、资金融通、人文交流等具体领域推进两国深度合作,可为中韩两国、整个东北亚地区甚至欧亚两大陆带来红利,推动各个经济体的共同发展。通过"新北方政策",韩国将依托中国、俄罗斯和欧盟,有望获得更强的自主能力,把本国命运握在自己手中。

中国倡导的"一带一路"建设也需要韩国,韩国参与"一带一路"可带来中韩双赢的效果。对韩国来讲,积极参与"一带一路"共建可为韩国经济发展带来新的活力,保持其经济的可持续增长。若参与亚洲基础设施投资银行,则可在一定程度上摆脱韩国在现有国际金融机构中份额偏低、与其经济实力不符的困境,提高韩国的国际地位。对中国来讲,韩国的参与可以带动朝鲜和日本加入,从而实现"一带一路"东部终端在东北亚地区的合拢。另外,东北亚国家通过共同参与"一带一路"建设,对目前举步维艰的东北亚经济整合或许也会产生意想不到的促进效果。

总之,"新北方政策"和"一带一路"的对接与整合不仅可以大幅拓展两大构想的辐射区域,也将为深化中韩两国之间的双边合作乃至东北亚地区的多边合作带来新的机遇。

3. 开展民间合作是中日韩优势互补、共赢合作的重要形式

近年来中日韩因摩擦不断导致深化合作面临障碍,形成"东亚困局"。而"一带一路"可以凝聚东亚区域合作的更大共识,这种共识有助于超越分歧、互利共赢,开创东亚区域合作新愿景,撰写"亚欧时代"的新传奇。

日经新闻常务董事竹冈伦示说过,中日韩三国之间除了有被称作"第一轨道"的政治和外交关系以外,还有更坚固、更大和更宽的"第二轨道"的文化交流、民间交流关系。"国之交在于民相亲",通过文化与民间交流增进国民和青少年之间的相互理解的公共外交在改善国与国关系方面起着至关重要的作用。国务院新闻办原主任赵启正说,"军事安全、领土主权等问题,绝不是公共外交能解决的。但是我们可以通过交流沟通,推动三国民意的改善,为问题的解决营造好环境。民意好转了,就给政府采取友好政策开辟了空间。这应当是公共外交追求的目标。"

公共外交,就是民间外交,是一项民心工程。中日韩都是东亚文化的传承者,深受汉字、围棋等传统文化的影响,汉风、韩流、酷日本在东亚三国都备受欢迎,在动漫、游戏、机器人、影视作品方面,中日韩的年轻人其实是共同成长的,他们的流行文化极其相通。民间外交实际上就是包括青少年交流、地方交流、观光交流等内容的交流,三国开展民间外交合作具有天然的优势,这是支撑国民之间相互理解和友好的基础。2015年、2016年中国国民赴日观光人数分别创下500万人和637万人的纪录。这对中国国民理解日本起了很大的作用。

中日韩一衣带水,是搬不走的邻居。三国合作要想做实做深,需要牢固的政治基础和广泛的民意支持。正所谓"基础不牢,地动山摇"。只有本着正视历史、面向未来的精神,才能打牢三国合作的政治根基,这需要我们从大处着眼,认清三方共同利益远大于分歧,客观理性看待彼此的发展。我们要本着负责任的态度,正确引导舆论,相向而行,排除干扰,为三国推进各领域合作创造良好条件,进一步促进东亚多姿多彩的发展。

三、中日韩有着"一带一路"合作的可行性

从东亚地区各国自身情况来看,东亚地区人口众多、宗教文化多样、发展

模式各异，在过去数十年间成为世界上发展最快、成就最大的地区之一，区域合作也取得积极进展。中日韩三国互为重要邻邦，在东亚多姿多彩的发展过程中，三国均做出了杰出的贡献。

经贸方面，经过二十余年的发展，中日韩三国经贸联系日益紧密。据中国海关统计，2012年中国货物进出口总额为38 667.6亿美元，进口额为18 178.3亿美元。中国对日本的出口额为1 516.5亿美元，进口额为1 778.1亿美元；对韩国出口额为876.8亿美元，进口额为1 686.5亿美元。由此可见，以中日韩三国为主的东亚区域内部相互贸易、投资迅速增长，以贸易、投资便利为纽带，部分地消除了区域内经济合作中存在的障碍，使得中日韩三国间相互依赖程度与经济融合度不断加强，实际上已经形成了基于市场力量的功能性经济一体化。同时三国在其他领域也开展了广泛而深入的对话与合作。这些都为建立中日韩经济进一步深入合作打下了坚实的现实基础。

文化方面，中日韩山水相连，文化根基一脉相承。2015年11月30日在首尔举行的"东北亚名人会"第十次会议上隆重发布了三国学者历时6年共同努力的成果——《中日韩共用常见808汉字表》（以下简称《汉字表》）。在印有808个汉字的书法墙上，三国前领导人曾培炎、李洪九和福田康夫分别挥墨写下了"和""平和"与"温故创新"的题词，表达了对汉字表推动中日韩文化交流、排除沟通障碍所寄予的期望。"东北亚名人会"之所以能在艰难的环境下不间断地举办了十年，最重要的工具就是三国之间共享的文化。《汉字表》的发布具有里程碑意义，将融入到三国的民间交流和学生课程中去，推动未来三国在各领域的发展。可以说，在中日韩各方共同努力下，三国的合作正在回归正轨，而作为东亚区域文化交流的优秀平台，"一带一路"倡议可以助力建设三国的民心相通工作。全国人大常委会原副委员长许嘉璐从文化的视角点明三国合作的基因："中日韩三国是一个命运共同体。三国人民最渴望的，还是在文化上相通、心灵上相连，渴望和平相处。"

在此基础上，中日韩在"一带一路"框架内的合作，一方面，可以取长补短、规避风险，达到最大程度的合作共赢，进而把东亚地区的活力和中亚地区丰富的资源、欧洲的先进技术与市场等因素有机结合在一起，为亚洲乃至欧亚大陆、全世界的发展与和平作出更大贡献。另一方面，共同弘扬东亚传统美德，深耕人文社会交流，为东亚区域人民增添更多福祉，是"一带一路"倡议的重要内容之一。中日韩三国具有相似的文化背景,文脉相承的人文优势和民心民意是三国合作的社会基础。应对少子老龄化的挑战、社会保障、节能环保等内容都是区域开展人文交流、合作研究的重要课题。

第四节 "一带一路"倡议下产学研合作交流新模式构建

在中共十九大上,习近平总书记指出,"创新是引领发展的第一动力,是建设现代化经济体系的战略支撑",并明确提出"加快建设创新型国家"。实施创新驱动发展战略,是中国应对发展环境变化、把握发展自主权、提高核心竞争力的必然选择,是加快转变经济发展方式、引领经济发展新常态、保持中国经济持续健康发展的必由之路。随着科学技术的进一步创新,特别是人工智能、机器人领域的不断突破,由机器人力代替人力的新一次"产业革命"正在快步向我们走来。世界各国也感受到了创新对于经济发展的巨大推动作用,各国都在不断探索促进创新的战略、路径与模式,尤其是符合本国自主创新能力的合理模式。

中国产业界越来越感到,光靠过去的成本优势已经无法保持领先优势,必须逐步转向研发创新,推进产学研用深度融合。通过建立企业主导产业技术研发新机制、培育壮大引领发展的创新企业群、推进产学研协同创新,才能不断保持优势。而在日本和韩国,也面临着日益加剧的国际贸易摩擦、由少子老龄化带来的产业空洞等一系列问题。必须不断创建新的产学研合作模式,促进产学研进一步融合,夯实创新发展的基础支撑,通过机制创新、资源整合等,推动创新要素高度聚集和创新资源优化配置,提升不同国家不同区域自主创新能力、产业竞争能力、对外开放能力和辐射带动能力,打造推动创新创业和引领创新发展的强大引擎。

一、强化合作,发展产业技术创新战略联盟

产业技术创新战略联盟是指由企业、大学、科研机构或其他组织机构,以企业的发展需求和各方的共同利益为基础,以提升产业技术创新能力为目标,以具有法律约束力的契约为保障,形成的联合开发、优势互补、利益共享、风险共担的技术创新合作组织。

在推进国家创新战略、加快建设创新型国家的历史进程中,着力构建产业技术创新战略联盟,至少有三个方面的迫切需要:①目前中国多数产业已经发展到了整体技术水平需要上台阶、大量共性技术亟待突破的关键阶段,产业界对共性技术的需求十分紧迫。②资源、能源及环境问题已成为中国发展的巨大瓶颈,而这些技术的开发具有投入大、时间长、短期效益不明显等特点。在一些集中度较低的行业中,单一企业缺乏足够的开发力量,而企业竞争的排他性也不利于向整个行业推广。③大飞机、大型船舶、高参数火电以及核电、载人航天、高速重载铁路、油气开采及输送等国家重大工程,在运行质量、寿命、安全等方面,需要一个系统的强有力组织作为技术支撑。

产业技术创新战略联盟是市场经济条件下产学研合作的崭新形式。这种新型的产学研合作,不同于以往那种单项、粗放、个体性交易等简单形式的产学研合作,也不同于以往那种行为短期化、组织松散化、缺乏稳定合作机制和持续内在动力的合作,而是聚焦高端、立足长远的战略合作,是多方参与、多元模式、多种结构,具有稳定合作机制的长期合作。由于它立足于国家重点产业、重大科技专项、重点产业创新发展工程的战略需求,有共同的目标和共同的利益作纽带,在战略层面上形成了协同创新的长效机制,具有持续有效的内在动力,因而能够以一定的联盟形式建立长期的战略合作关系,进行协同创新、持续创新。

通过这几年来的实践,产业技术创新战略联盟引领产业发展和技术进步的作用正在显现。联盟围绕产业技术创新链开展集成创新,突破产业发展的核心关键环节,推动了产业技术进步,促进了战略性新兴产业的培育和发展。例如,钢铁可循环流程联盟攻克了新一代钢铁可循环流程工艺六大关键技术,应用到曹妃甸新首钢建设工程中,并开始在行业中进行推广;煤化工联盟开发流化床甲醇制丙烯关键技术工业试验取得成功,主要指标处于世界领先水平,对推动中国煤化工产业转型升级具有重要意义;TD联盟开发的 TD-SCDMA 技术标准进入规模化商用,中国具有自主知识产权的 3G 产业得以形成;半导体照明联盟开发的半导体节能照明技术和产品在北京奥运场馆成功应用,已在全国多个城市进入规模化推广;煤炭开发利用联盟实现采煤大型液压支架国产化,打破国外封锁,提高煤矿采掘效率和安全生产水平。在联盟这种新型技术创新组织的带动下,越来越多的企业、大学和科研院所开始积极探索持续稳定的产学研合作模式,通过体制机制创新推动技术创新。

二、拓展合作,构建跨国技术创新体系

"一带一路"倡议弘扬丝绸之路的内在价值,秉持共商、共建和共享的基本原则,致力于打造政治互信、经济融合和文化包容的利益共同体、命运共同体、责任共同体。基于共谋发展与互利共赢的理念,按照共商、共建和共享的原则规划并加深其间的经济合作,最终实现民族的伟大复兴。"一带一路"奉行以"通路"为基础的共同发展理念,强调国家要想发展,必须先"修路",不仅是有形之路如高铁,更是无形之路如心灵之路。"一带一路"建设不只是传统意义上的通道建设,而是旨在通过政策沟通、设施联通、贸易畅通、资金融通、民心相通"五通"代表的"互通互联",构建起一个紧密联系的大经济区。

在此背景下,坚持全球经济一体化的方向,加强国际交流,不断发展产学研跨国合作作为一种有效促进创新的方式,也逐渐被跨国企业与国际组织重视,跨国企业研发中的科技创新活动已经成为趋势。

产学研跨国合作是产学研合作的特殊形式,也是国际科技合作的代表形式之一。常见形式包括:①外资企业与国内科研院所合作,②中资企业与国内外的科研机构、高校合作。③中外合资企业与国内外高校、科研院所的合作。这种创新的合作方式,参与主体突破一国国别的限制,涉及多个国家不同参与主体的合作。既有产学研合作创新的普遍特征:资源共享、优势互补以及风险共担等,也有自身特殊的优势,比如,技术及科技成果的交流比较灵活,新技术一旦得到市场认可,企业就能打开新市场,创造利润点,很可能就赢得技术上的先动优势,形成一定时间的垄断,获得高额的垄断利润。产学研跨国合作除了为企业创造直接的经济利润以外,对高校与科研院所也大有裨益。通过跨国合作创新,高校和科研院所能接触丰富的国外先进知识,能了解当地或者国际市场的需求,并能筹集相当数额的科研究费,获得丰厚的经济收益与社会声誉。

目前,中国的国际科技合作已经从初期单纯的人员交流、举办和参与国际会议、国际技术贸易等形式,发展到承担国际科技合作项目、建立国际合作研发基地、组建国际研发联盟等形式,这些都有效促进了科技的进步和技术的创新。从中国的情况来看,不同国别的大学、科研机构与企业之间的合作创新已

经成为中国产学研技术创新体系的重要方式,比如"清华—松下电工联合实验室"(清华大学与日本松下电工株式会社合作)、德尔福—清华汽车系统研究所(清华大学与美国德尔福公司、通用汽车公司创办)、武汉理工大学—哈佛大学纳米联合重点实验室基地等。

三、升级合作,推动产学研协同创新

"协同"一词具有"同步、协调一致、协作"等意思,主要是指协调两个及以上不同资源或个体一致地完成某一目标的过程或能力。与"合作"相比,"协同"是全方位、多层次的协调和融合,更强调在风险共担、利益共享的基础上为实现共同目标的通力协作。协同创新则是各创新主体将知识、技术、思想等创新资源、创新要素进行多方位交流和合作的过程,是一种知识共享、共同进步的机制,其特点是参与者拥有共同目标、内在动力和直接沟通,依靠现代信息技术构建资源平台,进行多方位交流和多样化协作。协同创新能整合各方互补性资源、充分发挥各方优势能力,促进技术创新和知识创造,带来价值的增加。

协同创新的四大主体要素是企业、高校、科研机构与政府,各自在协同创新体系中发挥着不同的作用。如企业具有市场与资金优势,是知识和技术需求方;高校和科研机构拥有大量的人才和知识资本,是新知识、新技术供给方;政府对协同创新具有调控权,可通过制定政策引导协同创新项目的开展。因此,只有将四大协同创新主体要素整合起来,才能够实现资源优势互补,产生多元主体协同效应。从整个创新活动的过程来看,"基础研究—应用研究—技术开发",其中,基础研究是指立足于研究领域的前沿和交叉学科新的生长点进行探索性研究,具有前瞻性,以产生新观点、新学说、新理论等理论性成果为目标。应用研究是指运用基础研究成果,为创造新产品、新方法、新技术、新材料提供技术基础所进行的研究。技术开发是指在基础研究和应用研究的基础上,将新的科研成果应用于生产实践的开拓过程。从基础研究的科学发现,到应用研究和技术开发,再到产品开发和设计制造,最终经过市场营销服务用户需求,形成规模经济,这是一条完整的创新链条。

考虑到产学研协同创新主体要素的协同关系,以及创新活动以市场需求为主体的特点,只有将创新活动放置在高校这个平台,以基础研究为支撑,以

应用研究和技术开发为主体,并通过新技术、新产品为社会创造价值,更好地满足市场需求,才能实现创新活动的增值效应。具体而言,作为科技第一生产力和人才第一资源的重要结合点,高校在创新活动中的主要作用体现在 3 个方面:①创新人才培养摇篮。人才是创新活动中最根本、最活跃的要素。高校以人才培养为首要任务,能为创新链提供源源不断的智力支持和人才保障,保证创新活动持续、有效地开展。②基础研究与应用研究主力军。高校以学术为本,科学研究是高校的又一重要任务。相对于各类创新主体而言,高校的知识资本处于绝对优势地位,理所当然地成为基础研究与应用研究的主力军,成为知识创新的策源地,为技术开发活动提供新观点、新学说、新理论。③技术创新重要方面军。社会服务是高校的主要职能之一,高校的知识资本通过技术开发途径形成核心技术与共性技术,并最终转化为产品,为经济社会发展服务。

四、创新合作,多种模式有机融合

除以上模式,目前国内的新型产学研合作模式还有:①"1+1+1"联合创新平台模式。这是政府通过与高校、科研院所开展合作,共建研究院、研发基地等技术创新服务平台的发展模式。如广东省政府部门自 2006 年以来已与国内 50 多所高校、科研机构进行长期合作,创立了 20 多家技术创新服务平台,另外,分别有 21 所和 18 所高校创建了办事处和研究院。②高校与地方整体对接合作模式。高校及科研院所凭借自身优势与地方政府双向选择并开展全方面对接合作,全方位服务于社会,开辟了高校服务地方经济的新领域。如佛山市、广州市等分别与北京理工大学、四川大学等高等院校签署了 23 项全面合作项目。高等院校通过与广东省 100 多个专业镇进行双向选择,建立了长久、稳定的合作伙伴关系,显著提高了地方特色名优产品的科技含量和核心竞争力。③一园多校的大学科技园模式。通过校地共同创建、一园多校的大学科技园形式,将大学与当地资源进行整合,建立高层次人才引进培养、科技成果转移转化基地。如深圳市通过引进北京大学、加拿大阿尔伯达大学等 53 所国内外知名高校,成立了深圳虚拟大学园。④"政产学研金"五位一体模式。"政产学研金"模式中,"政"为引领者、监察者,"产"为创新主体,"学""研"为催化剂,"金"为支持者。如浙江省德清县通过运行"政产学研金"模式,80%以上的高新技术企业都已成立了省级研发中心,行业龙头骨干企业创建了大量具有行业辐射引领能力的中试基地、研究院和工程技术研究中心,大幅度提升了企业科技成果转移转化能力。

结　　论

产学研合作已经成为推动世界各国创新体系发展的重要方式之一。面对世界经济全球化的趋势,不同国家的企业与科研院所、高校合作,进行共同创新的国际科技合作也如火如荼,成为世界经济发展的重要推动力。

首先,本文回顾了产学研合作理论,梳理了中日韩三国产学研的发展历程,总结了三国产学研的发展特点。日本产学研合作开始较早,在发展过程中,根据合作类型,形成了卓有成效的合作形式,在日本战后经济恢复的过程中,起到了不可替代的作用。在常年的合作过程中,"官""产""学"相互协作,有相当的经验可供参考。

韩国产学研中,一方面,政府参与的比例较大,通过牵头国家研究开发项目,以期来实现重大领域的技术突破,缩小与发达国家的技术差距。而另一方面,支持中小企业技术开发的产学研联盟事业在扶持中小企业上产生了不可或缺的作用。另外,韩国的产学研合作不断更新,形成了自己的特色——产学合作基金会模式。在它的作用下,产学合作大大加强,科研成果的转化也大大加快。

中国产学研在党和政府的支持下,稳扎稳打。经过三个阶段的探索以后,产学研合作已经上升到建设创新型国家的高度,纳入了国家创新体系建设。以企业为主体,产学研合作的技术创新体系,已经成为推进国家创新体系建设的突破口。

可见,中日韩三国的产学研各有特色,成果显著。

当今世界已进入大科学时代,新的科技革命呼之欲出。世界科技创新模式正由传统分散的以研究者个人兴趣为纽带的线性模式,向跨国别、跨组织、跨领域、跨学科的网格式、开放性模式演变,产学研合作已成为世界各国提高科技竞争力和综合国力的重要途径。在这个大背景下,中国提出了"一带一路"的国际合作倡议。"一带一路"倡议不排斥世界任何国家,欢迎所有国家的参与,"一带一路"是对现有双边、区域和国家合作机制的整合、扩展和延伸。中日韩三国有良好的现实基础,又有广阔的发展空间。三国应该以充分发挥各自比较优势为基础,积极推动产学研合作,在重大基础设施建设等领域建立跨国合作模式,在"一带一路"倡议下,开展更紧密的合作,为各自国家的经济增长和全球经济的复苏增添新的动力。

第九章 "一带一路"建设下日本高质量基础设施合作伙伴关系的构建及中国的应对

孟晓旭

基础设施建设是实现互联互通、促进区域经济一体化进程的基础,也是中国"一带一路"建设的优先领域①和亚投行的主要投资内容。日本构建的高质量基础设施合作伙伴关系,一方面,主要目的是与中国展开竞争,具有很强的战略性。另一方面,随着安倍访华及日本对华政策的转向,日本高质量基础设施合作伙伴关系又有与"一带一路"合作的前景与空间。在"一带一路"建设深化和区域经济一体化加速的背景下,日本持续推进的高质量基础设施合作伙伴关系需要予以重视和研究。

第一节 高质量基础设施合作伙伴关系的提出

2015年5月21日,日本首相安倍晋三在第21次国际交流会议"亚洲的未来"晚餐会上作了题为"投资亚洲未来"的演讲,明确提出构建高质量基础设施合作伙伴关系,主张在亚洲范围内推广高质量的基础设施。② 此后,日本又于2015年11月和2016年5月分别提出"高质量基础设施合作伙伴关系的进一步措施"和"高质量基础设施输出扩大倡议",完善和扩展了高质量基础设施合作伙伴关系,打造日本海外基础设施输出新战略。

---

① 国家发展改革委、外交部、商务部:《推动共建丝绸之路经济带和21世纪海上丝绸之路的愿景与行动》,2015年3月28日,http://news.xinhuanet.com/world/2015-03/28/c_1114793986_2.htm。
② 『第21回国際交流会議「アジアの未来」晩餐会 安倍内閣総理大臣スピーチ』、日本首相官邸ホームページ、http://www.kantei.go.jp/jp/97_abe/statement/2015/0521speech.html。

一、内涵丰富的"高质量"

安倍在宣布这一计划时反复提及"高质量",强调高质量的基础设施在建造时显得昂贵,但由于好使且耐用,加上对环境友好又具备抗灾能力,因此从长远来看是便宜的。安倍主张亚洲基础设施不只是"质优于量",而是"求质又求量"。① "高质量"是日本这一战略的关键词。2016年5月6日,日本副首相兼财务相麻生太郎在德国法兰克福亚洲开发银行(ADB)年度大会上的演讲也强调"提高基础设施质量并促进相关投资至关重要",麻生对记者团说,"如果能存在数十年的话,最终看花费是比较便宜的。日本拥有很强的技术"。②

在由外务省、财务省、经济产业省和国土交通省联合推出的高质量基础设施合作伙伴关系构建方案中,日本列举了三个"高质量"案例。一是印度德里铁路,强调其日均有250万人利用,缓和了印度首都及其周边的交通拥堵和大气污染、安全第一、节电等。二是蒙古乌拉巴托高架桥,强调运用防震技术及实现日本先进技术的宣传和转移。三是日越友好桥,强调其安全,具有高强韧性并实现技术转移。③ 2015年11月21日,安倍在东盟商务与投资峰会上就"高质量"又说,"(日本)不惜分享拥有的高端技术、经验和诀窍,以及'日本制造'的可靠性",强调"今后还会一直贯彻日本的做法。经济性卓越,与环境相协调,极限追求节能,使用寿命长久"。④

显然,日本的"高质量"是个内涵丰富的概念,既包括质量好、安全性能高,还包括技术分享以及对环境友好等。对于何为"高质量",日本在"高质量基础设施伙伴关系的进一步措施"中进一步加以明确:①经济性(寿命周期成本

---

① 『第21回国際交流会議「アジアの未来」晩餐会 安倍内閣総理大臣スピーチ』、日本首相官邸ホームページ、http://www.kantei.go.jp/jp/97_abe/statement/2015/0521speech.html。

② 『中尾総裁「ADBの役割は不変」AIIBと協力で合意』、『朝日新聞』2016年5月6日、http://www.asahi.com/articles/ASJ561TK7J56ULFA001.html。

③ 外務省、財務省、経済産業省、国土交通省「『質の高いインフラパートナーシップ ~アジアの未来への投資~』」、日本外務省ホームページ、http://www.mofa.go.jp/mofaj/gaiko/oda/files/000081296.pdf。

④ 「ASEANビジネス投資サミット安倍総理スピーチ」、日本首相官邸ホームページ、http://www.kantei.go.jp/jp/97_abe/statement/2015/1121speech.html。

低);②安全性;③应对自然灾害的强韧性;④考虑环境和社会;⑤对当地社会和经济的贡献。①

二、"四大支柱"的主体架构及战略扩展

高质量基础设施合作伙伴关系在提出时主要针对的是亚洲地区,内容包括"四大支柱"。第一个支柱是充分调动日本对外经济合作手段,加快和扩大援助。包括运用日元贷款、技术合作、无偿资金合作等方式强化海外投融资,对亚洲基础设施的援助增加25%;通过活用新设ODA,促进发展中国家政府为官民合作基础设施项目提供资金和保证,促进民间资本参与基础设施项目;加快日本ODA贷款程序。第二个支柱是加强日本与"亚洲开发银行"(简称"亚开行"或"ADB")之间的合作。包括支持亚开行增加50%的融资能力、扩大其对民间部门的贷款及缩短项目准备期限;加大讨论亚开行未来的增资问题;利用国际协力机构(JICA)的海外投融资,在JICA和ADB间建立新的协作机制,促进官民合作对基础设施投资。第三个支柱是强化日本国际协力银行(JBIC)的功能,对高风险项目资助翻倍。包括促进JBIC在风险项目上积极向官民合作基础设施项目提供基金,改变以前要求当地政府作保证的做法;灵活运用新设的海外交通与城市开发事业支援机构②。第四个支柱是促进国际化。包括让世界周知日本高质量基础设施投资成功实践;提供感受日本先进技术的机会;和世界银行、亚开行等国际机构和伙伴关系国一起召开高质量基础设施投资研讨会;在G20及联合国等场合强调高质量基础设施投资的重要性;强化必要的技术支援。③ 高质量基础设施合作伙伴关系既注重内部机制完善,也注重向世界推广。

在宣布这一战略时,安倍称"计划在5年内向亚洲提供总额约为1 100亿

---

① 『「質の高いインフラパートナーシップ」のフォローアップ策(詳細版)』、日本外務省ホームページ、http://www.mofa.go.jp/mofaj/gaiko/oda/files/000112659.pdf。

② 2014年4月18日,日本政府通过《海外交通与城市开发事业支援机构法案》,7月17日开始实施该法案。10月20日,"海外交通与城市开发事业支援机构"(JOIN)正式成立,该机构由日本政府和民间共同投资,主要目的是为日本企业参与海外基建项目提供支持。

③ 外務省、財務省、経済産業省、国土交通省『「質の高いインフラパートナーシップ ～アジアの未来への投資～」』、日本外務省ホームページ、http://www.mofa.go.jp/mofaj/gaiko/oda/files/000081296.pdf。

美元（13万亿日元）规模的基础设施创新基金"。① 2015年11月21日,在东盟商务与投资峰会演讲中,安倍又称"在未来5年,日本国际协力机构与亚开行将进行100亿美元的合作融资","日本不仅是融资,还将积极出资",安倍还呼吁"让我们一起将'高质量的基础设施建设'推广向亚洲"②,这也成为日本构建高质量基础设施伙伴关系的新宣言。在同日推出的"高质量基础设施合作伙伴关系的进一步措施"中,日本对"四个支柱"进一步完善和细化,集中改善日元贷款及海外投融资制度。③ 一是通过日本国际协力机构（JICA）推进亚洲基础设施建设援助工作。包括迅速化日元贷款,重要项目和其他项目审批期限分别缩短至1.5至2年;迅速化海外投融资,对民间企业提出的申请原则上1个月内展开评估;导入"特别准备金",应对高度不确定的项目及政策和政治经济环境不稳定的国家可能带来的风险;鼓励民间投资,扩大民间投融资范围,加强JICA和民间金融机构的合作,推进试点项目实施;增强日本援助资金的吸引力,和中高收入国家进行货币互换型日元贷款,建立以美元计价的ODA贷款,设立优惠贷款、为取得项目经营管理权设立ODA贷款,向发展中国家地方政府提供贷款时日本相关阁僚会议将视具体情况免除当地政府的担保,以JICA金融与投资账户下的资金向承包商提供帮助。二是与亚开行（ADB）加强合作。包括JICA与ADB合作设立信托基金,通过PPP④等模式支持私人资本参与基础设施项目,未来5年JICA信托基金投融资拟达到15亿美元;未来5年JICA与ADB将提供100亿美元的联合贷款;日本政府、JICA与ADB将定期进行政策对话。三是通过日本国际协力银行（JBIC）增加对高风险项目的援助。包括对能达到预期收益目标但具有高风险的项目提供资金支持;JBIC从当地金融机构借入长期资金;通过收购项目债券等满足资金需求;强化日本贸易保险的功能;以海外交通与城市开发事业支援机构（JOIN）为平台

---

① 『第21回国際交流会議「アジアの未来」晩餐会　安倍内閣総理大臣スピーチ』、日本首相官邸ホームページ、http://www.kantei.go.jp/jp/97_abe/statement/2015/0521speech.html。

② 「ASEANビジネス投資サミット安倍総理スピーチ」、日本首相官邸ホームページ、http://www.kantei.go.jp/jp/97_abe/statement/2015/1121speech.html。

③ 「「質の高いインフラパートナーシップ」のフォローアップ策の公表」、日本外務省ホームページ、http://www.mofa.go.jp/mofaj/gaiko/oda/about/doukou/page23_000754.html。

④ PPP（Public-Private Partnership）是指官民合作从基础设施的计划到设备采购、建设、经营等运作的项目模式。

促进他国城市交通发展;设立日本信息通信技术基金(JICT),投资海外通信、广播和邮政服务项目。四是进一步推进国际化,包括和其他国际金融机构建立合作;将日本先进的技术向全球推广;在联合国、G20、G7、APEC、ASEN等相关的领导人级与部长级会议上强调高质量基础设施投资的必要性,并形成文件加以确认。①

2016年5月23日,在经济合作与基础设施战略会议上,日本决定将这一战略超出亚洲,并把在世界范围内扩大高质量基础设施作为即将召开的G7伊势志摩峰会的主要议题。② 会议决定并发表了"高质量基础设施输出扩大倡议",战略性扩展高质量基础设施伙伴关系。包括三方面的内容。一是向世界范围内的基础设施投资项目扩大风险资金供给,今后5年的目标,对基础设施投资2 000亿美元。包括:①投资范围从亚洲扩展到全世界,②投资对象从狭义电力等扩展到包括广义的天燃气、医院等在内,③实施机构包括全日本所有相关机构。其他两方面分别是"改善高质量基础设施输出制度"(ODA援助的迅速化及奖励民间企业的投融资)及"强化相关机构的体制和确保财政基盘"③。为促进民间资金投入风险相对较高的新兴市场,日本政府还提高了海外贸易保险金的赔偿率。④

在G7伊势志摩峰会上,日本促成关于高质量基础设施建设的"G7伊势志摩原则",包括:①从基础设施的使用寿命周期出发,注重有效的治理、可靠的运行等经济性,及强力应对自然灾害、恐怖主义和网络攻击等风险的安全性。②为所在国创造就业、构筑能力及确保技术和经验传给当地。③应对对社会和环境的影响。④从国家和地区层面确保包含气候变化和环境在内的经济与发展战略整合。⑤采取包括PPP在内的形式增强资金流动。⑤ 至此,高质量

---

① 「質の高いインフラパートナーシップ」のフォローアップ、日本外務省ホームページ、http://www.mofa.go.jp/mofaj/gaiko/oda/files/000112660.pdf.

② 「インフラ開発:22兆円 5年間、世界へ供給 政府新戦略」、『毎日新聞』2016年5月24日、http://mainichi.jp/articles/20160524/ddm/008/020/108000c.

③ 『内閣官房、総務省、外務省、財務省、経済産業省、国土交通省G7伊勢志摩サミット「質の高いインフラ輸出拡大イニシアティブ」』、日本首相官邸ホームページ、http://www.kantei.go.jp/jp/singi/keikyou/dai24/siryou2.pdf.

④ 「インフラ輸出支援に5年で2千億ドル 首相、サミットで表明へ」、『日本経済新聞』2016年5月23日、http://www.nikkei.com/article/DGXLASFS23H4Y_T20C16A5PP8000/.

⑤ G7 Ise-Shima Principles for Promoting Quality Infrastructure Investment, *Japanese Ministry of Foreign Affairs*, May 27, 2016, http://www.mofa.go.jp/files/000160272.pdf.

基础设施合作伙伴关系形成"高质量""国际化""更迅速""多资金"等特点。

第二节　日本构建高质量基础设施合作伙伴关系的原因

高质量基础设施合作伙伴关系具有很强的竞争性,日本提出并构建这一战略的原因很复杂。既受日本政治大国化战略和国家安全战略的驱使,也是当前日本经济增长战略的需要,但更主要的原因是与中国展开竞争,进而夺取基础设施建设主导权。

一、海外基础设施投资已是日本经济成长战略的重要支柱

随着经济增长和人口增加,世界各国需要不断扩充和完善城市功能,城市间、国家间和地域间也有大量的互联互通需求。根据亚洲开发银行2009年的推算,从2010—2020年亚洲基础设施建设资金需求达8万亿美元。[①] 在人口不断减少和国内经济缺乏增长点的情况下,面对海外庞大的市场和巨大资金需求,对外基础设施投资已被日本当作经济成长战略的支柱之一。2009年12月30日,日本内阁发布的《新成长战略》中就主张日本成为亚洲的"桥梁",在亚洲地区综合且战略地展开在环境、基础设施等领域中的优势,以促进日本的经济增长。[②] 2010年6月,日本内阁发布《新成长战略》提出推进民间企业在海外展开"一揽子基础设施"投资。[③] 2013年3月,在安倍的授意下,日本在内阁官房设置由官房长官为议长负责的"经济合作与基础设施战略会议",以此作为指导基础设施输出的司令塔。该会议是一个阁僚联合会议,构成成员包括副首相兼财务大臣、总务大臣、外务大臣、经济产业大臣、国土交通大臣、经济再生担当大臣兼内阁特命担当大臣(主要负责经济财政政策),主要任务是讨论日本在海外经济合作方面的重要内容,包括为开拓基础设施海外业务的

---

① 具体数据见[日]アジア開発銀行研究所(ADBI):Infrastructure for a Seamless Asia(2009年),https://www.adb.org/sites/default/files/publication/159348/adbi-infrastructure-seamless-asia.pdf.

② 『新成長戦略(基本方針)～輝きのある日本へ～』,http://www.kantei.go.jp/jp/singi/kokkasenryaku/image/20091230_sinseichosenryaku.pdf.

③ 『新成長戦略～「元気な日本」復活のシナリオ～』,http://www.kantei.go.jp/jp/sinseichousenryaku/sinseichou01.pdf.

企业和地方政府培养人才;从新兴市场国家赢得更多发电站、高速铁路和上下水道等基础设施订单;强化政府的直接支持,官民一体地战略性推进日本基础设施海外输出等。2013年5月,日本政府制定了"基础设施体系输出战略",提出到2020年有关基础设施的订单达到30万亿日元的目标。①

在首次提出高质量基础设施合作伙伴关系这一战略的时候,安倍就说:"亚洲地区,每年都会有100万亿日元的基础设施建设需要","国家资金无法满足这所有需求","正因为需求巨大,我们应进一步思考建立让民间的多种资金流入亚洲的框架"。② 在2015年11月21日提出高质量基础设施合作伙伴关系新宣言时,安倍又提及这一原因。③ 海外基础设施投资已被经济战略化,成为日本自己衡量经济增长实现目标的指标之一。"经济合作与基础设施战略会议"经常讨论这一指标。④ 而全球市场存在的潜力及其可带来的经济增长也是日本将这一战略扩展开来的经济动力。经济合作与发展组织认为,2000—2030年世界范围内的基础设施投资额达71万亿美元。而根据世界经济论坛分析指出,到2030年全球基础设施项目年需求至少在4万亿美元。⑤ 以新兴市场国家为主,道路、铁路及港湾建设等基础设施开发需求被认为达到约240万亿日元。其中,据估计非洲每年基础设施的融资需求约为930亿美元,但每年的实际投资约为450亿美元,还不到需求的一半。⑥ 而据美洲开发银行推算,中南美整体所必须的基础设施投资每年也高达约3 000亿美元。甚

---

① 内閣官房(経協インフラ戦略会議)、経済産業省、外務省、日本貿易振興機構、インフラシステム輸出 公開シンポジウム『菅義偉 ご挨拶』、日本首相官邸ホームページ、http://www.kantei.go.jp/jp/singi/keikyou/pdf/program.pdf。

② 『第21回国際交流会議「アジアの未来」晩餐会 安倍内閣総理大臣スピーチ』、日本首相官邸ホームページ、http://www.kantei.go.jp/jp/97_abe/statement/2015/0521speech.html。

③ 「ASEANビジネス投資サミット安倍総理スピーチ」、日本首相官邸ホームページ、http://www.kantei.go.jp/jp/97_abe/statement/2015/1121speech.html。

④ 「第18回経協インフラ戦略会議(2015年6月2日)テーマ:インフラシステム輸出戦略フォローアップ第3弾」、日本首相官邸ホームページ、http://www.kantei.go.jp/jp/singi/keikyou/dai18/siryou1.pdf。

⑤ World Economic Forum, "Strategic Infrastructure Mitigation of Political & Regulatory Risk in Infrastructure Projects", February 2015, http://www3.weforum.org/docs/WEF_Risk_Mitigation_Report_2015.pdf.

⑥ 中国驻加蓬经济商务参赞处:《中国对非洲基础设施投资现状及前景》,2014年12月17日,http://ga.mofcom.gov.cn/article/ztdy/201412/20141200836506.shtml。

至美国在基础设施建设方面也有很大的资金需求。美国土木工程协会（ASCE）的报告估测，由于道路和机场等众多基础设施日趋老化，维护这些基础设施需要巨额资金，仅修缮交通、电力和学校等主要基础设施就需要3.6万亿美元的费用。此外，日本在海外对互联互通的基础设施进行投资也是为了让日企能有更好的投资和发展环境，在经济合作上与当地建立友好关系，在海外促进日本经济的增长。

二、与中国"一带一路"展开竞争，夺取基础设施建设主导权

伴随着中国"一带一路"建设的推进及亚洲基础设施银行的筹建进展，日本的这一伙伴关系战略日趋成型并最终推出。"高质量""国际化""更迅速""多资金"都是针对以强大资金实力和低价格扩大基础设施投资的中国。"一带一路"让日本感觉到了压力，特别是亚投行的成立更让日本现实地感到强烈的竞争压力。① 日本把"高质量"作为主要优势，通过显示与中国的不同，来对抗中国低价格、"国产技术"，并积极推动以使"高质量"在地区和全世界形成共识达到"国际化"，进而挤压中国。为此，日本还把"高质量"扩展到注重环保、人才培养及彻底遵守法律等援助上，来突出与中国"强硬的开发方式"的差异。2014年10月，在21个首批意向创始成员国的财长和授权代表在北京签约共同决定成立亚投行后，日本就在当年11月7日于北京召开的APEC会议上提交了一份指南，呼吁"在基础设施建设方面相比成本等应更加重视质量，提议在区域内共享该指南"②，并在会议最终形成的附属文书——APEC《互联互通蓝图》中加入"以人为中心的投资"，强调"高质量"。在同月澳大利亚布里斯本G20峰会的首脑声明里，日本也促成其中强调"高质量基础设施投资"。③ "更迅速"和"多资金"是日本旨在完善以往在海外基础设施投资中存在的机能不足。"更迅速"是因为在日本以往的海外基础设施建设援助方面，审查等手续

---

① 铃木秀贵，「インフラ輸出に必要な「品質ニーズ」の見極め」、http://www.mizuho-ri.co.jp/publication/opinion/pmf/pdf/pmf161201.pdf。
② 「インフラ整備で質を重視　政府、APECで提案へ」、『日本経済新聞』2014年11月7日、http://www.nikkei.com/article/DGXLASDF06H1A_W4A101C1PP8000/。
③ 『外務省・財務省・経済産業省・国土交通省・総務省・JICA「質の高いインフラ投資」事例集』、日本外務省ホームページ、http://www.mofa.go.jp/mofaj/gaiko/oda/files/000083884.pdf。

非常耗费时间,有时甚至长达 5 年,接受援助的一方认为易用性较差,严重影响日本的海外基础设施投资。"多资金"是应对基础设施投资建设中的资金筹措不足难题,日本需要更多民间资本的融入。

值得注意的是,安倍公布的 1 100 亿美元刚好超出亚投行计划的资本金 1 000 亿美元。显然日本有强烈的对抗中国的意味。在 2015 年 4 月 20 日 "BS 富士"节目中,当被问及亚投行构想时,安倍称"向声誉不好的放高利贷者借钱,这样的企业最终将失去未来"①,显示出强烈的对抗心理。2016 年 8 月,日本主导下的非洲开发会议所通过的行动计划中,强调日本援助优势领域如扩大地热发电和下水处理等,凸显其与以传统型基础设施为主体的中国援助有所不同。日本政府相关人士就说,安倍把与非洲 12 个国家进行的"马拉松会谈"作为宣传日本高质量的契机,用来对抗中国便宜的基础设施建设。②

日本试图以高质量为品牌,宣示理念,抛出规则,以此加强以日美为中心的亚开行的主导力,夺取基础设施建设主导权。高质量基础设施合作伙伴关系中"四大支柱"之一的"国际化"就是强调在重要国际场合加强宣传,促进这一战略在世界层面的影响力、被接纳性与引领力。在 2015 年 6 月的巴伐利亚 G7 峰会上,安倍就提出了经济政策的价值观。他说:"对于 G7 来说,经济政策的价值观难道不重要吗?"安倍指出亚投行的投资标准等不透明,有可能出现欠缺公正性的运营,强调"腐败对策至关重要"③。安倍还呼吁"基础设施建设必须考虑到对人权、环境和社会的影响"④,突出"理念"。最后,峰会通过的首脑宣言表示要促进质量高的基础设施投资。安倍这番发言的目的,一是对被庞大"中国资金"吸引的欧洲国家进行牵制,希望将这些国家拉回与亚投行保持一定距离的日美身边;二是对外宣示,应以高质量为标准,规则化基础设施投资。2015 年 11 月 16 日,在土耳其安塔利亚 G20 峰会上,安倍积极主张应该扩大"价格虽高但能长期保证质量"的高质量基础设施投资,强调日本将继

---

① 『首相、アジア投資銀は「悪い高利貸」G7 で懸念共有』、『日本経済新聞』2015 年 4 月 21 日、http://www.nikkei.com/article/DGXLASDE20H1K_Q5A420C1PP8000/。
② 「安倍晋三首相、12 カ国と"マラソン会談" 中国に対抗、個別に支援策示し連携強化」、『産経新聞』2016 年 8 月 29 日、http://www.sankei.com/politics/news/160829/plt1608290003-n2.html。
③ 「首相、中国けん制 アジア投資銀参加 欧州勢にクギ」、『日本経済新聞』朝刊 3 面。
④ 「G7、新興国の腐敗対策の必要性でも一致 サミット開幕」、『日本経済新聞』2015 年 6 月 8 日、http://www.nikkei.com/article/DGXLASFK07H25_X00C15A6000000/。

续推进。① 2015 年 11 月 19 日，在菲律宾马尼拉 APEC 峰会上，日本又积极推动大会通过体现高质量基础设施理念的文件——《APEC 加强高质量增长战略》。日本外务省据此指出："高质量基础设施伙伴关系的重要性已在首脑级层面得到了再确认。"②

三、政治大国化和国家安全战略的驱使

安倍再次执政后号召"夺回强大的日本"③，不仅在对内改革上强调"战后体制摆脱"，还通过积极开展"俯瞰地球仪外交"在国际社会层面加速推进政治大国化，增强国际影响力。而对外援助是"俯瞰地球仪外交"的重要内容和重要手段。为增强经济外交的效果，2015 年 2 月，日本将"开发援助（ODA）大纲"修改为"开发合作大纲"，强化战略性运用 ODA。目前，日本外务省的 ODA 预算中有很大一部分用于海外高质量基础设施建设。④ 因此，高质量基础设施合作伙伴关系实质是日本外交战略的一部分。在新兴国家崛起的背景下，通过在基础设施建设上所谓的"高质量一揽子"援助，进一步培养日本在相关国家和地区的亲和力和话语权，增强影响力和地区事务主导力，实现政治大国化，这是日本构建高质量基础设施合作伙伴关系的政治和战略动力。高质量基础设施合作伙伴关系之所以在亚洲发起，就是因为日本认为亚洲既是其长期经营的地盘，也是其实现政治大国的基础地域，对这个地区必须要加强各种形式的合作，巩固地位和影响力。而为了谋取联合国安理会常任理事国，国家众多、拥有"票田"优势的非洲也被扩展进了高质量基础设施合作伙伴关系之中。

另一方面，战后以来，对外援助已被日本发展成综合安全保障战略的重要手段。⑤ 2013 年 12 月，安倍政府基于"积极和平主义"理念制定了日本战后首

---

① 「G20 アンタルヤ・サミット（概要）」、日本外务省ホームページ、http://www.mofa.go.jp/mofaj/ecm/ec/page4_001554.html

② 「フィリピン APEC 首脳会議」、日本外务省ホームページ、http://www.mofa.go.jp/mofaj/ecm/apec/page4_001567.html。

③ 详细论述见[日]安倍晋三：『新しい国へ：美しい国へ完全版』、文藝春秋、2013 年 1 月特别号。

④ 「外務省 ODA 予算の推移」、日本外务省ホームページ、http://www.mofa.go.jp/mofaj/gaiko/oda/shiryo/yosan.html#section3。

⑤ 详细论述见孟晓旭：《认知、政策与互动：战后中日安全关系研究》，世界知识出版社 2017 年版。

份《国家安全保障战略》,其中又强调"日本拥有的节能、环保相关技术等在国际上也处于领先地位,在日本和国际社会一道致力于解决全球课题时发挥重要作用,今后还将积极灵活地把这些技术用于外交领域"。① 立足"开放的国家利益",日本认为海外安全环境与己密切相关。高质量基础设施合作伙伴关系也是日本利用高质量来打造符合日本利益的"全球安全环境"的重要举措。2015年新"开发合作大纲"强调"确保为维持日本和平、实现繁荣的国家利益而继续贡献"。② 一方面,通过高质量基础设施来加强地区的互联互通,通过建设和发展来促进地区的和平,并创造日本海外经济所需要的安全环境。另一方面,日本加入以及主导相关道路和港口等的建设,加强对当地的渗入与影响,也利于能源等供给的稳定和安全,"包括能源在内的资源稳定供给对日本经济活动至关重要,也是国家安全保障的重要课题"。③

第三节 日本高质量基础设施合作伙伴关系的推进与深化

在高质量基础设施合作伙伴关系下,日本在世界范围内加以推进,最初所指的亚洲是这一战略最重点的地区,特别是东盟。2015年7月28日,向菲律宾马尼拉的铁路建设项目提供约2 400亿日元贷款,是日本ODA一次性贷款中的最大规模,也是安倍提出高质量基础设施合作伙伴关系后的第一笔投资。④ 除此之外,日本在2015年东盟"10+3"会议期间表明投资的相关基础设施还包括越南胡志明市城市铁路和火力发电站(1 660亿日元),柬埔寨与泰国连接的主干道路改建(173亿日元);老挝万象供水系统扩建(103亿日元)等。2015年12月,日本与缅甸缔结有关蒂拉瓦港岸壁建设的协定。2016年3月,日本接受泰国曼谷城市铁路订单。5月28日,安倍宣布提供250万美元紧急无偿资金援助解决越南干旱及盐害问题。11月2日,安倍提出5年合计向缅

---

① 「国家安全保障戦略について」、http://www.kantei.go.jp/jp/kakugikettei/2013/_icsFiles/afieldfile/2013/12/17/20131217-1_1.pdf.
② 「開発協力大綱」、http://www.mofa.go.jp/mofaj/gaiko/oda/seisaku/taikou_201502.html.
③ 「国家安全保障戦略について」、http://www.kantei.go.jp/jp/kakugikettei/2013/_icsFiles/afieldfile/2013/12/17/20131217-1_1.pdf.
④ マニラの鉄道に2400億円 政府、ODAで最大規模、『日本経済新聞』2015年7月28日、http://www.nikkei.com/article/DGXLASGM27H2E_X20C15A7MM8000/.

甸提供8 000亿日元规模的政府开发援助和民间投资,其中包括107亿日元基础设施建设的日元贷款,两国还就派遣培育人才的日本青年海外协力队达成协议。2017年年初东南亚之行中,安倍宣布此后5年向菲律宾提供包括政府开发援助和民间投资在内共1万亿日元援助,其中包括地铁及地方城市的供电基础设施建设等。在印度尼西亚,安倍表示为连接雅加达和爪哇岛东部泗水的爪哇岛铁路(全长约750千米)的高速化提供支援。在越南,安倍表示将提供约1 200亿日元的新贷款,用于下水道建设及防止干旱、盐害的水管理系统等。① 国别之外,日本在东盟区域互联互通方面的基础设施建设有:①涉及东西经济走廊的,包括越南蚬港改良、老挝国道9号线建设、缅甸东西走廊建设。②涉及南部经济走廊的,包括柬埔寨国道5号线改修、乃良大桥建设等。③涉及海洋经济走廊的,包括菲律宾新薄荷机场建设等。②

对于亚洲其他地区,2015年10月13日,日本经济合作与基础设施战略会议策定面向哈萨克斯坦等中亚五国的基础设施输出计划,官房长官菅义伟表示将要支持相关基础设施输出。③ 2015年10月22日起,安倍历访中亚五国,共创造出3万亿日元的商业机会。④ 2015年,安倍和印度总理莫迪一年内进行了三次会谈,就连接孟买和艾哈迈达巴德的印度首个高铁建设项目采用日本的新干线方式达成协议,其中日本提供超过1万亿日元的日元贷款。日本和蒙古也在基础设施方面进行积极会谈。2016年5月,日本邀请包括印度尼西亚、孟加拉国等国首脑参加G7伊势志摩峰会扩大会议,讨论高质量基础设施投资。目前也不排除日本会涉足"环孟加拉湾多领域经济技术合作倡议"。而在此之前的2015年,日本国际协力机构就宣布将以优厚条款给孟加拉提供80%的融资,用于在玛塔巴瑞港口建设四个各600兆瓦的火力发电厂以及一

---

① 《安倍与越南总理会谈:TPP对美国也有益》,http://cn.nikkei.com/politicsaeconomy/politicsasociety/23311-2017-01-17-08-53-52.html。

② 「第26回経協インフラ戦略会議」、日本首相官邸ホームページ、http://www.kantei.go.jp/jp/singi/keikyou/dai26/siryou1.pdf。

③ 「インフラ戦略会議、中央アジアへの輸出振興策議論」、『日本経済新聞』2015年10月13日、http://www.nikkei.com/article/DGXLASFS13H39_T11C15A0PP8000/。

④ 参见2016年9月21日,首相辅佐官、日本内阁参事官久岛直人的相关基调讲演。「インフラ関連事業の海外展開　に向けた日本政府の取組」、http://s4d.csis.u-tokyo.ac.jp/wp-content/uploads/2016/12/01_基調講演_久島参事官.pdf。

个港口综合设施。① 而当时中国正与孟加拉国就索纳迪亚深水港项目展开谈判。

　　日本主要集中在重点地区和新兴国家拓展高质量基础设施合作伙伴关系。2016 年 8 月 27 日,安倍在第六届非洲开发会议上反复强调"高质量",宣布日本将在未来 3 年对非洲再投资 300 亿美元,发展基础设施建设、医疗领域及推动工业化。会议通过的"内罗毕宣言"强调高质量基础设施投资。2016 年 4 月 10 日,日本政府宣布与美洲开发银行(IDB)携手加大对中南美地区的基础设施投资,把贷款额度从 10 亿美元增至 30 亿美元,并向 IDB 创设了 500 万美元的专项基金。② 2016 年 11 月 19 日,安倍访问秘鲁后发表的《日秘联合声明》要点也包括"在高质量基础设施投资方面达成一致"。③ 11 月 21 日,在日本努力下,秘鲁 APEC 峰会首脑宣言中再次包括有高质量基础设施的内容,并强调在运输等领域"迈向具体的行动"。④ 日本也在积极谋求扩大对美国的基础设施投资,战略性深化高质量基础设施合作伙伴关系。2017 年 2 月,在与特朗普新政权的首次首脑会谈前,安倍在众议院预算委员会上就表示,与美国"包括基础设施建设合作在内,希望就重大框架展开讨论"。⑤ 另外,日本也在积极参与俄罗斯西伯利亚和远东地区的基础设施建设,这也是日俄正在推动中的经济合作的重要内容。2018 年 9 月 5 日,安倍与厄瓜多尔总统莫雷诺举行会谈,双方就日本为厄瓜多尔电力基建提供总计 7 000 万美元资金达成了共识。⑥

　　战略扩展下,日本高质量基础设施合作伙伴关系开始逐渐倾向关注发达国家,并提出日本的想法。这从日本经济合作与基础设施战略会议的相关涉

---

① Bangladesh favours Japan for port and power plant over China, 2015 年 9 月 14 日, http://thedailynewnation.com/news/66924/bangladesh-favours-japan-for-port-and-power-plant-over-china.html。

② 「インフラ支援:中南米へ融資枠 3 倍　政府と米州開発銀」、『毎日新聞』2016 年 4 月 10 日、http://mainichi.jp/articles/20160410/ddm/008/020/067000c。

③ 「日ペルー首脳会談:TPP 早期発効へ協力一致」、『毎日新聞』2016 年 11 月 19 日、http://mainichi.jp/articles/20161119/k00/00e/020/243000c。

④ 「APEC 首脳会議閉幕　すでに関心はトランプ氏へ」、『産経新聞』2016 年 11 月 21 日、http://www.sankei.com/politics/news/161121/plt1611210012-n2.html。

⑤ 「首相、日米会談で雇用の貢献説明　衆院予算委で」、『日本経済新聞』2017 年 2 月 1 日、http://www.nikkei.com/article/DGXLASFS01H0Y_R00C17A2MM0000/。

⑥ 《日本将为厄瓜多尔电力基建提供 7 000 万美元》,https://china.kyodonews.net/news/2018/09/2be1a74cb3f9-7000.html。

及内容可以明显看出。2017年7月5日,日本第31次经济合作与基础设施战略会议讨论的事项涉及发达国家地区,主要包括美国、加拿大、澳大利亚以及除原苏联地区之外的欧洲等地区。日本认为这些地区市场规模占世界的一半且各国政府都纷纷提出相应的对策,有利于日本推进其基建战略。日本对这些发达国家的基础设施建设现状及前景进行了充分的调研。就美国方面而言,日本分析到:第一,根据美国土木学会的推算,2016—2025年间美国大概需要50兆日元的基础设施需要。第二,美国基本设施老化严重且资金缺乏。首先,根据美国运输省的报告,全美的桥梁有25%存在着缺陷,12%的隧道在建设后已经历了100余年。其次,此后10年内,美国基础设施建设中所需要的500兆日元资金中有200兆日元是存在不足的。再次,根据美国土木学会的评价,美国基础设施还处于五阶段中较低层面的第四阶段,也就是不足阶段。第三,美国特朗普政府重视基础设施建设,在基础设施建设及投资上有相关的促进政策。首先,特朗普总统选举期间承诺进行大规模的基础设施建设。其次,特朗普在就任演说中也表明了鼓励基础设施投资的意向。再次,特朗普的相关演说中提出1兆美元的基础设施投资法案,而且在2017年5月份公布的预算方案中,政府出资占两成、民间出资占八成。最后,美国基础设施投资的动向也表明美国需要先进技术的场合也需要外国企业的进入。此次经济合作与基础设施战略会议还研究了日本企业在美国的现状:第一,根据美国商务省2015年的数据,日本在美国的投资结余位于仅次于英国的第二位。第二,根据JETRO的数据,一半以上的日本企业正在考虑在美扩大业务,关心的领域包括IT、医疗、环境等。2017年2月日美首脑会谈中就两国基础设施合作达成一致,同年4月的日美经济对话中也讨论了此事。日本认为这对于高质量基础设施在美国的推进都是有益的。就欧洲方面而言:第一,欧洲基础设施方面的课题及基本情况。包括基础设施老化、各国基础设施需求增大、各国政府正在加大投资、欧洲传统的官民合作(PPP)制度的发展,以及由于欧洲企业具有较好的技术能力等,日本认为这也使得外部企业较少能够参加到欧洲的相关基础设施建设上。① 第二,日本企业的进出情况。会议分析认为,日

---

① 「第31回経協インフラ戦略会議(2017年7月5日)」、http://www.kantei.go.jp/jp/singi/keikyou/dai31/siryou.pdf。

本对欧洲的直接投资增加。根据 JETRO 的调查,有半数在欧洲进出的相关日企有扩大投资的意向,特别是对中东欧的非制造业有扩大的倾向。目前来看,日本在欧洲的主要基础设施建设项目包括英国的高速铁路计划(HS2)等。就澳大利亚方面而言:第一,澳大利亚是 PPP 的发达国家,民间企业广泛参与,澳大利亚的企业具有较强的竞争力,澳大利亚的人工费也比较昂贵。第二,日本企业的进出情况。日企在直接投资上有增加倾向。日本企业在澳大利亚有 700 多家,雇用人数达到 5.4 万人。第三,日本在澳大利亚有正在进行的基础设施建设,澳大利亚是日本最大的 LNG(液化天然气)输入对象国(占全部输入的 1/4 以上)。日本企业关心澳大利亚东海岸的高速铁路。[1]

2017 年 9 月 12 日,日本第 32 次经协基础设施战略会议提出印度、中东地区的相关战略计划。日本认为,伴随着经济增长和人口增加,印度将持续需要基础设施跟进。中东约占日本石油输入的 90%,维持两者之间的良好关系很重要,尽管中东地区政治形势不透明,但因为经济成长和产业多样化,商机却是在扩大。[2] 对于在印度开展基础设施建设与投资上,日本认为:第一,莫迪政权(印度人民党)在三年间将是稳定运营的政权,其货币改革和税制改革具有较高的评价。这是较有利的政治形势。第二,莫迪政权的主要着眼点包括基础设施建设(相关建设目标为前政权的 4 倍)、产业培育、创造雇用、贫困对策等,认为印度市场比较有前景,具有旺盛的基础设施需要,据推测大概每年有 28 兆日元的需要。日本在印度面临的相关课题包括:①根据当地生产贡献率创造雇佣。②应对扩大的印度各邦政府的事业。③与他国以及印度本地企业的竞争与合作。④不完备的法律制度、不透明的操作等。⑤很难给予高技术好的评价的环境。在中东方面,日本认为面临的课题包括:①不透明且不安定的法律制度运用。②政治不透明以及高度治安风险。③和他国企业竞争与合作激化。④和对手国关系强化。⑤采用 ODA 之外的工具进行支援。[3]

---

[1] 「第 31 回経協インフラ戦略会議(2017 年 7 月 5 日)」、http://www.kantei.go.jp/jp/singi/keikyou/dai31/siryou.pdf。

[2] 「第 32 回経協インフラ戦略会議(2017 年 9 月 12 日)」、http://www.kantei.go.jp/jp/singi/keikyou/dai32/siryou.pdf。

[3] 「第 32 回経協インフラ戦略会議(2017 年 9 月 12 日)」、http://www.kantei.go.jp/jp/singi/keikyou/dai32/siryou.pdf。

2017年10月31日,第33次经协基础设施战略会议提出了在东盟地区的战略计划。日本认为其对东盟支援的基本方向性包括①:①东盟和日本正在构筑密切的经济关系,而且东盟处于日本海上交通线的要冲位置,是日本经济和安全保障的关键地区。②日本在与东盟共同克服问题,进一步推进地区整合的同时,为构筑自由开放的国际秩序,还应一是根据高质量基础设施的推进来强化连接性和建设产业基盘,二是进一步发挥整合的效果,三是构筑包容的、持续可能的社会,四是推进实施为地区的和平与安定而贡献的政策。

第一,日本分析了东盟的现状。1. 政治形势:①2015年末开始了由"政治安全保障""经济""社会文化"构成的东盟共同体。②拥抱南海、面临印度洋,处于日本海上航路的要冲位置,是亚太地区经济安全保障的关键地区。2. 市场重要性:①总GDP约2.6兆美元,总人口约6.4亿的巨大经济圈。②东盟五国的GDP到2022年为止,可预测维持5%以上的增长率。③至2030年,域内人口将增加1亿达到7.3亿人。② 3. 东盟地区的基础设施需求:①2016年至2030年,预测大概累计有3.1兆美元(每年平均2 000亿美元)的需求。②占亚洲全体需求(累计26.1兆美元)的12%。③仅仅从ODA、国际开发金融机构那里得到资金支援远远不够弥补供需差距。第二,日本分析了东盟和日本的关系。1. 日本企业的进出和课题:①制造和物流等有约1万家企业进出,过去三年间月增加1 900家企业。②基础设施不完备,法律制度不完备、运用不透明,产业人才和高级人才不足等投资环境上的风险明显化。2. 日本对东盟支持的实际业绩:①面向东盟的ODA累计17兆日元,不是ODA但是由JBIC提供(除融资等)的有15.3兆日元(截至2017年9月)。②切实履行各种承诺,为促进东盟的整合而为区域内的连接性贡献。3. 东盟面向整合而对日本的期待:①东盟对作为友好国的日本有高度的信赖感(处于最信赖的国家的位置上,第二是美国,第三是中国)。②东盟为整合而对日本期待的领域,一是经济技术合作,二是教育和人才培养,三是贸易和振兴民间投资(以上均是基于2016年外务省有关东盟对日舆论调查)。第三,日本提

---

① 「第33回経協インフラ戦略会議(2017年10月31日)」,http://www.kantei.go.jp/jp/singi/keikyou/dai33/siryou1.pdf。
② 「第33回経協インフラ戦略会議(2017年10月31日)」,http://www.kantei.go.jp/jp/singi/keikyou/dai33/siryou1.pdf。

出对东盟支援的相关工作，重点是根据推进高质量基础设施投资来强化东盟的连接性和建设产业的基盘。①推进连接南海和印度洋以及南部经济走廊开发、港湾、机场、电力、通信等"硬"的基础设施建设以及面向制度统一化的"软"的基础设施一体化。②基于"自由开放的印太战略"和印度"东向政策"的合作，强化亚洲到非洲的连接性。③在高质量的基础之上，能够更迅速地提供日元贷款。会议列举了日本在东盟地区的高质量基础设施实例18个案例，包括东西经济走廊建设事业、城市间铁道建设事业等。①

2018年4月10日，第36次经协基础设施战略会议讨论了资源及能源问题。② 关注了基础设施市场各竞合国的动向。日本提出的对策是：1. 构筑强化能源安全的基础设施。①日本能源供给的90%是依靠化石燃料，原油中的80%来自中东。②确保亚洲能源安全保障，支援燃气、炼油厂基地等从上游至中下游的各种能源事业。③关注矿物能源，推进资源开发和合理利用二次资源。强调"为了亚洲大的LNG市场的构筑和资源能源的稳定供应，积极合理利用国家金融以及推进人才培养"。2. 展开"从能源到动力"一条龙事业。①强调提供从燃料开发到发电全过程的"一条龙"服务，以此提升竞争力。②通过和他国企业的合作，弥补海外相关经验以及价格竞争力等的不足。强调为强化本国企业的竞争力，主张多样化的事业主体参与，主张和事业经验以及技术竞争力高的企业进行合作，同时促进合理利用国家金融。3. 通过质量高的基础设施技术支持各国的能源转换。①通过与各国政府的对话，基于日本的技术与技巧，通过硬软两方面支持各国能源转换。②与他国企业进行战略性合作。强调合理利用日本广泛的技术和经验，根据各国各种需求，从基础设施和人才培养各方面支持各国的能源转换，构筑强有力的官民合作体制。关于扩大承揽海外能源基础设施的相关对策，日本提出：①促进更广泛的企业参与，组成官民一体模式；②扩大国家对再生能源领域的支持；③和他国企业进行合作；④通过政府对话组成上流模式；⑤制度构筑及人才培养等软实力合作；⑥强化情报的收集，在国内及当地强化构筑官民合作体制；⑦确立自由

---

① 「第33回経協インフラ戦略会議（2017年10月31日）」、http://www.kantei.go.jp/jp/singi/keikyou/dai33/siryou1.pdf.

② 「第36回経協インフラ戦略会議（2018年4月10日）」、http://www.kantei.go.jp/jp/singi/keikyou/dai36/siryou1.pdf.

开放的能源贸易体制和市场。①

2018年6月7日,第37次经协基础设施战略会议提到了2016—2017年的业绩包括:①承揽基础设施实际业绩。2016年的统计显示,基础设施承揽额为21兆日元左右,比2015年增加了1兆日元。其中,情报通信约9兆日元,占比最多。其次是能源(4.7兆日元)。②总理、阁僚等的强力的高层促销。② 具体见表9-1、表9-2。

表9-1 日本高层外访时促成基础设施订单 单位:件

	总理	阁僚	副大臣·政务官	合计
2013	34	46	41	121
2014	32	42	53	127
2015	32	36	51	119
2016	33	31	52	116
2017	30	65	99	194

表9-2 他国高层访日时促成基础设施订单 单位:件

	总理	阁僚	副大臣·政务官	合计
2013	30	72	46	148
2014	12	41	37	90
2015	26	62	43	131
2016	22	46	32	100
2017	26	70	40	136

主要成果有印度高速铁路及海上道路建设、肯尼亚蒙巴萨港开发、俄罗斯邮政体系等。2016年5月伊势志摩G7峰会召开之际,发表"高质量基础设施输出扩大倡议",提出2017年之后的5年间向世界提供约2 000亿美元的基础

---

① 「第36回経協インフラ戦略会議(2018年4月10日)」, http://www.kantei.go.jp/jp/singi/keikyou/dai36/siryou1.pdf.

② 「第37回経協インフラ戦略会議(2018年6月7日)テーマ:インフラシステム輸出戦略フォローアップ第6弾」, http://www.kantei.go.jp/jp/singi/keikyou/dai37/siryou1.pdf.

设施投资资金。该倡议以及"高质量基础设施伙伴关系"提出的项目计划通过以下的支援事例实现：①JICA 与亚洲开发银行的合作。通过在 ADB 内设置的信托基金，2017 年向印度尼西亚可再生能源事业、泰国的煤气火力发电事业提供支援。②JBIC 的机能强化。

第四节　日本高质量基础设施合作伙伴关系的新动向

在高质量基础设施建设方面，日本最近一年表现出几个新的动向。一是源于日本内部的竞争动力需求，以便获得更多订单。至 2018 年 6 月，日本国内生产总值（GDP）已实现连续 10 个季度增长，为 28 年来首次。不过，作为安倍经济学的重要目标，通胀 2% 至今未能实现，物价、消费、工资、投资持续低迷的"通缩"状态尚未结束。2017 年 7 月 11 日，日本广播协会（NHK）一项国内民众的舆论调查结果显示，感受到经济复苏的受访者只有 9%，而没感受到经济复苏的受访者高达 56%。日本财务省公布的数据显示，截至 2017 年年底，日本公共债务超过 1 085 万亿日元，创下历史新高。据 IMF 等机构计算，日本公共债务约占 GDP 的 240%，已经成为世界上债务负担最重的国家之一。日本经济增长需要海外市场的提振，安倍政府将基建出口作为"安倍经济学"增长战略的支柱之一，目标是在 2020 年之前将实际中标额提升到 30 万亿日元。但是从 2014 年到 2016 年，每年的年度增加额仅为 1 万亿日元，呈现出增长停滞趋势。二是源于日本的新战略特别是"印太战略"的需求，2017 年年底以来日本的高质量基础设施合作伙伴关系与"印太战略"之间的联系增多。三是日本对华外交的相关转向。日本企业对中国"一带一路"期待的声音也日益增强，推动政府调整此前与中国"一带一路"对抗的路线。加上 2017 年 6 月，美国总统特朗普本人首次表达就"一带一路"和中方合作的意愿，也让日本开始在这个问题上"回心转意"。也由于这些原因，2018 年 6 月，在日本政府公布的基础设施建设基本方针——《基础设施系统出口战略（修订版）》中首次加入了推进日中合作的内容。

一、调整基础设施出口策略，增加了新形式的相关内容

日本政府非常重视并支持基础设施出口。2013 年 3 月，日本政府成立由

内阁官房长官菅义伟负责的"经协基础设施战略会议",当年5月提出了在2020年之前将基础设施出口总额由10万亿日元扩大至30万亿日元规模。日本政府还从资金方面提供支持。2014年10月,日本设立由国土交通省管理的"海外交通与城市开发事业支援机构"(JOIN),使用约1100亿日元投资额度投资基础设施,分担民间企业的风险。海外基础设施事业涉及资金,只靠当地政府公共投资和日本政府开发援助难以满足,所以近年来,日本官民联合方式增多。2014年11月,瑞穗银行设立了高达2亿美元的"瑞穗基础设施基金",用于投资亚洲基础设施项目。据《日本经济新闻》报道,为在中南美推进高质量的基础设施投资,日本财务省和国际协力机构(JICA)2016年4月10日与美洲开发银行(IDB)达成合作协议。由日本政府出资500万美元(约5亿日元)在美洲开发银行设立基金。日本在亚洲的基础设施投资是与亚洲开发银行(ADB)合作的,与美洲开发银行的合作使日本主导全世界基础设施投资体系进一步完善。在美洲开发银行设立的500万美元基金用于发掘优良基础设施项目所需的调查准备活动。同时,国际协力机构把面向中南美发展中国家的10亿美元融资框架扩大到三倍至30亿美元。美洲开发银行和国际协力机构共同完善便于解决大型合作融资的体制。

在印度尼西亚的高铁项目中输给了报价更低的中国企业,在土耳其的吊桥建设项目中输给了韩国企业,特别是在"一带一路"建设的进程下,日本倍感压力,开始进行一些方案调整。2017年5月,日本在基础设施系统出口战略方面提出了修正案。该修正案的特点是,针对目标出口国家的城市建设计划,日本将从设计阶段就开始提供方案,对法律制定、人才培养和筹资等进行全面支援。修正案希望凭借日本擅长的细致服务获得订单。修正案中明确写入了从开发阶段就参与对象国家的城市建设计划等方针。提出了为对象国家培养项目负责人以及提供竣工后的维护和管理等长期支援方案。具体而言,日本将以东盟(ASEAN)各国和地区为中心,提出国土规划和城市规划的制定和修改建议。此外,还将涉足培养在当地负责设备运营和维护管理的人才,以及协助完善法律制度;推动各国在解决城市建设问题时采用日本技术;设想了缓解交通拥堵和将信息通信技术(ICT)应用于防灾对策。相关报道称,日本把电力、铁路和信息通信等定位为扩大技术和服务出口的重点领域,为扩大在海外市场的展开,将在各领域分别制定战略。相关省厅、民营企业和行业团体等将携手展开讨论。将列出积极推进出口的技术、领域、具体举措以及以数年为单位的目标值。例如在铁路领域，除了预定在印度建设的新干线等高速铁路网之外，东南亚的地铁等交通基础设施建设也成为日本的目标。在电力领域，考虑扩大高效率火力发电站的出口。在信息通信领域，考虑提供生物特征识别技术和在俄罗斯推进邮政技术。按国别来看，力争获得马来西亚与新加坡间高速铁路的建设支援项目订单以及美国磁悬浮铁路项目订单。在俄罗斯方面，将具体落实日本 2016 年提出的 8 项对俄经济合作计划，推进邮政事业的技术合作，开设作为医疗机构的图像诊断中心等。2017 年 10 月 30 日，日本政府公布了作为基础设施出口三大重要领域的电力、铁道（城轨）和信息通信的海外拓展战略。日本政府希望通过提供从设备建设到运营的成套服务等，争取在与欧美企业以及崛起的中国企业的竞争中占据优势，扩大在新兴市场国家所占份额。

日本政府希望把在其他国家推广的高精度的"高质量"技术运用于其他领域。2018 年，日本与越南和马来西亚达成设置通过雷达探测飞机位置和异物以确保安全的电波系统的协议，并力争在 2020 年再次获取新订单，预计两个机场均将于 2019 年开始运作该系统。日本企业还试图把在机场系统上所积累的经验用于气象及防灾等其他使用电波领域的基础设施出口，以达到"高质量"的目的。此外，除了与企业合作推进技术开发和人才培养外，日本政府还计划邀请各国政府及机场相关人员举行展会以期促进出口。①

二、注重"印太地区"的连接性，与"印太战略"对接

自 2016 年 8 月日本提出"自由开放的印太战略"之后，2017 年以来，日本高质量基础设施合作伙伴关系就开始注重加大对"印太地区"的投资建设。主要原因有两个：一是世界经济的重心逐渐从大西洋两岸向"印太地区"转移，特别是受亚洲经济增长的推动，"印太地区"正成为世界最重要的贸易走廊。经济重要性的提升使日本空前重视"印太地区"。二是日本部分政客认为，接受中国贷款的发展中国家一旦没有还款能力就会受到中国的"要挟"，而这将

---

① 共同社：《日本政府加快向东南亚机场出口雷达探测系统》，2018 年 7 月 17 日，https://china.kyodonews.net/news/2018/07/9ff959132a88.html。

对立足于"自由开放"的日本不利。

日本担心中国在推行"一带一路"中,加快掌握亚洲港口的控制权,因此积极收购南亚和东南亚的港口股权。2017年6月9日,根据《日经新闻》的报道,日本政府主导的国际协力机构(JICA)出资收购位于东南亚的海运要冲柬埔寨唯一的国际港口——西哈努克港,日本买下了12.5%的股权。日本政府还力促日本企业掌握其他港口,如计划投资缅甸的迪拉瓦港口以及参与泰国的兰查邦海港运营。三井物流也正联合印度的塔塔集团一起开发斯里兰卡西南部的港口科伦坡港,该港位于亚洲与欧洲中间,是印度极力发展的物流重镇,也是日本所认为的重要的交通通道。早在2017年4月,日本就对斯里兰卡提供了海警支援,目前日本还拟对斯里兰卡提供总额450亿日元贷款,以对这一港口进行扩充。

2018年1月4日到6日,日本外相河野太郎访问了"一带一路"沿线国巴基斯坦、斯里兰卡和马尔代夫,向这三个印度洋地区国家承诺提供基础设施援助。在与斯里兰卡外长马拉帕纳的会谈中,考虑到斯里兰卡把重要港湾权益租借给中国,河野强调港口有必要保持透明度、开放性和经济性,暗示斯里兰卡不要过度倾向中国。而此前的2014年9月,中国国家主席习近平已访问斯里兰卡并就推进战略合作伙伴关系达成协议。

2018年1月22日,安倍在施政演说中又提及:"从太平洋到印度洋",日本将推动"自由开放的印太战略",强调日本"在这个大方向的指引下"应对日益增加的亚洲基础设施需求。① 2018年,日本政府开发援助的主要投资项目包括在非洲海湾地区的基础设施。加上日本提出在东海、南海至印度洋一带"强化连接性",日本对外援助的一部分集中于岛屿雷达建设和海湾设备建设。相较2017年的年度预算申请,2018年日本外务省的预算申请达4 343亿日元,增加10%以上,其中大部分将用于日本首相安倍晋三提出的"自由开放的印度洋太平洋战略"及"高质量基础设施投资"等方面的建设上。

考虑到很多太平洋岛屿国家虽有着广阔的专属经济区(EEZ)但港湾等海上基础设施却十分薄弱的现状,在日本政府的主导下,2018年5月于日本福岛县磐城市举行的太平洋岛屿国家首脑参加的"太平洋岛屿峰会"的联合宣言中

---

① http://www.kantei.go.jp/cn/98_abe/statement/201801/20180122siseihousin.html.

提及：与擅长建设"高质量基础设施"的日本加强合作以及"自由开放的海洋秩序"的重要性。安倍在会上愿推动日本企业投资及人员交流。① 2018 年 6 月 12 日，安倍晋三与到访的老挝总理通伦举行会谈，在确认强化两国战略伙伴关系的同时，日本表示将继续为老挝完善基础设施和培养人才提供协助。② 2018 年 6 月，安倍还透露，为支援"印太地区"的基础设施投资，日本将在日本国际协力银行设立新的框架，在此后的 3 年内提供约 500 亿美元的资金。日本政府还决定于 2019 年 8 月下旬在横滨举行的第 7 届非洲开发会议（TICAD）上表明对非洲援助基础设施建设和人才培养，凸显"高质量基础设施"建设与"自由开放的印度太平洋战略"之间有重要的关联性。日本通过TICAD 强调"高质量基础设施"建设以及首相安倍晋三提倡的"自由开放的印度太平洋战略"的重要性，力图体现存在感。③

三、随着中日关系逐渐改善，高质量基础设施合作伙伴关系与中国"一带一路"建设合作空间变大

2017 年 5 月，时任自民党干事长二阶俊博率团出席北京"一带一路"国际合作高峰论坛，并在论坛上表现出对"一带一路"积极响应的态度。此后，日本政府对"一带一路"建设的态度已由最初的怀疑、消极，逐渐转向客观、积极。安倍也在公开场合多次表示，"期待'一带一路'为地区和世界的繁荣、稳定作出积极贡献。"自 2017 年下半年以来，日本内阁官房、外务省、经济产业省、财务省等省厅已经多次召开协调会议商讨对华合作事宜，制定了参与"一带一路"倡议的方针。日方希望把重点放在基础设施建设的投资上，其中包括中日企业在连接亚洲、欧洲与非洲并有主要贸易线路通过的亚洲国家内开展能源项目合作，也在考虑为改善物流和加快货物运输而开展道路、铁路等方面合作。2017 年 11 月 14 日，安倍晋三在菲律宾马尼拉举行记者会，提及中国倡导

---

① 《日本将协助岛屿国家强化海上基建（2018）》，https://china.kyodonews.net/news/2018/05/8e04933912fb.html。
② 《安倍与老挝总理会谈 确认继续协助基建和人才培养》，https://china.kyodonews.net/news/2018/06/884457678925-.html。
③ 共同社：《日政府拟于明年 8 月下旬在横滨召开非洲开发会议》，https://china.kyodonews.net/news/2018/07/ee626deeeabd-8.html。

的"一带一路"经济带构想,呼吁把确保基础设施建设的透明性等国际社会的共识纳入考量,为地区及世界的和平与繁荣做出贡献。安倍称,"作为日本,将从这一观点出发给予合作",并表示希望就环境、节能领域及"一带一路"等对世界的有益举措展开活跃讨论。2018 年 1 月 22 日,安倍晋三在国会施政演说中也明确表示,日本"将与中国合作,应对不断扩大的亚洲基础设施需求"①。2018 年 1 月,安倍的首相助理薗浦健太郎介绍称,日本政府将摸索与中国的"一带一路"经济带构想开展合作。他表示"日中关系今年将有重大改善"。亚洲开发银行(ADB)行长中尾武彦也表示有意与中国主导的亚洲基础设施投资银行(AIIB)推进合作。2018 年 4 月 10 日,日本第 36 次经济合作与基础设施战略会议强调与他国企业进行战略性合作。②

2018 年 5 月李克强总理对日本进行访问,中国总理时隔 8 年再次正式访问日本。日方以超高规格的"公宾"标准予以接待,行程安排非常丰富、充实,显示日方对李克强此访的高度重视。此次访问中,中日两国有关部门签署了一系列具体领域的合作协议和备忘录,内容涉及科技创新、服务贸易、第三方市场合作、金融合作和社会保障合作等,为两国继续推进务实合作、扩大共同的利益基础规划了重点领域和方向。围绕针对第三国的日中合作,安倍与李克强总理举行会谈时就设立官民合作机制达成一致,签署《关于中日企业第三方市场合作的备忘录》,同意加强双方在第三方市场的合作。日方计划委任与安倍关系亲近的首相助理和泉洋人为负责人,考虑利用该框架邀请中方参与。此次访问不久之后,第四届远东经济论坛上,习近平主席又在符拉迪沃斯托克会见安倍。8 月 31 日,第七次中日财长对话在北京举行。10 月 11 日,第四轮中日企业家和前高官对话会在中国举行。闭幕之后,两国的企业家、前政府高官及专家学者近 70 人又参加了对话会,围绕如何促进经济全球化、推动亚洲基础设施建设、加强中日创新合作等议题进行了交流。2018 年 6 月,日本政府公布的基建领域基本方针《基础设施系统出口战略》修订版中首次加入了推进日中合作的内容。2018 年 7 月,围绕日本主导的西非开发计划,政府内部出现

---

① http://www.kantei.go.jp/cn/98_abe/statement/201801/20180122siseihousin.html.
② 首相官邸,「第 36 回経協インフラ戦略会議」,http://www.kantei.go.jp/jp/singi/keikyou/dai36/siryou1.pdf.

呼吁中国参与的方案。日本内部讨论在西非通过中日合作修建多条道路，总长约4 000千米的"成长之环"计划。该计划南北连结科特迪瓦等几内亚湾沿岸3个国家与内陆国家布基纳法索，东西贯通尼日利亚至科特迪瓦的海岸沿线。日本就相关项目正在实施逾350亿日元（约合人民币21亿元）的借款及无偿资金援助，2018年1月已制订整体修建计划。[①] 此外，日本高质量基础设施合作伙伴关系也关注其他区域的互联互通，如东非北部走廊开发、西非"成长之环"广域开发等。这使其与"一带一路"建设的合作有了更广阔的空间。

2018年9月，中日围绕"一带一路"经济带构想展开合作的官民合作机制首次会议召开，对两国企业可共同参与的第三国基础设施建设项目进行具体化。首次会议上，双方就在亚洲及非洲的具体项目的实现可能性等展开磋商。双方讨论了在泰国建设铁路、中欧铁路运输领域的物流合作以及由政府金融机构出资等。[②] 10月11日至12日，第四轮中日企业家和前高官对话在北京召开，中国国务院前副总理曾培炎和日本前首相福田康夫分别带领两国企业领袖、政府前高官及知名学者各30余名代表参加了对话，并达成五项共识：其中包括促进贸易和投资自由化便利化，共建"一带一路"和第三方市场合作，创新合作产业升级，应对老龄化社会和环境问题等方面。就"一带一路"与第三方市场合作，联合声明写道：双方同时认为，作为经济增长中心，亚太地区不断发展。为适应以亚洲为代表的庞大的基础设施建设需求，推进包括"一带一路"框架内的第三方市场开发，双方就充分发挥两国企业各自的优势，推动建立紧密的合作伙伴关系达成一致。[③] 同时，双方认为要在确保开放性、透明性、经济可行性、财政健全性的基础上积极发挥两国领导人交流成果"中日民间商务第三方合作相关委员会"、"中日第三方市场合作论坛"的作用。

2018年10月，第一届中日第三方市场合作论坛在北京举行。根据日本经济产业省网站公布的信息，本次论坛上，中日双方共计约1 400人出席，政府机

---

① 《日本欲借合作开发非洲凸显改善对华关系姿态》，https://china.kyodonews.net/news/2018/07/2c62a00e92e2.html。

② 共同社：《中日举行"一带一路"首次合作会议，日方提四点要求》，搜狐网，2018年9月27日，http://www.sohu.com/a/256510959_115479。

③ 《中日企业家和前高官对话在京召开 达成加强经贸合作五项共识》，中国新闻网，2018年10月12日，http://www.chinanews.com/gn/2018/10-12/8648562.shtml。

构、企业和经济团体共签署了52份合作协议,日本签约方以企业界居多。涉及基建、物流、IT、金融、能源等广泛领域。10月26日,在华访问的安倍首相在会见习近平主席时称:"'一带一路'是很有潜力的构想,日方愿同中方在广泛领域加强合作,包括共同开拓第三方市场。"习近平向到访的安倍表示会认真考虑2019年访日,李克强也表明了将协调2019年在中国举行中日韩首脑会谈,安倍访华事宜。除了2020年东京奥运会、2022年北京冬奥会的举行外,2022年9月将迎来中日邦交正常化50周年,预计两国首脑将频繁互访,这也必将在一定程度上促进日本高质量基础设施合作伙伴关系战略与中国"一带一路"建设之间的合作与良性互动。

第五节 日本高质量基础设施合作伙伴关系的前景与影响

日本在推进高质量基础设施合作伙伴关系上具有一定的优势。随着形势的变化,日本也将会在广度和深度上进一步扩展高质量基础设施合作伙伴关系,深化这一战略,为日本利益服务。但另一方面,高质量基础设施合作伙伴关系也面临着一些制约因素。作为"高水平"的体系化战略,高质量基础设施合作伙伴关系的影响需要重视。

一、三大推进优势

高质量基础设施合作伙伴关系是新时期日本对外援助战略的一部分,经过了长期的酝酿,并在展开"一带一路"建设和亚投行推进的背景下最终推出,后又经历扩展,具有很强的竞争性,具备独特的优势条件,这也是该战略能够持续推进的基础。

第一大优势是,日本战后很早就开始以对外援助的形式在海外展开基础设施投资建设,既有业绩基础也有丰富经验。1954年日本就加入科伦坡计划开始对外援助。安倍在"投资亚洲未来"的演讲中也以此为优势,他说:"在战后不久,日本国内仍然留有浓重的战败伤痕时起,我们就开始支援刚刚独立的亚洲各国。"[①]

---

① 『第21回国際交流会議「アジアの未来」晩餐会 安倍内閣総理大臣スピーチ』、日本首相官邸ホームページ、http://www.kantei.go.jp/jp/97_abe/statement/2015/0521speech.html。

而日本主导的亚开行成立50年来，也展现了开发大型基础设施项目的能力，并得到受益国的好评。日本的企业也遍布全球，可以随时为这一战略提供支撑。如在重点地区东盟，2014年6月有日企6 092家，2015年6月有6 525家，2016年6月有6 914家。① 此外，日本还具有良好的开展对外援助的国民支持基础，2016年12月26日，日本内阁公布的"外交舆论调查"结果显示，仅有4.2%的被调查者对"开发援助"持"不支持和不知道"的态度。② 日本经团联等有影响力的团体也经常向政府作政策建言，推动日本战略性展开海外基础设施投资。③ 此外，高质量基础设施合作伙伴关系对民间企业及各国际金融机构的积极引入，既融入了大量的资金，也进一步增强了这一战略国内外支持基础。

第二大优势是，"高质量"优势是日本深化这一战略的强大软实力。日本先进的技术和管理使其在基础设施投资领域具有较强的竞争力。缅甸水电站建设、印度德里高速输送体系建设计划、日越友好桥建设等都是日本在高质量基础设施上令人信赖的案例。④ 日本先进的管理也使高质量更有竞争力。日本东海道新干线自1964年开通以来，列车运行导致的车内死亡事故为零，每辆运行列车的平均延误时间2015年4—9月仅为18秒左右，这也是日本JR东海企业在海外推销的招牌。⑤ 日本对包括技术转移、改善环境、服务当地等更广义上的高质量基础设施建设的强调也很有吸引力。日本认为，自己在援助方面的优势不仅是单纯的技术，更重要的是对当地人才培养的贡献。⑥ 基础设施建设能力与基础较差的国家和地区也易于对日本一揽子的"高质量"输出采取接受态度。

---

① 「第26回経協インフラ戦略会議」、http://www.kantei.go.jp/jp/singi/keikyou/dai26/siryou1.pdf。

② 「外交に関する世論調査」の概要（平成28年11月調査）、http://survey.gov-online.go.jp/h28/h28-gaiko/gairyaku.pdf。

③ 2013年，日本经团联向日本政府提出了"向海外展开战略的基础设施体系"政策提言，见[日]日本経済団体連合会、「戦略的なインフラ・システムの海外展開に向けて～主要国別関心分野ならびに課題～」、http://www.keidanren.or.jp/policy/2013/100.html。

④ "Quality Infrastructure Investment"，Casebook，http://www.mofa.go.jp/files/000095681.pdf。

⑤ 《日本高铁或在德克萨斯扳回一局》，http://cn.nikkei.com/industry/manufacturing/16995-20151118.html? start=1。

⑥ 松本大瑚、「平成28年度（2016年度）政府開発援助予算」、『立法と調査』、No.374。

第三大优势是，日本政府对高质量基础设施合作伙伴关系非常重视，是这一战略继续推动的政治动力。从内部看，日本政府通过"经济合作与基础设施战略会议"，指导和策定有关高质量基础设施投资的各项课题，并建立各种协调机制。从外部看，安倍政权不断"俯瞰地球仪外交"，促进海外基础设施投资。经济合作与基础设施战略会议就指出，近年来海外基础设施订单的获得和日本政府高度重视以及首相与阁僚大量外访、积极推销有关。[1] 日本还积极主张通过各国驻日大使及强化议员外交等来促进这一战略。[2] 包括"战后体制摆脱"在内的日本政治大国化战略目标的实现需要稳定的长期政权。为巩固执政基础，获取更多的支持率，安倍经济学仍是日本政府致力的主要方向。目前安倍经济学"已经进入第二阶段"[3]，其"第三支箭"就是唤起民间投资的成长战略。2016年，日本发布的新"再兴战略"强调"收获海外成长市场"、"扩大基础设施体系出口"。[4] 2016年12月22日，日本财务省发表的2017年财政投融资计划比2016年增加12.2%，是4年后的首次增加，其中"安倍重视支持基础设施输出是主因"。[5] 2017年1月20日，日本外相岸田文雄在国会的外交演说中也表态要"官民一体地全力扩大高质量基础设施的出口"。[6] 高质量基础设施合作伙伴关系构建中的机制完善和国际化推动，既表明了日本政府的战略决心，也为日本深化这一战略解开束缚。

---

[1] 2015年6月2日召开的第18次"经济合作与基础设施战略会议"总结，安倍晋三2012年底出任首相，实施次数从2012年的10次增至2013年的34次，2014年也多达32次。包括阁僚在内总次数2013年为121次，2014年为127次。见「第18回経協インフラ戦略会議テーマ：インフラシステム輸出戦略フォローアップ第3弾」、日本首相官邸ホームページ、http://www.kantei.go.jp/jp/singi/keikyou/dai18/siryou1.pdf。

[2] 「インフラシステム輸出戦略（平成28年度改訂版）」、http://www.kantei.go.jp/jp/singi/keikyou/dai24/kettei.pdf。

[3] 「日中韓ビジネスサミット安倍総理挨拶」、日本首相官邸ホームページ、http://www.kantei.go.jp/jp/97_abe/statement/2015/1101jck_business.html。

[4] 『名目GDP600兆円に向けた成長戦略（「日本再興戦略2016」の概要）【案】』、日本首相官邸ホームページ、http://www.kantei.go.jp/jp/singi/keizaisaisei/skkkaigi/dai27/siryou1.pdf。

[5] 『29年度の財政投融資計画が4年ぶりに増加 リニア新幹線延伸前倒し、インフラ輸出支援』、『産経新聞』2016年12月23日、http://www.sankei.com/economy/news/161223/ecn1612230010-n1.html。

[6] 『第193回国会における岸田外務大臣の外交演説』、日本外務省ホームページ、http://www.mofa.go.jp/mofaj/fp/pp/page3_001969.html。

二、横纵双向的扩展前景

随着区域互联互通要求的加强以及中国"一带一路"建设的推进,日本也将进一步扩展高质量基础设施合作伙伴关系,而目前日本的一些动向也显示出某些扩展前景。

横向看,随着区域经济一体化的发展,日本高质量基础设施合作伙伴关系将在广度上进一步扩大。日本重视和推动区域经济一体化的趋势,并将其作为促进民间资本在海外投资活力的重要契机。安倍说:"无论是区域全面经济伙伴关系(RCEP)还是亚太自由贸易协定(FTAAP),重点应为促进民间活力、丰富创新",日本与他国"EPA 的早日生效"定会加速"多种技术合作与投资"①。2015 年年底,东盟经济共同体宣布建成,这也进一步需要更多互联互通的基础设施建设,《东盟 2025》在展望未来 10 年发展方向时就强调了基础设施建设的重要性。日本近期主要集中三个层面推进高质量基础设施合作伙伴关系:一是都市层面,主要包括越南河内和乐高科技园区构想,印度安得拉邦新首府开发,缅甸仰光都市圈开发等。二是以交通基础设施为轴的地域开发层面,主要包括印度德里-孟买产业大动脉构想,菲律宾克拉克军事基地旧址开发等。三是创造地区成长力的战略走廊及据点开发层面。包括缅甸土瓦地区开发构想,东非北部走廊开发、莫桑比克纳卡拉回廊开发、西非"成长之环"广域开发等。② 而随着区域经济一体化的发展,日本将会进一步在超国别层面上横向扩展这一战略。

纵向看,日本高质量基础设施合作伙伴关系的内容和运行机制也将进一步深化。2017 年年初,日本在为日美首脑会谈而准备的相关构想就显示出某些未来前景。这个最终并未在首脑会谈中被正式提出的构想主要包括,日本将动用养老金向美国基础设施投资以及日美两国在世界范围内的基础设施投资上合作。③

---

① 『第 21 回国際交流会議「アジアの未来」晩餐会　安倍内閣総理大臣スピーチ』、日本首相官邸ホームページ、http://www.kantei.go.jp/jp/97_abe/statement/2015/0521speech.html。
② 『第 28 回経協インフラ戦略会議』、日本首相官邸ホームページ、http://www.kantei.go.jp/jp/singi/keikyou/dai28/siryou1.pdf。
③ 「「米で70万人雇用創出」首相、首脳会談で提案へ　投資、年金資産も活用」、『朝日新聞』2017年 2 月 3 日、http://digital.asahi.com/articles/DA3S12778824.html?_requesturl=articles/DA3S12778824.html。

一方面,从全球范围看,很多国家都把养老金用来海外投资,而日本拥有全球最大的养老基金。根据野村综合研究所2015年的估算,日本投资业保有的资金大致为1 901万亿日元,其中养老金有317万亿日元。① 在海外基础设施投资市场需求下,为投入更多资金与中国及亚投行竞争,日本很有可能动用这笔基金。另一方面,在基础设施投资领域形成日美同盟更有利于日本对外展开竞争,这也是日本一直希望的。此外,出于和亚投行竞争的考虑,亚开行正拟敦促和推动各国政府调整承建商的招标方式,将环境影响和技术实力纳入评估标准,同时在投资额中包含维护和更新成本。②

三、面临"三大制约"

尽管其为了提升在海外的投资竞争力,日本高质量基础设施合作伙伴关系突出"高质量",加强"国际化",并在"多资金"和"迅速化"方面进行了机制调整。但战略扩展后,日本构建的这一伙伴关系所包含的无论是地域范围还是投资内容都大为扩大,以上一些具体的微观调整并不能根本缓解日本"小马拉大车"的困境。另一方面,由于该战略仍然是在以日本新"开发合作大纲"及亚投行为主的框架下开展对外援助,仍存在着固有的制约。

第一大制约,资金不足。高质量基础设施合作伙伴关系的资金主要来自ODA、亚投行以及民间资本等。随着国家整体经济实力的下降,日本对外援助力度已经变弱。2015年ODA的一般预算连续16年减少,2016年和2017年分别略有回升,但仍不到1997年的一半。③ 数据显示,2017年,日本外务省的ODA预算为4 343亿日元(政府总体的ODA预算为5 527亿日元),其中有关高质量基础设施援助的ODA仅为714亿日元。④ 亚开行方面本身也面临资金来源不足的问题。尽管2015年的业务(包括获批贷款和赠款、技术援助及联

---

① 清水聡「アジアのインフラ整備における官民連携(PPP)拡大の課題」、『環太平洋ビジネス情報』Vol. 16、No. 61。
② 「融資通じインフラ改善 アジア開銀が新基準」、『日本経済新聞』2017年2月25日、http://www.nikkei.com/article/DGXLASFS18H0D_U7A220C1MM8000/。
③ 「一般会計ODA当初予算の推移(政府全体)」、http://www.mofa.go.jp/mofaj/gaiko/oda/shiryo/yosan.html#section3。
④ 「平成29年度 外務省ODA予算(案)の概要」、http://www.mofa.go.jp/mofaj/gaiko/oda/files/000218568.pdf。

合融资)创下271.5亿美元的历史新高,比2014年的228.9亿美元增长了近19%①,加上日本也拟将亚开行的融资能力提升50%,但考虑到基础设施投资(2015年之前每年大概130亿美元的额度)只是亚开行的核心业务之一,显然高质量基础设施合作伙伴关系战略下的资金无法满足全球基础设施建设的需求。亚开行最新发布的报告指出,到2030年仅亚太地区的基础设施建设需求就超过22.6万亿美元(每年1.5万亿美元)。如将气候变化减缓及适应成本考虑在内,相关数据将提高到26万亿美元,即每年1.7万亿美元。从人口占地区整体96%的主要25国来看,目前的基础设施年投资额为8810亿美元,仅为需求的一半左右。② 就具体的案例看,2017年9月,安倍首相去印度访问,拿下了一个铁路项目。日本援助建设连接孟买和艾哈迈达巴德的印度首条高速铁路。按照合同规定,日本向印度提供利率为0.1%、在50年内还清的120亿美元贷款,这占该项目预计成本的80%以上。建设印度铁路,估计倾注日本全国的技术力量也还是不够用。另一方面,由于基础设施建设项目投资时间较长,投资回报率低,尽管日本增加对高风险项目的援助及强化贸易保险功能,但未来会有多少民间资金参与其中有待观察。

第二大制约,审核标准过严,往往还有附加性规定。亚开行贷款条件比较严苛,这也使很多有需要的国家无法获得相关资金援助。《建立亚洲开发银行协定》中规定:"亚行在提供或担保贷款时,应充分注意到借款人及其担保人将能按合同条件履行其义务的前景。"③亚投行采取发达国家的标准对项目逐个进行评估,具体包括技术评估、经济评估、财务评估、环境和社会评估、稳健及财务管理评估、法律评估、采购评估、成本收益评估以及风险评估等。必要时,亚开行还依赖独立第三方对上述一个或多个方面进行评估。而在政策性贷款方面,亚开行在2000—2010年间的政策性贷款的平均附加条件为31项,高于世界银行的水平。尽管亚开行相关报告也建议简化贷款条件性,但同时又强

---

① 《批准金额(2006—2015)》,https://www.adb.org/sites/default/files/related/40904/1.批准金额(2006—2015).pdf。

② Meeting Asia's Infrastructure Needs,https://www.adb.org/publications/asia-infrastructure-needs.

③ Agreement of the Establishing the Asian Development, https://www.adb.org/documents/agreement-establishing-asian-development-bank-adb-charter.

调相关条件的前置性和约束性。① 虽然日本政府在2015年11月提出高质量基础设施合作伙伴关系的"进一步措施"中强调视具体情况免除当地政府的担保,但出于风险和安全考量,还有很多发展中国家的项目依然在日本要求当地政府提供担保的范围之内。

第三大制约,对合作对象在民主、人权以及环境等方面有一定的要求。2015年新《开发合作大纲》强调应对"为实现共有普遍价值、和平及安定、安全的社会目标予以支援"②,"共有普遍价值"包括促进和巩固民主化以及人权等。2016年3月,日本发布的《开发合作白皮书》也强调支援民主化,并表示为了在包括东盟地区在内的东亚形成"建立在共有普遍价值观基础上的秩序",支持各国建设基础设施的行动。③ 亚开行的相关文件注重环境标准,涉及生物多样性、重要栖息地、自然栖息地、保护区、土地和水资源利用的可持续性、污染防治、资源效率和气候变化等诸多方面。④ 对于注重人权和环境等相关标准,亚开行行长中尾武彦仍表示:"包括发展中国家在内整个社会都要求采用这一标准。"中尾还强调,即便与亚投行合作融资"也不会降低这一标准"⑤。这种为日本"理念"而过多介入受援国内部的做法显然没有充分考虑援助国实际情况,也容易引起反感,不利于日本高质量基础设施合作伙伴关系的深入推进。

此外,一些外部性制约因素则包括:一是需求方在质量、价格乃至施工速度间总有侧重性选择,这不是日本"高质量"所能解决的。二是各国利于实施官民合作(PPP)的环境有很大差别。根据经济学人智库2014年的数据,按满分100分计算,得分最高的是澳大利亚91.8分,发展中国家则大多处于50分左右。⑥ 三是还面临着普遍性的海外投资风险及当地相关法律及制度不成熟等障碍性因素。如在由日本援助推进首个高铁计划的印度,2018年3月开始

---

① 廖凡:《比较视野下的亚投行贷款条件研究》,中国法学网,http://www.iolaw.org.cn/showArticle.aspx?id=4817。
② 『開発協力大綱』,http://www.mofa.go.jp/mofaj/gaiko/oda/seisaku/taikou_201502.html。
③ 「2015年版開発協力白書」,http://www.mofa.go.jp/mofaj/gaiko/oda/files/000137901.pdf。
④ 廖凡:《比较视野下的亚投行贷款条件研究》,中国法学网,http://www.iolaw.org.cn/showArticle.aspx?id=4817。
⑤ 《亚开行行长:考虑与亚投行合作融资》,http://cn.nikkei.com/politicsaeconomy/politicsasociety/13691-20150326.html。
⑥ 清水聪,「日本のインフラ輸出推進戦略の現状と課題」,SMBC Asia Monthly,第88号,2016年7月。

在孟买的马哈拉施特拉邦发生当地居民反对土地被征用而持续进行抗议活动,导致2018年年内全面开工的建设计划推迟。当地居民表示,之前在附近建设水坝和发电设施时,政府承诺将确保就业并完善基础设施却"什么也没遵守",显露出对政府的不信任。①

四、具有"三重影响"

安倍提倡"富有雄心勃勃的高水平的协定"②,强调"高品质将会得到合理的评价,公正的规则也会得以共享"。③ 高质量基础设施合作伙伴关系是与TPP有异曲同工之处的又一个"高水平协定",是日本国家整体战略的一部分,具有重要的影响。

首先,深化日本大国化战略。"各种形式的对外援助其本质都是政治性的,主要目标都是为了实现国家利益。"④高质量基础设施合作伙伴关系有利于增强日本在相关地区的影响力和相关领域的主导力。高质量基础设施合作伙伴关系是一个"一揽子输出"战略,注重日本在投资地"事业"的扩大。⑤ 从经济层面看,日本在具体收获订单的同时也为本国企业在当地的投资创造有利条件,而且还通过"一揽子输出"造成当地在经济上对日本的某种依附,继续为日本维持经济大国服务。政治层面,日本通过援助增强彼此的信赖和友好关系,进而为日本在区域政治和安全领域内获取话语权提供条件,深化日本的政治大国化战略。理念层面,日本通过"高质量"强化和影响当地在价值观上追随日本,进一步提升日本软实力。

其次,对区域经济一体化具有双向影响。一方面,在高质量基础设施合作伙伴关系之下,日本通过竞争获得了订单,加强了区域及区域间的互联互通,

---

① 共同社:《热点:日本援建的印度高铁受居民抗议或推迟开工》,https://china.kyodonews.net/news/2018/07/0ab39a55d5bf-.html。
② 「ASEANビジネス投資サミット 安倍総理スピーチ」、日本首相官邸ホームページ、http://www.kantei.go.jp/jp/97_abe/statement/2015/1121speech.html。
③ 「内外記者会見」、日本首相官邸ホームページ、http://www.kantei.go.jp/jp/97_abe/statement/2015/1122naigai.html。
④ Hans Morgenthau, "A Political Theory of Foreign Aid", *American Political Science Review*, Vol. 56, No. 2, 1962.
⑤ 「インフラシステム輸出戦略(平成28年度改訂版)」、http://www.kantei.go.jp/jp/singi/keikyou/dai24/kettei.pdf。

并以高质量的建设从硬件上为促进区域经济一体化的发展提供了保障、创造了条件。但另一方面,日本在区域经济发展中又制造了新的对抗,这又不利于区域经济的一体化发展。在这一伙伴关系构建中,日本试图在全世界制定出基础设施投资领域内的"高规则",并利用所谓的"经济价值观"压制和排挤中国,并通过附加民主、人权及环境等条件"筛选"投资地,违背区域经济发展的多样性和包容性,必然进一步影响区域经济共同体的构建和发展。数据已表明,既有的各种投资资金远远不能满足基础设施领域的市场需求,中日并不是必然要展开零和竞争,日本排他的竞争方式也不会让有需求的国家和地区获益。

再次,与中国"一带一路"建设形成竞合关系。一方面,高质量基础设施合作伙伴关系对中国"一带一路"建设造成竞争态势,甚至阻碍中国在海外推进基础设施的投资与建设。日本高质量基础设施合作伙伴关系侧重在"一带一路"沿线以及战略重要的地区和国家布局,在全球范围内和中国在基础设施投资领域展开竞争,对中国"一带一路"建设深入推进及亚投行业务开展造成阻碍。而且,由于这一战略已超出基础设施投资领域并体现出对抗中国的战略性,这也不利于中日战略互惠关系的推进。在21世纪海上丝绸之路上,作为桥头堡的东盟被选择为对抗中国的"前沿",日本以基础设施建设援助为杠杆,"占据"重要战略通道,并通过经济合作推动安全合作,鼓动域内相关国家与中国激化争端,进而"围堵中国"。丝绸之路经济带上的中亚国家也被选择为安倍"俯瞰地球仪外交"的重点,日本相关基础设施投资活动持续进行。而在非洲,日本重点选择与"支轴国家"包括非盟、西非共同体中的核心国家构建高质量基础设施合作伙伴关系,并在与中国关系密切的国家中打入"高质量"的楔子。日本的这些行为既不利于中日战略互惠关系的推进,也不利于中日全面关系的发展。

2015年,安倍在提出高质量基础设施合作伙伴关系时,公布的1 100亿美元基础设施创新基金①刚好超出亚洲基础设施投资银行计划的1 000亿美元资本金,对"一带一路"有强烈的针对性意味。从推进实际来看,日本的高质量基础设施合作伙伴关系也随着中国"一带一路"的深化而在不断地增加资金数

---

① 首相官邸,『第21回国際交流会議「アジアの未来」晩餐会 安倍内閣総理大臣スピーチ』、http://www.kantei.go.jp/jp/97_abe/statement/2015/0521speech.html。

额，扩大重点投资地域，特别是侧重在"一带一路"沿线国以及重要的支点国家和枢纽地区布局，并扩展到在世界范围内与中国展开基础设施投资竞争。这必然会对中国"一带一路"建设深入推进及亚投行业务开展造成阻碍。第六届非洲开发会议通过的"行动计划"在日本的主导下就强调，和以传统型基础设施援助为主的中国不同，突出地热发电等"高质量"优势，明显用"高质量"来对抗中国"便宜"的基础设施建设。① 2018年以来，日本的"俯瞰地球仪外交"更是加大对高质量基础设施的推介，并宣称这样做的目的是阻止相关受援助国对中国产生"经济依赖"，并阻止受援助国因之对中国产生"政策追随"。在新一轮"中国威胁"的渲染中，日本在一些国家加速推进高质量基础设施合作伙伴关系，赢得基建投资。如在印度推出一项2000亿美元基建计划的，同时还与印度共同推动"亚非增长走廊"项目等，在"一带一路"不断推进的斯里兰卡宣布建设天燃气进口终端等。日本比较关注他国特别是中国的动向，主要还是立足于竞争的层面。日本第31次经济合作与基础设施战略会议认为：中国企业急速地向发达国家扩大。在铁道领域，中国企业中国中车在欧美呈现凌驾之势。日本关注到欧洲也想立足"一带一路"扩大事业。② 日本对中国"一带一路"建设的担心主要包括以下几点：①日本担心中国对一些港口的建设有安全的战略考虑，比如担心在吉布提本应用于民生用途的港口会被用于军事用途。②认为中国的基础设施建设援助方式缺乏经济合理性和透明性，理由是中国向没有还款能力的发展中国家贷款，一旦破产就剥夺他们的经济权益。在中日围绕"一带一路"经济带构想展开合作的官民合作机制的首次会议上，日方就提出合作需要满足四个条件：①顾及对方国家的财政健全性；②开放性；③透明性；④经济合理性。这些条件既是为首相访华期间取得合作成果而提出，也是照顾到了来自强化对中强硬姿态的美国等国的忧虑。③ 对中国的"疑虑"与牵制很大程度上依然存在。

---

① 安倍晋三首相、「12 カ国と"マラソン会談" 中国に対抗、個別に支援策示し連携強化」、『産経新聞』、http://www.sankei.com/politics/news/160829/plt1608290003-n2.html。

② 「第31回経協インフラ戦略会議（2017年7月5日）」、http://www.kantei.go.jp/jp/singi/keikyou/dai31/siryou.pdf。

③ 共同社：《中日举行"一带一路"首次合作会议，日方提四点要求》，搜狐网，2018年9月27日，http://www.sohu.com/a/256510959_115479。

另一方面，日本高质量基础设施合作伙伴关系自身存在的缺陷和面临的障碍又为中日合作提供了一定的可能性。目前中日关系的向好转向也正在促进其与中国的相关合作。尽管也和其他国际金融机构合作投融资等，但高质量基础设施合作伙伴关系的资金主要还是来自日本方面，包括日本政府对外的官方发展援助、日本国际协力银行以及民间资本等，但随着经济的整体低迷与迟滞，日本对外的援助力度已经减弱。① 日本 ODA 一般预算已是十多年连续减少，直到 2016 年开始，日本 ODA 一般预算才稍有回升，但还是不到 1997 年额度的一半。② 2018 年，日本外务省 ODA 预算为 4 344 亿日元（2018 年日本政府整体 ODA 预算为 5 538 亿日元），虽比 2017 年增加了约 10%，但其中有关高质量基础设施援助的 ODA 则不超过 800 亿日元。③ 此外，相较其他海外投资而言，基础设施的投资周期长且回报率低。尽管日本高质量基础设施合作伙伴关系经过扩展后已经对民间资本的海外投资采取了简化手续、鼓励融资、强化保险等促进措施，但在政府对外投资整体呈现乏力的情况下，民间资本的对外输出仍信心不足，并未大量参与其中。而且，高质量基础设施合作伙伴关系战略扩展之后，其所含无论是地域范围还是投资内容都大为扩大，单靠日本及其目前的相关合作机构之力无异于"杯水车薪"，并会造成"小马拉大车"的困境。如在亚太地区，亚洲开发银行在基础设施领域的投资才仅占需求的 2.5% 左右。此外，投资所在地的相关国家在价格、完成工程的时间、"质量需求"之间总有自己的侧重性选择，这也不是日本的"高质量"能解决的。

第六节　中国的应对

事实上，海外基础设施的市场需求非常大，中日两国不必非得展开"零和博弈"。从世界银行估算的数据看，2030 年全球基础设施需求将达到 45 万亿至 70 万亿美元的缺口。经济合作与发展组织认为，2000—2030 年世界范围内

---

① 孟晓旭：《日本高质量基础设施合作伙伴关系的构建与前景》，《国际问题研究》2018 年第 3 期，第 83 页。
② 外务省、「一般会計 ODA 当初予算の推移（政府全体）」、http://www.mofa.go.jp/mofaj/gaiko/oda/shiryo/yosan.html#section3。
③ 外务省、「平成 30 年度外務省予算」、https://www.mofa.go.jp/mofaj/files/000320640.pdf。

的基础设施投资额能达 71 万亿美元。而根据世界经济论坛分析指出,到 2030 年全球基础设施项目年需求至少在 4 万亿美元。① 就亚太地区而言,亚洲开发银行发布的《满足亚洲基础设施建设需求》报告显示,如果维持现有增势并考虑气候变化等因素,到 2030 年亚太的基础设施建设需求将为 26 万亿美元,而该地区目前的基础设施年投资额仅为需求的一半左右。② 而据美洲开发银行(IDB)的推算,中南美整体每年所需的基础设施投资高达 3 000 亿美元左右。由于道路和机场等众多基础设施日趋老化,美国在基础设施建设方面也有很大的资金需求。美国土木工程协会(ASCE)2017 年的报告估测,未来 10 年,美国仅修缮交通、电力和学校等主要基础设施就需要 3.6 万亿美元的费用,而事实却有 1.4 万亿美元的投资缺口。新兴市场国家中,据估计非洲每年基础设施的融资需求约为 930 亿美元,但每年的实际投资约为 450 亿美元,还不到需求的一半。③ 日本在伊势志摩峰会后提出的"高质量基础设施输出扩大倡议"的目标也只是在 2017 年后 5 年内对基础设施投资 2 000 亿美元,中日双方资本金加起来都还远远满足不了市场的需求。另一方面,被安倍内阁作为增长战略支柱的基建出口,从 2014 年到 2016 年,每年投资增加的额度仅为 1 万亿日元,出现了增长停滞的趋势,这距离 2020 年之前将中标额提升至 30 万亿日元的目标还有相当差距。

"一带一路"沿线国家对基础设施的需求较强。仅东南亚国家,如菲律宾,杜特尔特政府发布的经济政策宣称,力争实现 7%~8% 的经济增长,该政策的主要支柱就是基础设施建设。2017 年 5 月,杜特尔特将启动以基础设施开发为核心的经济政策,将在今后 3 年里投入 3.6 万亿比索(约 1 000 亿新元),在马尼拉首都圈和地方城市建设铁道网等。《日经新闻》指出这为期三年的基础设施投资中,六成以上资金将投向交通领域。④ 日本自身也有对于外部基础设

---

① World Economic Forum, "Strategic Infrastructure Mitigation of Political & Regulatory Risk in Infrastructure Projects", February 2015, http://www3.weforum.org/docs/WEF_Risk_Mitigation_Report_2015.pdf.

② Meeting Asia's Infrastructure Needs, https://www.adb.org/publications/asia-infrastructure-needs.

③ 中国驻加蓬经济商务参赞处:《中国对非洲基础设施投资现状及前景》,http://ga.mofcom.gov.cn/article/ztdy/201412/20141200836506.shtml。

④ 《以基建为政策核心 菲拟通过改善交通网实现经济高增长》,《联合早报》2017 年 5 月 8 日。

施建设支持的需求。日本国内的基础设施市场因少子化和人口减少而呈现萎缩。由于有2020年东京奥运会的契机,日本相关的铁路和道路建设、地震灾后重建、磁悬浮中央新干线等基建需求存在一定市场,但从长期看仍面临严峻形势。为此,日本政府自身也正在打算吸纳全球基础设施需求。从两国的经济现实看,目前中国已经成为日本最大的贸易伙伴,而日本则是中国第二大贸易伙伴。2016年,中日双边贸易额已经达到2 703亿美元,45年时间里增长了大约246倍。2017年中日两国贸易额约3 000亿美元(约合人民币2万亿元)。海关总署最新数据显示,2018年1—9月,中日进出口贸易额达到2 437亿美元,同比增长10.7%。当前,中日两国均面临贸易保护主义、单边主义等巨大外部风险,两国更应视对方发展为机遇,不断拓展务实合作的广度和深度,推进战略互惠关系走向深入。因此,对于日本高质量基础设施建设伙伴关系,我们掌握其优势与劣势,看到其挑战与不足,但更重要的是在坚持和平与发展的大局下,在抵御竞争与"遏制"的同时,化挑战为机遇,促成并通过合作来实现共赢。

对中国而言,应做到如下几方面:一是应强化自身,借鉴日本的"高质量"优势,完善对外援助体系,加强对援助国的人才培养、环境保护等全面的"高质量"援助,增强在当地的"软影响力",应对日本及他国的竞争性挑战。二是进一步深化中日政治关系,加强政治互信,提升两国的政治关系,发挥高层战略沟通优势,避免日本对中国误解及误判更深,以此促进包括高质量基础设施合作伙伴关系在内的中日经济合作关系的深化。三是在具体层面上拓展中日合作,两国充分发挥技术设备、资金、人才队伍、管理模式、营销等方面比较优势,优势互补、实现互利共赢。在基础设施建设领域,中日可共同参与开发合作,将中国的价格、高效等竞争优势与日本的工程、运营管理技术优势相结合,采取"直接投资+对外贸易+融资合作"相结合的模式开展合作。在基建项目的材料和技术上,日本有高品质的环保技术,但基于零部件生产的价格高,面对国际竞争较为吃亏,日本可利用中方相对便宜的原材料和零件,在其他国家的基建建设中占得市场。中日可采取技术转让与联合研发等方式展开技术合作;采取相互持股、共同投资等方式展开资本合作;采取联合竞标或相互分包项目等方式进行投资合作,完成一些有代表性的中日联合投资建设的基建项目,共同树立两国在援助国的"软实力"。四是在第三方市场合作中找准重点领域和优先领域,以此为基础展开合作,继而铺开、扩大合作。同时,还可以把代表性企业之间的合作为榜样,带动两国其他企业之间的合作。如可以将中国交建和日本大成建设之间的合作进一步深化成"样板"。中国交建能够在基建领域为客户提供投资融资、咨询规划、设计建造、管理运营一揽子解决方案和一体化服务,大成建设历史悠久,在国际上开发和建设了很多著名建筑项目,日本建筑业素有"政治的鹿岛、技术的清水、能力的大成"的说法,可见在日本乃至全世界,大成建设在能力塑造方面具有突出的表现。大成建设无论在战略、组织、运营、财务、人力资源等方面,还是在公司运营过程中都积累了广博的基本经验,尤其是其能力建设,更可为中国建筑的发展及海外建设提供经验。① 这些"样板"多进行一些成功的合作必将带来更多的合作效应。五是中日两国还可以就长期合作探讨出第三方市场合作的进一步机制,如设立中日共同投资合作基金及联合委员会、秘书处等。

---

① 『日本も「一帯一路」参画を　中国建設大手や外資海運が期待』、https://www.nna.jp/news/show/1813318。

第十章 人口老龄化带给日本服务产业的影响分析

聂海松　杨非凡

引　言

据世界卫生组织(WHO)2018年发布的《世界卫生统计》显示,日本是世界上人均预期寿命最高的国家,居民平均预期寿命为84.2岁,远高于全球平均的72岁,其中女性平均预期寿命为87.1岁,男性平均预期寿命为81.1岁。日本也是世界上老龄化[①]程度最高的国家,2018年日本全国65岁以上[②]人口已经超过3500万,约占日本总人口的28%。另一方面,据日本总务省统计局数据显示,到2019年4月1日,日本15岁以下儿童人数为1533万人,比2018年减少18万人,儿童人数连续38年减少。与此同时,儿童在总人口中所占比例为12.1%,比2018年同期减少0.2个百分点,连续45年下滑。儿童人数和儿童在总人口中的比例都达到历史最低点。

少子老龄化程度加深的同时,在日本居民收入水平提高和需求多样化的大背景下,服务产业在经济活动中所占的比重日益增加。从就业人数来看,从事第一产业的占8.0%,从事第二产业的占29.5%,从事第三产业的占

[①] 国际上通常看法是,当一个国家或地区60岁以上老年人口占人口总数的10%,或65岁以上老年人口占人口总数的7%,即意味着这个国家或地区的人口处于老龄化社会。中国法律定义的老年人为60周岁以上的人。

[②] 本文中所称的"以上""以下",包括本数。

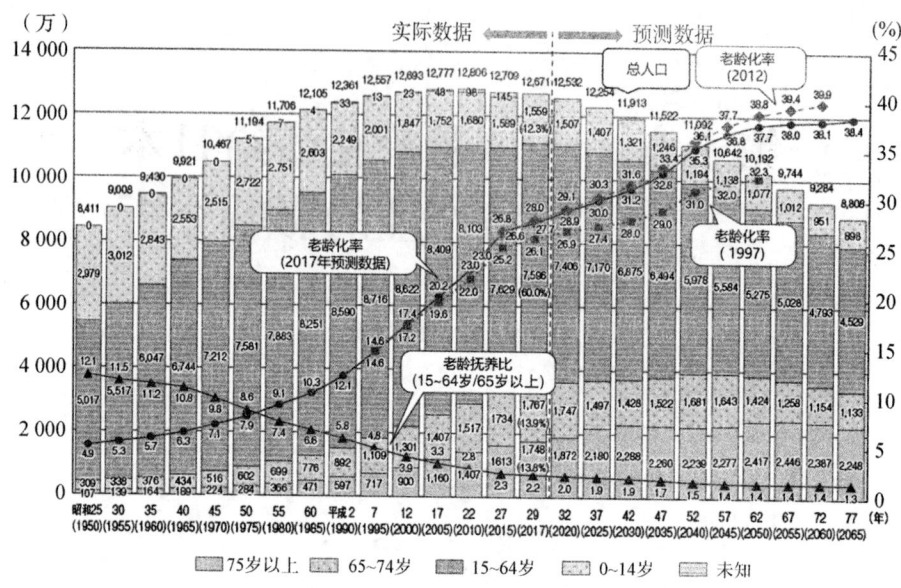

图 10-1　日本老龄化趋势

资料来源：日本国立社会保障与人口问题研究所《日本将来的人口推测》。

64.3%。这是因为一个国家经济如果进入高收入的发达阶段，由于第一产业比重大幅下降，第二、第三产业比重不断上升，第二、第三产业关系则上升为重要的产业关系，随后第一、第二产业的物质生产部门的占比持续下滑，第三产业比重自然上升。而近十几年间，个人服务业①在第三产业的占有率不断提高，这种现象在日本等发达国家及经济较好的国家地区普遍出现。因为个人消费需求是随生命周期的变化而不断改变的。而个人层次的变化会随着全社会年龄结构的改变产生叠加效应，从而使社会的总需求结构发生改变，最终反映到产业结构上。

本文将聚焦个人服务业，在探讨人口减少和老龄化对日本个人服务业和宏观经济的影响的基础上，考察关于兼顾个人服务业的扩大和经济增长、财政健全化的课题，简述日本老年人就业制度。希望对中国老龄化进程中个人服务业及老年人就业制度的发展提供一些有意义的参考。

---

① 个人服务业是指以个人和家庭为对象的日常服务业部门，如理发店、照相馆、洗衣店、修理店等。

第一节 少子老龄化与个人服务业

人口减少和老龄化给日本的个人服务产业带来的影响是不同的。在服务业中,个人服务业具有很强的"生产和消费同时性"的特点。因此,人口减少导致的需求密度下降也有可能引发生产力低下。相反,老龄化对个人服务行业的影响因行业不同而有所不同。

表10-1为日本两人以上住户每户月平均消费金额情况,通过户主59岁以下的家庭和60岁以上的家庭相比较,60岁以上的家庭的医疗护理、旅游相关服务、家居生活支出等较大,其余消费金额很小。因此,以现在的消费结构为前提,随着60岁以上人口的增加,医疗、护理等的需求在上升,另一方面,娱乐、教育等的需求在下降。此外,在持续老龄化的都市地域,预计对医疗和护理的需求将稳步增加。而零售业和饮食业等行业有可能因人口减少,服务需求减少而受到很大压力。不过,随着老龄化的进程加速,与旅游相关服务产业的需求高涨,也有望成为新的支柱产业。因此对于个人服务业来说,妥善应对因人口减少和老龄化引起的需求变动很重要。

表10-1 日本两人以上住户年龄层分布及每户月均生活支出

	平均	未满40岁	40~49岁	50~59岁	60~69岁	70岁以上
户数(户)	10 000	1 169	1 789	1 701	2 345	2 996
每户人数(人)	2.98	3.65	3.68	3.22	2.69	2.38
户主年龄(岁)	59.6	34.3	44.6	54.6	65.0	77.0
项目(日元/月)						
消费支出	283 027	256 160	315 189	343 844	290 084	234 628
饮食	72 866	63 693	77 100	78 052	76 608	68 065
住宿	16 555	23 520	15 827	16 793	16 459	14 115
电气水等	21 535	17 847	21 532	23 070	22 693	21 191
家居用品	10 560	9 163	10 237	11 690	11 991	9 570
衣物	10 806	11 766	14 725	14 170	9 999	6 850

续表

	平均	未满40岁	40~49岁	50~59岁	60~69岁	70岁以上
保健医疗	12 873	9 949	10 089	11 997	14 603	14 850
交通通信	39 691	41 491	48 212	51 999	43 448	23 998
教育	11 062	11 600	28 863	24 428	1 352	360
娱乐	27 958	25 790	34 186	29 482	29 366	23 162
其他消费	59 120	41 340	54 417	82 163	63 565	52 466
社交支出	20 998	11 504	13 510	21 714	25 541	25 264
赠与	5 637	709	6 315	18 542	3 679	1 447

资料来源：日本总务省统计局2017年《家计调查报告》（家计收支篇）。

随着对医疗和护理需求的增加和日益增长的旅游需求，个人服务业在经济活动中所占的比重今后也会越来越大。如果个人服务业的占有率提高，将会对经济和财政造成一定影响。一般来说，服务产业，特别是个人服务业的生产性上涨率相对较低。随着个人服务业占有率的上升，有可能会出现宏观的生产率上升率被降低的"鲍莫尔病[1]"。如果"鲍莫尔病"显著化，就会通过降低生产率上升率来降低经济增长率。但另一方面，如果市场能适应人口减少和老龄化的现状，有效地提供消费者所希望的服务，就能提高生产率上升率，对经济增长做出不小的贡献。

医疗、护理服务在以社会保险负担为基础的同时，国家还会投入公费。在这种情况下，国家一般会通过发行特例公债，将负担推迟到下一代，医疗和护理费用的增加成为日本近年来年度总支出扩大的原因之一。随着医疗和护理需求的增加，财政健全化措施将更加重要。另外，随着发展民间服务产业，如果能减轻公费负担，对财政健全化将起到很重要的作用。在宏观生产率下降、整个经济收入增加的情况下，如果以医疗、护理为中心的家庭服务消费持续增

---

[1] 鲍莫尔病（Baumol's disease）是美国经济学家威廉·鲍莫尔在1967年一篇研究经济增长的论文中提出来的。他建立了一个两部门宏观经济增长模型，其中一个部门是"进步部门"（progressive sector），另外一个部门是"停滞部门"（nonprogressive sector，后来鲍莫尔常用 stagnant sector），进步部门的生产率相对快速增长将导致停滞部门出现相对成本的不断上升。他认为，如市政府服务、教育、表演艺术、饭店和休闲等很多服务部门都具有这一特征，整体上看，相对于制造业，服务业劳动生产率更难以提高，正如在表演艺术市场上，三百年前的莫扎特四重奏要四个人演，三百年后依然要四个人！因而，随着制造业的生产率改进，服务业在整个经济中的比重反而上升了。

加,家庭部门的储蓄压力将进一步增大。与此同时,对医疗、护理的需求增加,在现行制度下将导致财政赤字扩大。这些都会导致日常收支盈余减少。如果有可能对个人服务业的扩张做出适当的反应,日常收支盈余问题不是很难解决。

第二节 个人服务业扩张与经济成长

如果个人服务业在经济活动中所起到的作用扩大,生产效率就会下降,那么整个经济的生产性也就不会上升,从而会抑制经济增长。

可从图10-2来确认个人服务产业主要行业的劳动生产率上升率及其要因。为了减少经济波动的影响,这里对2001年至2010年的年均上涨率进行比较,可得出以下几点。第一,个人服务产业的劳动生产率增长率低于制造业。零售业的平均水平超过了全产业的平均水平,并不是说面向个人的服务产业的所有行业的劳动生产率的上涨率都很低。第二,从对劳动生产率资本装备率贡献来看,零售、个人服务、公共服务均低于全产业平均水平,但均高于对企业服务。据调查,在个人服务产业的劳动生产率上升方面,资本投入做出

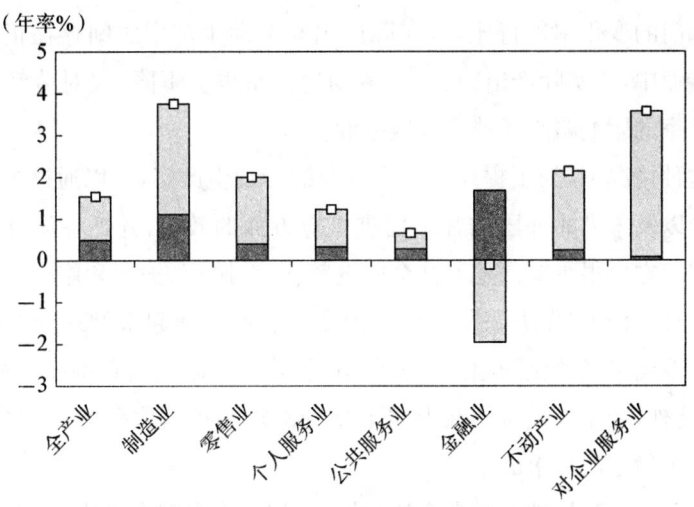

图10-2 日本各行业劳动生产率平均上升率(2001—2010年)

注:个人服务业包括图中零售业、个人服务业、公共服务业。
资料来源:JIP数据库(2013)。

了一定程度的贡献。第三,从对劳动生产率全要素生产率的贡献来看,零售不仅超过了全产业的平均水平,个人服务也和全产业的平均水平差不多。即使是资本装备率低的个人服务产业,随着全要素生产率的提高,其劳动生产率也有望实现超过全产业平均水平的增长。在服务产业的生产率的测评中,由于统计整顿的延迟和价格推算的困难等,特别是服务价格的上涨中有可能包括了质量的提高,如果将提高的服务质量计入实际附加价值中,服务价格的增长率会更加缓慢,而服务产业的劳动生产率就会提高。

为了提高服务业的生产率,有以下四点已经明确:①改善市场代谢功能。②扩大IT投资,无形投资。③促进海外扩张。④改善公司在供应方面的治理。特别是在服务行业中,通过利用IT可以实现诸如克服空间限制、避免收益递减规律以及降低新产品的试生产成本等创新。同时,在评估消费者服务业的生产力时,需求的影响也需要引起注意。个人服务业的特点是"模拟生产和消费"。也就是说,如果生产现场没有需求,就不可能创造附加价值。有人指出,空间需求密度和时间需求波动对个人服务的生产率产生重大影响。日本经济产业研究所在2013年发布报告显示,使用实际产出作为需求的代理变量,并将变化率与劳动生产率、零售、餐馆、社会保险、社会福利和任何其他个人服务部门的变化率进行比较,实际产出与劳动生产率之间存在正关系。即使在制造业中,当实际产出减少时,劳动生产率也会下降,但对劳动生产率的实际生产率的影响略小于消费者服务业。

在这种情况下,为了提高个人服务业的劳动生产率,可以通过扩大内需和海外扩张以及未来的外国访客来促进供应方面的效率,并抓住海外需求。应对这种需求方也很重要。随着社会的老龄化,对医疗、护理和旅行的需求将继续增加。日本作为"先进课题研究型国家",它所发展起来的这种商业模式也可以为其他面临老龄化问题的国家所引用,并且可以预期它将成为在外的"盈利点"。此外,老年人是希望在惯居地得到医疗和护理服务的,因此对地区经济是有一个稳定的需求的。

未来对医疗和护理的需求会持续增加,据日本内阁府平成23年(2011年)《老年人经济生活意识调查》显示,当老年人考虑他们未来想要增加的开支时,选择保健、医疗和护理的比例最高,占到42.8%。其次是旅费,子女和孙子女的开支,新建、重建、修葺房屋。这与日本总务省《家计调查报告》中老年人消费的特征几乎一致,但可以证实,与前一次调查相比,住房相关支出的比例显著增加。可以认为,家庭护理服务需求会随着老人们更多在惯居地享受养老而逐步增加。未来在老年人家庭中,独居老人家庭将大幅增加。在双人家庭利用护理服务的时候,主要是利用洗澡援助等的身体护理;在单人家庭的情况下,则更多的是对住宅的修理、清扫、购物等生活支援的服务需求。鉴于老年人的多样化需求,日本政府的目标是到 2025 年"婴儿潮一代"年满 75 岁时,以综合方式提供医疗、护理、居住、生活支持和预防等服务,努力建立一个"地域综合照护系统[①]"。此外,根据"日本振兴战略",政府还在推动新的健康寿命产业,不仅提供公共保险,还提供有效的预防服务和生活支持服务。各种民营公司已经在努力应对日益增长的老年人需求。民营公司已经进入医疗和护理周边产业,为建立"地域综合照护系统"这个全民保险制度建立以来的伟业,也为提高个人服务业的生产力作出了重要贡献。

旅行支出是老年人想要提高支出项目中仅次于医疗和护理相关支出的项目。随着人口老龄化程度加深及经济成长,老年人家庭旅游支出的比例正在稳步增加。此外,由于自 2012 年秋季以来日元贬值以及日本放松签证政策和向亚洲一些地区发放免签签证,近年日本的外国游客数量有所增加。随着东京奥运会和残奥会即将到来,预计访问日本的外国游客数量将继续增加。到目前为止,外国人在日本旅行的地方集中在关东和近畿,通过旅行内容、传统文化、地域文化等建立日本品牌,日本的外国游客人数还有很大的上升空间。旅游业为各行各业带来了经济影响,它在引导个人服务的附加价值方面有很大影响。由于人口老龄化和到访日本的外国游客数量增加,个人服务业必须稳妥应对不断增长的旅游需求。从规模经济效果来看,一个城市的应对方式存在一定的局限性。因此,根据观光目的,结合周边市町村的观光资源,包括周边市町村和民间从业者在内的广域联系显得非常重要。

---

① 居住生活环境的变化会给很多老年人带来精神压力,这些老年人大都希望在自己家中或者最熟悉的地域范围内生活。另外,为了让这个范围内需要看护服务的老年人受到优质照护,老人的家人、医疗单位以及看护人员需要相互合作,根据情况来帮助老人。因此,需要构建一个集居家、医疗、看护、预防、生活支援五类服务于一体的照护机制,结合"自助、互助、共助、公助"理念,构筑区域综合健康护理管理协作体制,而且要根据各个区域的自身情况,设定符合当地条件的施行方案,不设立硬性统一标准,这就是地域综合照护系统。

第三节　个人服务业扩张与财政健全化

在个人服务业中,医疗、护理的大部分财源都依靠公共财源,因此按照现行制度,如果需求有所增加,就会对支出增加产生压力。因此如何兼顾个人服务业扩张与财政制度健全化是一个重要的课题。

今后要持续增加的医疗需求对于个人服务业的成长来说是必不可少的。如果在现行制度下,政府应对上述需求,医疗支出增加压力将进一步增加。为了扩大个人服务业和财政健全化,在推进医疗相关支出的重点化、效率化的同时,应由民间与官方分担此前公共保险主要承担的风险。就公共医疗保险问题,包括日本在内的大部分主要国家都实行国民共同保险制度,但由于各国公共保险保障的服务范围等不同,公共保险和民间保险的作用分担情况根据国家的不同而有所不同。与OECD[①]主要国家比较,医疗费的财源构成,日本在医疗费负担中所占的公共支出比率是继荷兰之后的82.1%。另一方面,日本的民间保险等的比重为3.2%,仅次于瑞典、希腊。家庭的自身负担比率(家庭负担构成比率)也处于比较低的水平,但民间保险等保险比重较低,排在中等水平。在日本,公共保险在医疗费用中所占的作用在OECD国家中也名列前茅,但民间保险的作用相当有限。另外,从日本的医疗支出趋势来看,公共支出自2003年以来一直在增加。与此相反,以自身负担比率较低的老人医疗费用增加为背景的家庭负担,从2006年以后一直在原地踏步。2006年,民间保险等保险公司有所增加,并且一直处于增加趋势。但与公共支出相比,增加速度缓慢。因此,随着医疗费的增加,依赖公共资金的比率反而增加。

日本国民对医疗费用现状和医疗保险现状的看法不一。由于政府出台了有关社会保障与税收一体改革的措施,近年来,认为公共医疗保险完善的国民比例呈现上升趋势。将医疗费的自身负担部分控制在一定限度以下的高额疗养费用制度,知晓度近年来不断提高,这也是造成这种现象的原因。据日本内

---

① 经济合作与发展组织(Organization for Economic Co-operation and Development),简称经合组织(OECD),是由36个市场经济国家组成的政府间国际经济组织,旨在共同应对全球化带来的经济、社会和政府治理等方面的挑战,并把握全球化带来的机遇。成立于1961年,目前成员国总数36个,总部设在巴黎。中国与其为强化合作伙伴关系。

阁府《人民生活民意调查》(『国民生活に関する世論調査』,2014年)显示,一方面,越来越多的人认为公共医疗保险很完善,另一方面,为治疗或住院而准备其他方案的人却接近70%。这被认为是民众对老年人对未来生活的预期充满不安情绪。从日常生活中感到烦恼和不安的因素来看,除了40~69岁年龄段的人认为老年生活计划是主要不安因素之外,50岁以上的人中认为自己和家人健康不稳定的人也在增加。在严峻的财政状况下,为了提高生活的安心度,应对老年后的各种风险,在提供与医疗、护理、居住、生活支援等相关的服务的同时,官方与民间力量需要充实保险服务能力。

个人服务业生产率上升的应对措施,对于地方经济的自主性来说也很重要。20世纪90年代后期以后,公共投资持续减少。在老龄化的情况下,社会保障支付作为地方经济收入的来源,它的重要性得到进一步提高。据日本内阁府《县民经济计算》等调查显示,过去20年的公共投资地方经济的依存度(公共固定资本形成在名义地区内生产总值中所占的比例)平均下降3%,而依赖社会保障(养老金支付、医疗补助、护理支付合计名义地区内生产总值中所占的比率)平均上升10%。为了提高地方经济的自立,谋求民间部门的成长,有必要降低公共需要等依存度(公共固定资本形成、政府最终消费支出、养老金收取总额在名义地区内生产总值中所占的百分比)。从全市町村和134个主要城市的公共需求程度以及各主要产业的生产需求程度之间的关系看,制造业和批发零售业的生产需求等依赖程度越高,与经济的自主性关系越强。另外,从公共需要依赖度和主要产业就业人数密度之间的关系看,批发零售业和住宿、饮食服务业的就业人数越高,公共需要依赖度就越低,这和经济的自主性有很大的关系。而且,提高批发零售业和住宿、饮食服务行业的集成性,也有助于提高地方经济的自主性。

在所有国家中,日本的人均健康寿命最高,很多都道府县的老年人希望就业的比率都在上升。据日本总务省《国势调查》(2014年)等结果来看,从不同产业的老年人就业人数和在各产业中老年人所占比率来看,农业和林业的就业人数最多,达到100万人,其比率也接近五成。与此相反,与地方经济自立有着密切关系的制造业和批发零售业就业者中,高龄者的比率却停留在较低的水平。在预测今后劳动需求将增加的医疗福利就业者中,老年人所占比率在个人服务业中最低。在促进包括高龄者自身在内的各种主体参与提供多种生活支援服务的同时,期待通过灵活运用机器人技术来促进生活支援的机器开发等,来扩大医疗、福利产业中老年人的就业机会。促进老年人就业、增进健康状况就有可能降低医疗费的支出。通过65岁以上老年人的就业率与10年后的后期老年人医疗费水平相比,就业率较高的都道府县的后期老年人医疗费水平有降低的趋势。在推进提高健康寿命的同时,提高健康老年人的就业率,完全可以预期会对地方经济的自立和财政健全做出贡献。

第四节 老年人就业

少子老龄化程度愈发加深,老年人议题已经变得尤为重要,而老年人就业问题也一直是人们关注的话题之一。在日本,老年人延缓退休、退休返聘,老年人创业、再就业的社会氛围已经非常浓厚。而日本政府也为这些问题做了非常多的准备。

根据日本总务省统计局《劳动力调查》报告显示,2010年老年人就业率为19.4%,完全失业率为2.4%。在就业老年人中,正式员工占比30%,临时雇用员工为42.2%。2013年,60岁以上退休后继续工作的老年人数达到250万人。

早在20世纪70年代初,日本政府就颁发了《老年人雇用安定法》(又译《高龄者雇用安定法》),目的就是给老年人创造一个安稳的工作环境,无论是对于老年人生活的改善,还是对社会经济稳定发展都有至关重要的作用,并且在2013年发布此法修正案,进一步完善各种事项。《老年人雇用安定法》第八条规定,如果确定员工退休年龄,则其退休年龄必须大于或等于60岁。但此法第九条也补充说明,将退休年龄规定为65岁以下的单位,为了确保其雇用年龄在65岁之前的员工的稳定工作,必须实施"将退休年龄提升至65岁""导入连续雇用至65岁制度""废除退休"的其中一个措施(确保老年人雇用措施)。"继续雇用制度"是指,如果本人希望继续被雇用,即便在退休后也要继续被雇用。企业如果聘用超过65岁以上的老年人,还可以得到政府的补贴。实施确保老年人雇用措施的企业已经达到95.7%。

从老年人自身来讲,为了缓解经济压力,有事可做,发挥余热,相当一部分老年人不愿意彻底失业,工作可以更好地实现人生价值。对企业单位来讲,老年人工作经验丰富,专业技能高超,尤其是在劳动力短缺的情况下,老年人受到了很多招聘单位的青睐。对社会国家来讲,老年人就业是多赢的,可以极大地缓解退休金不足,劳动力不足的压力,而且给老年人自身健康带来的益处也是可以预见的。

结　　论

　　服务业的成长需要劳动力。现在的日本,一方面人口减少正趋于严重,但另一方面,老年人的劳动参加率也在不断增加。在人口减少的情况下,零售业和制造业仍旧难以承担区域经济的核心,为从事这些产业的劳动者提供新的就业机会是增进区域经济关键所在。并且,如果有充足雇用机会的话,也可缓解地方人口汇聚首都圈的状况。

　　最重要的是,为使服务业持续增长,在人口减少的进程中,确保劳动力成为必须克服的难题。目前日本地方经济已经逐渐以服务业为中心,但是人手短缺严重,服务业若没有劳动力的保障则难以发展。从这个意义上说,所有劳动力充沛的地区,都可以是适合服务业发展的地域。服务业的另一个特性是,人均工资水平较低。就业创业输出量高的同时,工资水平低的服务业份额也随之增加,同时也促进了人们生活方式的改变。在建立家庭生活的基础上,通过男女共同工作来维持家庭生活是必不可少的,这与女性进入社会的同时进一步促进新服务业的扩大也是相同的。随着产业结构的变化趋势,即在整个国家和地区,与工作共享类似的雇用形式将逐渐扩大,而不是制度上担保的形式。在此基础上,引入多样的劳动力,包括老年人以及流出境外的人去从事因人口减少而导致衰退的产业,是劳动密集型服务业持续增长的重要节点。

　　老年人再就业与个人服务业可以相互促进发展,如何做好两者之间的协调、引导、保障工作,是未来政府需努力的方向。人口老龄化,是挑战,也是契机,加快发展服务业,能够实现经济转型以及产业结构优化,这是整个经济社会如何持续增长、稳定发展至关重要的课题。

参考文献

陈卫民、施美程:《人口老龄化促进服务业发展的需求效应》,《人口研究》2014年第5期。

第十一章 从税改观念之流变观日本税制沿革

王　烨　王家俊[①]

引　言

税收伴随着国家概念而诞生。作为"财政社会学"的旗手,熊彼特认为,"租税"与"租税国家"不过是一对同义反复语。国无恒帑必将衰亡,税收制度、国家财政与公共产品供给三者是现代法治国家维继自身存续、履行治理职能的核心支柱,而其中税收制度的核心包括税种结构的设计、税率级差的设置。当一国政治、经济、社会制度开始变迁,国家的职能与角色发生更迭,国家财政所承担的任务发生转换,公共产品所供给的内容发生变化时,税收制度应势而变。而评价税收制度的改革成功与失正如有学者所提到,关键在税改正当程序是否获得正统性支持,即社会文化系统的支持、税改思想是否符合税收基本原则和环境需要、制定的税制是否与社会环境相适应。[②]

日本现代税制的建立公认始于明治维新的改革中,而肖普税制的确立是日本税制改革的重大里程碑,肖普税制奠定了日本以直接税为主体税种的基本税制结构。税收制度改革无论是税种结构的调整或是税率的增减,无非出于两个基本目标,一是解决国家财政收支结构问题,二是实现经济调控与社会

[①] 王烨,上海对外经贸大学法学院硕士研究生。王家俊,上海对外经贸大学法学院讲师。
[②] 叶建芳、王万光:《日本税制改革思想变迁及评析》,《税务研究》2016年第1期,总第372期,第83页。

保障。税收制度作为财政制度至为重要的组成部分,与一国政治、经济改革和社会变迁始终密切相关,①日本的社会、经济发展状况主导着财政结构,而财政结构的调整及财政政策的转变又成为每一次税收制度改革的动因。因此,结合日本税法变迁脉络中重要的税制变革节点及其所处的社会、经济情势,方能把握日本税制演变的内在逻辑、未来趋向,梳理已然解决或仍然悬置的制度难题。

第一节 前肖普税制时期的日本税制沿革②

明治政府早期的税制保留了各藩的劳役、年贡,新政府由于刚刚建立,政治基础较弱,新政府迫切需要改变疲敝软弱的财政状况。因此,新政府通过改革地租制度,使地租成为国家主要税种。随后,由于日本政府为实现"富国强兵",扩充海陆军备,财政支出大幅增长,地租收入无法填补财政需求。为增加财政收入,明治政府开设一系列的新税种,诸如印花税、烟草税和酒税、遗产税等。而酒的税率不断提高,1899 年的酒税收入占中央税收总额的比重达到 35.5%,超过地租,成为第一大税。③ 日本这一时期所得税的诞生历经一波三折。1884 年,在伊藤博文令下,德国顾问鲁道夫依据明治国情,起草了《收入税法案》。鲁道夫草案采取综合课税、个人申报、累进税率、等额纳税等,并注重程序正义。④ 但是在同年 12 月中,进入立法程序的大藏省所得税草案,却不同于鲁道夫草案,没有详细规定纳税对象,有模糊征税边界之嫌,并兼采英国税制中的源泉课税主义。又经过数年酝酿,最终才通过 1887 年的所得税最终草案,主要目标一是增加财政收入,筹措海防;二是平均税负,向富贵阶层征税。

紧接而来的大正时期税改在明治时期奠定了经济发展的基础以及开设的

---

① 张守文:《税制变迁与税收法治现代化》,《中国社会科学》2015 年第 2 期,第 80 页。
② 主要内容参见财政部《税收制度国际比较》课题组:《日本税制》,中国财政经济出版社 2000 年版。[日]金子宏著,战宪斌、郑林根等译:《日本税法》,法律出版社 2004 年版。崔金柱:《明治日本所得税立法过程考论》,《日本问题研究》2014 年第 2 期。
③ 财政部《税收制度国际比较》课题组:《日本税制》,中国财政经济出版社 2000 年版,第 39 页。
④ 崔金柱:《明治日本所得税立法过程考论》,《日本问题研究》2014 年第 2 期,第 41 页。

大量新税种基础上展开,大正时期的税改方向已经从过去大量开设新税种转为结构性调整。然而从这一时期起,到第二次世界大战结束初期,日本整体采取的军事扩张战略使得财政压力进一步加剧,税收作为财政的重要来源,扩大税基与调增税率势在必行,其中最为重要的即是所得税的改革。所得税全面改革后开始占据日本税收结构的中心地位和主要税源。首先,法人税第一次在制度上从所得税中分离。其次,将个税的所得划分成六大类,每一类所得实行不同的税率,包括不动产所得、分红利息所得、事业所得、劳动所得、山林所得、退职所得。其划分依据是,各类所得的税负能力有所区别,资产性越强的所得,其税率越高而且免税额底线就越低;劳动性越强的所得,其税率就越低而且其基础扣除额就越大。① 最后,劳动所得的基础扣除额进一步降低,扩大纳税人范围,亦即个税的税基。从 1940 年到 1944 年,个人所得税的纳税人从大约 400 万扩大到 1 200 万,基本上所有劳动者均需缴纳个人所得税,并且税率不断提高。② 这一时期的所得税制度改革一改以往"劫富济贫"的"奢侈税"观念,征税范围不再局限于高收入者,而是扩展到基本所有普通大众,依据各个阶层的负担能力进行课税,转变为作为国家主流税种的"一般税",在此体现了"均等牺牲"的税收观念。

税源分配一直是中央、地方财税改革的主要矛盾。地方税制也在被逐步修改,在《地租条例》废除后,日本重新制定《地租法》,将房屋税与营业税收入划归地方财政。此外,在地方新设市町村民税,即居民税的前身。这一时期出于战累,平民生活困苦,地方政府负担了部分社会救济等方面支出,③故地方税改的中心集中在分设部分税种补充地方财政,建立地方分税制度。

至第二次世界大战结束初期,急剧的通货膨胀摧毁了日本国民经济以及国家财政。1946 年(昭和 21 年),日本为实现财政减负,通过财产税改革,并制定《战时特别措施法》。《战时特别措施法》是对战时向政府提供军需的军需公司,其所享有的战时补偿请求权课以 100%的税率,实质是以结束战时补偿为内容的法律。④ 这一时期,美国占领军还在日本推行"民主化"改革,伴随着日

---

① [日]金子宏著,战宪斌、郑林根等译:《日本税法》,法律出版社 2004 年版,第 42 页。
②③ 财政部《税收制度国际比较》课题组:《日本税制》,中国财政经济出版社 2000 年版,第 44 页。
④ [日]金子宏著,战宪斌、郑林根等译:《日本税法》,法律出版社 2004 年版,第 44 页。

本《宪法》的制定,全面性制度改革也开始启动。1947年始,日本税收制度完成一系列修改。① 首先,采用全面的申告纳税制度,即由纳税人自己计算应缴纳税额并自行缴纳,主要集中于个人所得税、法人税等领域。申告纳税制体现了税收民主化的思想。其次,大幅修改所得税制度。废除分类所得税和综合所得税的并行制度,建立单一性的综合所得税制度,扩大课税所得范围,例如转让所得也成为课税对象。课税单位也从户主单位主义改为个人单位主义。② 再次,大幅修改地方税,以充实地方财源。部分国税转为地方税,新设大量地方税种,提高地方税率。地方税修改的基本精神是扩大地方财政收入、强化地方自治团体建设,贯彻"民主化"的思想。

第二节 肖普税制的确立及背离③

推行"民主化"改革运动后,美国逐步认识到日本作为冷战布局中的亚太战略支点的重要作用,开始关注日本战后政治、经济、社会秩序的重建。1949年前后,美国盟军总司令麦克阿瑟邀请财政金融和税收专家团赴日指导日本的政治、经济体制改革。在财政金融领域,有著名的"道奇计划",而在税收改革领域,1949年5月,以哥伦比亚大学税法学教授卡尔·肖普为代表的七人专家使节团访问日本,对日本税制及社会经济背景状况进行考察,并提交了一份详尽的日本税制改革研究报告,该报告于第二年得到补充和修改。该方案为日本绘制了完整系统的税改蓝图,史称"肖普劝告"。以肖普劝告书的方案为蓝本所建立的日本肖普税制,被公认为日本"二战"后税改的起点,亦是日本税改的里程碑。肖普税制遵从融贯一致的理论原则体系而建构,着眼于肖普劝告书所指出的建立体系完整、公平、稳定持久的税制,意在使日本确立长治有效、始终如一公平的理想税制。因此,肖普税制勾勒了日本真正意义上的现代

---

① [日]金子宏著,战宪斌、郑林根等译:《日本税法》,法律出版社2004年版,第44—46页。
② [日]金子宏著,战宪斌、郑林根等译:《日本税法》,法律出版社2004年版,第45页。
③ 主要内容参见财政部《税收制度国际比较》课题组:《日本税制》,中国财政经济出版社2000年版。[日]金子宏著,战宪斌、郑林根等译:《日本税法》,法律出版社2004年版。叶建芳、王万光:《日本税制改革思想变迁及评析》,《税务研究》2016年第1期,总第372期。张冰、刘德强、金戈:《日本税制改革的脉络及其对中国的启示》,《经济社会体制比较》(双月刊)2018年第6期。

税制的基本框架,具有极高的理论价值。

肖普税制三大支柱,亦即肖普劝告书的三个基本方针是,确立公平的税收制度,排除有特定目的经济政策的干预,改善税务行政管理、强化地方财政。[①]其主要改革包括三个方面:一是建立以直接税为中心的现代税制。二是推行申报纳税制度,取消税收优惠政策。三是明确中央地方,地方上下级政府间的税收权限,建立以独立税为主体的地方税制。[②] 肖普税制的核心内容基本可分为三部分:税收实体法、税收程序法以及平衡中央与地方税制。[③]

首先,肖普税制最核心的内容是在实体法上确立了以直接税为中心的体系。直接税较间接税优越之处在于,直接税是依据纳税人税负进行量能课征,并能使纳税人意识到自身在履行纳税义务。肖普劝告书提出,个人所得税、法人税作为国税的核心,不动产税、居民税作为地方税的核心,建立直接税中心体系。同时辅之以烟、酒税等消费税与入场税、货物税等非生活必需品税种为中心建立的间接税体系。[④]

在所得税改革的领域中,肖普税制改革最根本的一条原则就是将综合所得税制贯穿于始终。[⑤] 肖普劝告书提出扩大"所得"的范围,将资产增值的投资收益纳入所得范围,进行全额课税,但是对因资产贬值的投资损失可以全额扣除。另外,肖普税制提出完善扣除制度,新设医疗费扣除、残疾人扣除等制度,使得社会政策的思想融入所得税改革中。在税率方面,为避免挫伤纳税者的生产经营积极性,降低公平课税的执行困难,将最高税率从85%降至55%。最后,肖普劝告书还提出新设富贵税,主要目的为弥补因所得税税率下降所减少的税收收入。在法人税方面,肖普劝告书提出废除对股东分红源泉征收,并采用分红扣除制度。此外,战后急遽的通货膨胀造成企业资产的账面价额低于再取得的价额,而这一现象在通货膨胀急遽上升以前所取得的资产的情况

---

① 叶建芳、王万光:《日本税制改革思想变迁及评析》,《税务研究》2016年第1期,总第372期,第83页。
② 财政部《税收制度国际比较》课题组:《日本税制》,中国财政经济出版社2000年版,第45页。
③ 主要内容参见[日]金子宏著,战宪斌、郑林根等译:《日本税法》,法律出版社2004年版,第47—50页。
④ [日]金子宏著,战宪斌、郑林根等译:《日本税法》,法律出版社2004年版,第47页。
⑤ 贝塚景明、黄晓燕:《肖普的税制改革与战后日本经济的发展》,《湖南社会科学》1995年第2期,第77页。

下更甚。① 因此,肖普税制提出了对事业用固定资产的价格重估,减轻企业资本的纳税压力、确保资产折旧的顺利实现。

除此之外,肖普劝告书还提出废除绝大部分的税收特别措施,因为税收特别措施违反公平原则,不利于公平、稳定、持久的税制建设,仅保留了极为少数的税收特别措施及相关制度,譬如重要物产创造业免税政策、呆账准备金等。

其次,除了制度性措施外,在税收程序与税务行政管理领域,为确保税收法律得到正确、公平、有效执行,肖普税制提出"青色申告"制度方案。青色申告是指纳税人在事先备好的蓝色申报单上正确填好收入、支出,然后以此为基础正确算出应纳税额并进行申报。推行青色申告制度正是为了确保纳税人对税务行政的配合,提高申报纳税的水平,使纳税人形成自主申报纳税的意识。因自主申报纳税制度推行之初,能自觉正确计算应纳税额并申报的纳税人极少,因此对于能以蓝色申报资格缴纳税收的纳税人,依据税法规定给予该纳税人更多的税收优待。青色申告制度对完善日本纳税申报制度,提高税务行政效率起到了至关重要的作用。

再次,在地方税改中,肖普劝告书提出改变以往中央、都道府县、市町村对同一税源共享的状况,②附加税制度被全面废除。肖普劝告书为进一步扩大地方团体自主财源,强化基层团体建设,提出废除都道府县居民税,将居民税作为市町村的专属财源。同时废除地租、房屋税,代之以固定资产税(土地、房屋及折旧资产),并归入市町村的财源。肖普劝告书还提出增设增值税,取代以往的事业税。肖普劝告书的地方税改思路主要围绕受益原则而展开,尤为体现在增值税的创设上,即地方事业的经营不可避免地会利用地方团体设施,因此无论其事业经营中是否产生收益,都应依据受益原则承担税负,实质是特定目的税的理念。最后,肖普劝告书还提出废除地方配给制度,创设地方平衡交付金制度。平衡交付金制度可根据地方财政的需要来决定每年交付额,从中央的一般财源中支出。

通过1950年的税制改革,肖普劝告书的内容基本得到全面落实,唯有增值税一再拖延,最终未予施行即已废止。肖普劝告书为日本引入当时最前沿

---

① [日]金子宏著,战宪斌、郑林根等译:《日本税法》,法律出版社2004年版,第48页。
② [日]金子宏著,战宪斌、郑林根等译:《日本税法》,法律出版社2004年版,第50页。

的、集大成的美国税制研究理论,税制设计整体在价值抉择与理论高度上贯之以最彻底的"柏拉图"精神,却没有为日本迎来所希冀的税收"理想国"。在1950年朝鲜战争爆发后,美国对日占领政策开始松动,在1952年的美日和约生效后,日本开始拥有自主决策权,日本政府及本土利益集团开始寻求税制的修改,在1953年,日本对肖普税制进行了全面修改,开始走向背离肖普税制的道路。

日本对肖普税制的修改主要分为两大部分。① 一是对肖普税制确立起来的税收实体法内容进行修改与废除。首先,增值税尽管于1953年就得到立法,但由于执行层面的困难,于1954年就被废除。其次,富裕税、累积性遗产所得税被废除。在肖普税制的理想中,富裕税与遗产税、赠与税都为了实现社会公平、抑制贫富差距、补足财政的税目,但由于当时国民经济并未起色,国民普遍收入较低,同时这类新设税种计算复杂、征管困难、漏洞较大,使得反对声音极大,被迫遭到废除。② 再次,为了鼓励居民储蓄和投资,在个人所得税方面取消了综合所得课税,重新恢复分类课税。这基本动摇了肖普税制确立的直接税中心体系核心的原则。二是税收特别措施(亦即税收优惠政策)的重新引入。肖普税制对税收特别措施可谓"深恶痛绝",因税收特别措施带有经济政策的特定目的性,与建立公平、稳定、持久税制的目标相违背。但在日本政府重新主导本土社会后,急切促进经济的发展,陆续恢复税收特别措施,扩大税收优惠以刺激经济。这种特别措施基本是为配合产业政策实行,诸如扶持中小企业政策、地区振兴政策等。全面减税政策与特别措施显然背离了税收的中立性与公平性,却能使处于经济恢复期的日本社会尝到甜头,但随着经济的高速发展,税收特别措施的定向激励效果开始疲弱,日本也于1957年首次对税收特别措施纠偏。然而运用税收特别措施进行经济调节的习惯被保留了下来。

此外,在地方税制上,肖普税制确立的地方财政平衡交付金制度被替换成地方交付税制。这是由于原有的地方财政平衡交付金制度虽然加强、平衡了

---

① 主要内容参见财政部《税收制度国际比较》课题组:《日本税制》,中国财政经济出版社2000年版。[日]金子宏著,战宪斌、郑林根等译:《日本税法》,法律出版社2004年版。叶建芳、王万光:《日本税制改革思想变迁及评析》,《税务研究》2016年第1期,总第372期。

② 财政部《税收制度国际比较》课题组:《日本税制》,中国财政经济出版社2000年版,第47页。

地方财政,却使得中央和地方围绕其总额频发争执。地方交付税制度将个人所得税、法人税以及酒税的一定比例作为地方交付税分配给地方。

尽管在日本税收理论与税法研究中,肖普税制被视为经典,但也并非绝无微言。从结果上看,肖普税制的完整体系并未在日本社会生根发芽,其所推崇的直接税中心主义也为人诟病。日本为了促进经济的重建与发展,让体系自足、稳定公平的税制系统变得更具功能性、目的性,脱离肖普税制所确定的路径,迎合自身的现实需求与发展目标。但由于日本经济的飞速发展,个人所得与法人所得快速增长,使得日本税收的直接税比率不断上升,到 1988 年达到了 73.2%。肖普税制作为战后现代税改的起点,其所确立的基本框架支撑了日本往后数十年的经济、社会发展,在战后日本税改脉络中,留下了深深的"烙印"。

第三节 财政重建时期的根本性税制改革①

自 20 世纪 50 年代始,日本经济进入快速成长期,70 年代初期第一次石油危机成为日本经济发展的一个分水岭,日本经济陷入"滞涨"局面。央行与政府频繁地交替适用紧缩性政策与扩张性政策,对日本经济复苏收效甚微,却给日本财政带来巨大负担。有学者通过统计数据分析,指出在肖普税制后的整个经济增长期,日本政府持续性采取减税政策与措施。② 肖普税制确立起来的直接税中心主义的两大支柱是个人所得税与法人税,经济下滑带来的直接影响是税收增长缓慢。因此,在扩张性政策中增发的国债、税收收入的不足以及利益诱导政治所带来的福利事项公共支出的不断增加,③使得日本财政赤字雪上加霜,处于崩溃边缘。

20 世纪英美两国也开启了新自由主义税制改革,提出税收改革应扩大税

---

① 主要内容参见财政部《税收制度国际比较》课题组:《日本税制》,中国财政经济出版社 2000 年版。[日]金子宏著,战宪斌、郑林根等译:《日本税法》,法律出版社 2004 年版。叶建芳、王万光:《日本税制改革思想变迁及评析》,《税务研究》2016 年第 1 期,总第 372 期。张冰、刘德强、金戈:《日本税制改革的脉络及其对中国的启示》,《经济社会体制比较》(双月刊)2018 年第 6 期。

② 张冰、刘德强、金戈:《日本税制改革的脉络及其对中国的启示》,《经济社会体制比较》(双月刊)2018 年第 6 期,第 60 页。

③ 叶建芳、王万光:《日本税制改革思想变迁及评析》,《税务研究》2016 年第 1 期,总第 372 期,第 84—85 页。

基、简化税率,实现课税的"公平、公正、简化"。税改浪潮席卷了日本,经过经济高速增长期后,日本税收制度复杂化和非公平化,面临着如何简化和明确税制、如何在制度和执行层面上实现公平化和中立化、如何确保稳定税源,克服财政赤字与高额福利支出、如何实现本国税制与国际经济秩序接轨等诸多问题。① 1978年,大平正芳开始重组内阁,试图扭转高额国债的财政赤字,改善财政收入结构,其中一项重要举措就是进行税改,引入一般消费税,修正直接税、间接税比率。

消费税议案历任大平内阁、中曾内阁,皆难产而终,直到1988年竹下内阁时期,才力排众议强行通过。一般消费税实质上即是消费性增值税,是认为对商品及服务的消费具有税负能力而对之课征的税收,②以价外税方式征收,采用进项税扣除法,课税范围几乎囊括所有商品及劳务。这意味着一方面其可有效成为稳定且重要的税收收入,另一方面重构了以往肖普税制定下的以直接税为主,以间接税(个别消费税)为辅的体系。间接税与直接税相比,直接税弹性较大,在经济景气时期税收增速会超过GDP,而经济不景气时,税收收入显著减少,无法保证稳定税源,使财政运营难度和风险加大;而间接税优势即在于税基广泛,税收中性,弹性小,能稳定保证财政收入。③ 而之所以以一般消费税作为间接税体系的主力在于,个别消费税只针对特殊课税对象进行课征,譬如酒税、奢侈税,零星分散,细分类别虽复杂繁多,但总量不足,而且个别消费税导致不同商品间课税的不平衡。而一般消费税能扩大税基,制度相对简洁,并且不会扭曲消费中立性。

税制改革是系统性工程,一般消费税的引入与所得税的结构调整两者相互呼应、协同推进,深刻改变以所得税为核心的直接税高比重的税收体系,以重振高额赤字的财政。以"公平""公正""简化""效率""中性"等目标进行的税收改革,不管是间接税或直接税,基本指导思想是大幅扩充税基,简化税率结构,降低最高税率。个人所得税从原来的15档降至5档,最高税率由70%降至50%,缓和了累进税率。④ 在法人税方面,日本法人税税负水平一直高于国

---

① [日]金子宏著,战宪斌、郑林根等译:《日本税法》,法律出版社2004年版,第54页。
② [日]金子宏著,战宪斌、郑林根等译:《日本税法》,法律出版社2004年版,第322页。
③ 高阳:《多维度观察:日本消费税改革》,《国际税收》2014年第5期,第28页。
④ [日]金子宏著,战宪斌、郑林根等译:《日本税法》,法律出版社2004年版,第55页。

际水平,加之"广场协议"导致日元大幅升值,日本的出口贸易遭到重挫,为维持日本企业的国际竞争力,法人税率也下调。此外,还由于物价水平上涨、地价大幅上涨等原因,对继承税增加各种扣除额度,提高课税起征点。

然而一般消费税的引入饱受争议,一度遭到日本在野党和普通民众的激烈反对,因为一般消费税的课征所带来的直接后果是物价水平上涨,加剧了这一时期的通货膨胀。中曾内阁时期提出的"减税现行、增减税一体化、最终实现净减税"税改思路①虽然得到贯彻,但最终并没有成为日本政府有效治理这一时期的经济泡沫、财政危机的"药方"。根本性税制改革也没有为日本的税制改革画下句号,也不可能画下句号,但是这一次对肖普税制遗产的变革成为日本税制改革的转折点,奠定了泡沫经济之后日本税改的基调。

第四节 当代日本税收改革的情状

20世纪90年代,日本经济泡沫破裂,经济陷入衰退。提振经济、解决财政危机的难题再一次摆到了日本政府面前,摆在了几乎应声而动的税收改革面前。根本性税制改革奠定下的直接税减税,消费税增税的结构性调整方向没有改变,特别在1994年税改明确提出所得税减税和消费税增税一体化的改革方案。② 其主要内容包括减轻个人所得税税负以及新设地方消费税,确定税率为1%,出现了国家消费税与地方消费税双轮并行的分税制局面。1997年桥本龙太郎首相提出财政重建计划,以1994年村山富市内阁期间确立的税制改革大纲为基础,实现消费税税率从3%上调至5%的构想。③ 1998年亚洲金融危机再次冲击日本经济,使得日本经济陷入长期萧条和通货紧缩。为了提振经济,2002年日本政府宣布大规模减税计划,以增加国民可支配收入,进而促进消费。而大规模减税举措带来的负效应是日本财政状况进一步透支,2010年和2011年度基础财政收支预算缺口均达32%以上,近1/3的基础财政支出

---

① 叶建芳、王万光:《日本税制改革思想变迁及评析》,《税务研究》2016年第1期,总第372期,第85页。

② 张冰、刘德强、金戈:《日本税制改革的脉络及其对中国的启示》,《经济社会体制比较》(双月刊)2018年第6期,第63页。

③ 李清如:《日本消费税改革:增税抑或延期的两难困境》,《国际税收》2016年第10期,第21页。

需要借债解决。① 此时还伴随着日本社会人口结构逐渐老龄化的新困局,税收收入将面临难以支撑日益增长的社会福利支出。

野田佳彦内阁执政期间,开始推动税收改革与社会保障改革一体化。2012年日本政府推出两阶段的消费税增税方案,确定于2014年4月1日上调税率至8%,于2015年10月1日上调税率至10%。此次增税的意义在于将消费税改造为特定目的税,全部税收收入用作社会保障支出。虽然野田佳彦所在的民主党在2012年末下台,但安倍晋三接任首相后,消费税税改方案依然如期推行。为配套消费税增税调整,日本专门制定了《消费税转嫁对策特别措施法》,以保护中小企业在税负转嫁环节上的正当利益,还实施5万亿日元一揽子经济刺激对策,包括法人税减免等。另外,日本在1997年提高消费税率前夕,大量消费者提前进行大宗消费,以节约纳税支出的现象,导致调税前后消费水平经历先暴涨后跌落的走势,给调税后的经济带来负面效应。因此,此次消费税改革中,日本增加"弹性条款",即要在观察经济形势、物价动向、各项经济指标的基础上决定提高消费税税率最终启动与否,其中要衡量指标为:一是经济增长状况向好,二是通货紧缩趋于缓和。②

在个人所得税方面,1989年所进行的税率结构和税率级数下调调整,使得80%的纳税人的收入适用于最低税率,不到1%的纳税人适用最高税率,大部分人分布在最低税率的级次,造成税收"空洞化"。③ 鉴于日本的经济总体形势短期内无法实现个人收入的快速增长,原有的个人所得税制度基本不能有效供应财政,也不能实现累进结构所追求的"比例公平"。因此,2007年,日本再次启动对个人所得税的修改,在国税方面,将个税级次上调为6档,最高税率由37%上调至40%,最低税率由10%下调至5%;在地方居民税方面,取消过去5%、10%和13%的三档级差结构,代之以按所得收入10%的比例税率统一课征。通过个人所得税(国税)与居民税的协同调整,一方面总体税负保持不变,另一方面可以实现将中央财政的3兆日元的所得税税源移转给地方,使地方更好地负担公共服务的支出,提高居民所需的公共服务质量。

---

① 高阳:《多维度观察:日本消费税改革》,《国际税收》2014年第5期,第28页。
② 高阳:《多维度观察:日本消费税改革》,《国际税收》2014年第5期,第30页。
③ 魏全平:《日本个人所得税制改革及其对中国的启示》,《日本研究》2008年第3期,第42页。

另一值得关注的领域为泡沫前夕及其后的日本土地税制。20世纪90年代,曾号称能买下全宇宙的日本房地产价格泡沫破裂,至今为世界留下深刻的印象。泡沫经济前期的土地税政策宽松,助长土地过度旺盛的需求,土地市场价格飙升。日本政府已有预感,于1987年推出土地税制改革。一是调整土地长短期持有的划分年限,由原来的十年恢复为五年,加重对短期及超短期持有土地转让收益征税;二为设置监视土地交易区域制度,对土地利用不合理的地区实施必要的管制或监视。① 1989年日本出台《土地基本法》,通过开征地价税、强化土地保有税、增加土地转让所得税、提高土地价格评估标准等方面,全面抑制地价。在房地产市场泡沫破裂后,地价迅速下跌,土地税负又开始下调。以1997年的《新综合土地政策推进纲要》以及2009年的《土地政策的中长期展望》为标志,日本土地政策框架、税制及其他相关制度的基本理念,从过去围绕地价浮动调整,转变为强调土地资源的合理配置。并且随着不动产价格在进入千禧年后一路走低,同时又伴随着老龄化社会的空房问题,日本政府大幅减轻土地税负,并出台相应的优惠措施。

2015年,日本《税制修正案》通过,其基本精神是围绕当下日本的社会、经济结构,促进企业振兴、发展,适应老龄化社会的发展需求,依据国际经济新情势而调整税收制度。此次税制调整面非常广,主要内容有:在法人税方面,涉及法人税税率、亏损结转扣除限额标准、分后收益的免税规定以及系列税收优惠政策;在消费税方面,对跨境劳务服务开征消费税;在个人所得税方面,增加小额投资非课税制度,对金融资产出境征税;在资产课税改革方面,扩充了事业继承税制,调整了继承税、赠与税的基本扣除额等,并扩充了赠与税的非课税优惠政策;在国际税收方面,主要是避税港税制、来源于外国子公司分红收益及税收情报交换制度的调整。② 其基本目标并没有脱于20世纪80年代所提出的"重振经济、健全财政",只是当下日本所面临的整体经济、社会发展情状不同以往。2019年日本消费税在一再延期后,上调至10%。尽管关于直接税与间接税的公平性、效益性争论持续了两百多年也未有定论,在日本税制沿

---

① 裴桂芬、刘继荣、王曼:《战后日本土地税制改革及其效应》,《日本学刊》2016年第3期。
② 杨华、伏见俊行:《日本税制改革动向及中长期展望——基于2015年度〈税制修正法案〉的分析》,《国际税收》2015年第7期。

革史上,从肖普税制到新近根本性税收制度改革,也成为了"直、间"之争的现实缩影。理论证成无法替代现实需求,日本税制结构和内容的变化,反映出其国内外政治经济和社会因素综合作用的结果。① 从中长期的发展趋势来看,日本的财政重建问题、社会保障制度改革已在很大程度上迫切需要广泛、稳定、中立的税源作保障,另一方面,为刺激国内投资、消费以提振国民经济,在税收上为居民可支配收入释放空间不可避免。国际税收秩序发展与日本的海外投资发展战略有着密切关系,日本在税基侵蚀和利润转移(BEPS)项目上发挥了重要影响,为了进一步扩大在国际税收、投资、贸易等事务的话语权与影响力,就涉及跨境税收的国内规则调整也将成为日本未来税制改革的重要一环。

结 论

一部栩栩如生的日本税制沿革史,给人们带来的不仅是唏嘘的历史感触,更堪为世界税制研究史上的重要标本与案例。从日本明治税制诞生之日起,关于税收制度的建构是追求公平、稳定、持久的体系,还是服务于经济发展的调节需要,这一对矛盾命题就萦绕其上,挥之不去。肖普税制的失势让致力于税收理论基础建构的理想主义者颇为遗憾,但是将税收制度作为经济调控"万能药"的现实主义者也没有笑到最后。有研究者认为,对肖普税制的背离,歪打正着开启了日本经济高速增长期,但是税收刺激的效用却无法持久。② 税收制度对经济增长起着有效地引导与刺激作用,但始终无法替代成为经济发展的内生动力。之后,日本重新认识到频繁变动、以刺激经济为主的非公平性税收政策,不仅会透支财政,还会破坏市场秩序。这实际上一直是税收研究中悬而未决的两难问题,究竟是追求公平的税收制度建立,哪怕牺牲总体效益,还是追求做大经济效益的"蛋糕",不惜牺牲部分的公平。这一难题在税收伦理层面都未能解决,因为尚且不能定义何者才是真正的"公平"。甚至使得公平

---

① 李清如:《对日本税制新近改革趋势的研究》,《国际税收》2019年1期,第9页。
② 贝塚景明、黄晓燕:《肖普的税制改革与战后日本经济的发展》,《湖南社会科学》1995年第2期,第80页。

税制、健全财政、宏观调控三者间关系形成了"不可能三角"。税收改革无法脱离其所处的社会、经济结构支持。日本税制沿革带来的经验启示是,税收改革应当具有预见性,顺应社会环境发展需求,税收制度不应成为政党政治实现短视利益目标的工具。各国政府在选择税改作为交换经济短期利益时,应当充分衡量得失,并预计到必将承受的代价。

第十二章 日本高龄者雇用政策考察

刘 莹

少子化和高龄化进程不断加剧的日本,面对不断膨胀的年金给付和劳动力市场的人手不足的困境,促进高龄者雇用是重要的解决路径。本文从日本人口高龄化现状分析出发,溯源有关日本高龄化雇用政策和法律,整理日本政府促进高龄者就业的措施,结合近年来的政策实绩进行分析和讨论,为今后高龄者雇用政策和法规的制定探寻路径。

第一节 日本人口高龄化现状概述

日本人口在2016年10月1日达到1亿2693万,其中65岁以上[①]的高龄人口有3459万,占人口比例27.3%。65岁以上高龄者中,男性1500万人,女性1959万人,男女比约为3∶4。65~74岁人口占总人口的13.9%,75岁以上人口占总人口的13.3%,具体如表12-1所示。

表12-1　　　　日本人口高龄化现状　　单位:万人(人口)、%(构成比)

		总数	男	女
人口 (万人)	总人口	12 693	6 177 (性别比)94.8	6 517
	高龄者人口(65岁以上)	3 459	1 500 (性别比)76.6	1 959
	65~74岁人口	1 768	842 (性别比)91.0	926

---

① 本文中所称的"以上""以下",包括本数。

续表

		总数	男	女
人口（万人）	75岁以上人口	1 691	658（性别比）63.6	1 033
	生产年龄人口(15~64岁)	7 656	3 869（性别比）102.1	3 788
	年少人口(0~14岁)	1 578	808（性别比）104.9	770
构成比	总人口	100.0	100.0	100.0
	高龄者人口（高龄化率）	27.3	24.3	30.1
	65~74岁人口	13.9	13.6	14.2
	75岁以上人口	13.3	10.6	15.9
	生产年龄人口	60.3	62.6	58.1
	年少人口	12.4	13.1	11.8

资料来源：日本总务省《人口推测》(2016年10月1日确定值)。

注：性别比指的是与女性人口100人相对的男性人口。

2015年，65~74岁人口对前年增加数有所减少，是因为1947—1949年出生的、被称为日本"团块世代"（与欧美的"婴儿潮一代"意思相近）的日本人达到了65岁，具体如图12-1所示。

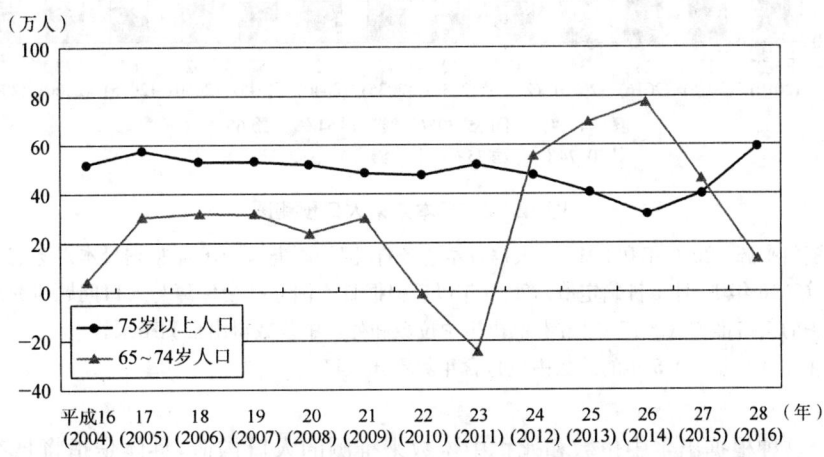

图12-1 高龄人口对前年增加比趋势图

资料来源：日本内阁府根据日本总务省《国势调查》《人口推测》(各年度10月1日)做成。2016年根据日本总务省《人口推测》(2016年10月1日确定值)做成。

日本的 65 岁以上人口,在 1950 年占日本总人口的比例不到 5%,1970 年超过 7%,1994 年超过了 14%,之后,高龄化的脚步一发不可收拾,2015 年就已达到 27.3%。生产年龄人口具体指 15～64 岁人口,于 1995 年迎来了 8 716 万的高峰值之后,不断减少,2013 年为 7 901 万人,比 1981 年的 8 000 万还要少。

根据 2017 年 4 月的日本国立社会保障与人口问题研究所发布的题为《日本将来的人口推测》报告书,依据日本人口的出生中位数和死亡中位数推算出日本未来的人口发展趋势,具体如图 12-2。

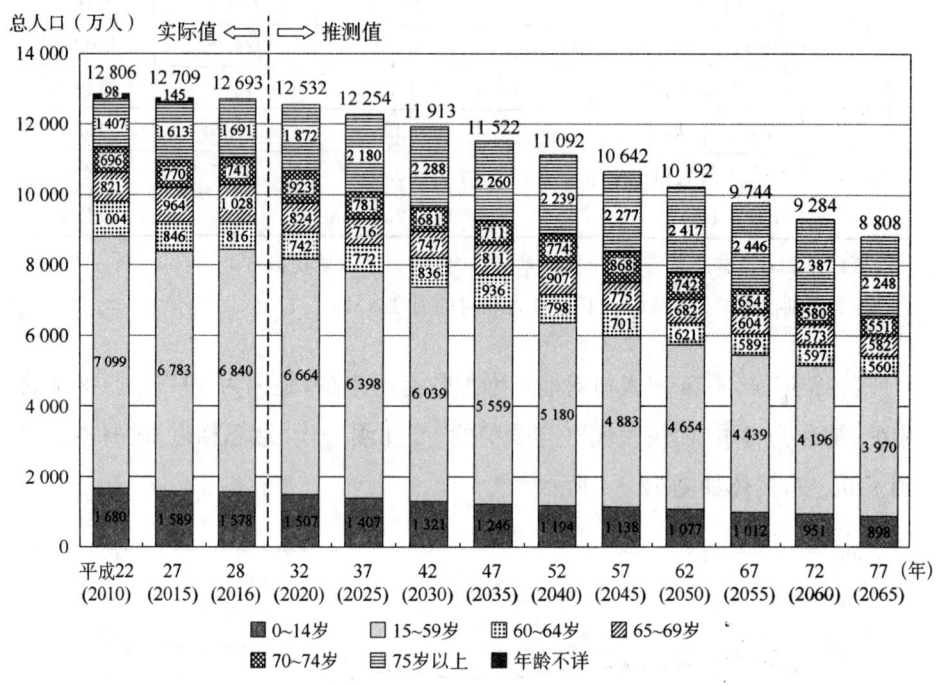

图 12-2 日本未来人口预测图

资料来源:2010 年和 2015 年根据日本总务省《国势调查》,2016 年根据日本总务省《人口推测》(2016 年 10 月 1 日确定值),2020 年以后根据日本国立社会保障与人口问题研究所《日本将来的人口推测》(2017 年推测)的出生中位数和死亡中位数得出推测结果。

注:2010 年、2015 年的总数中也包含年龄不详人口。

这种根据出生中位数和死亡中位数来推测的人口构造,具体是指将日本全国的出生、死亡和国际的人口移动等相关数据进行假定,推测出日本未来的人口规模和年龄构成等人口构造有关的各种数据,是研究和预测人口数据的有效方式。根据这种预测,可以得到日本未来的人口数据。以下,按要点进行分析。

第一,未来日本人口会不足 9 000 万。根据日本人口不断减少的长期趋势,2029 年日本人口降低到 1 亿 2 000 万后,人口会继续减少,2053 年日本人口将不足 1 亿人,只有 9 924 万人,2065 年日本人口预计只有 8 808 万人。

第二,约在 2.6 个人中就有 1 个人 65 岁以上,约在 4 个人中就有 1 个人 75 岁以上。"团块世代"达到 65 岁的 2015 年有 3 387 万人,预计"团块世代"达到 75 岁的 2025 年将有 3 677 万人。之后,高龄人口还在持续增加,将迎来 2042 年 3 935 万人的最高峰。2042 年之后,总的高龄人口有减少的趋势。但是,日本的总人口也在减少,事实上高龄化率在不断增加。2065 年高龄人口比例达到 38.4%,也就是说日本人口中每 2.6 个人中就有一个是超过 65 岁的高龄人口。同时,75 岁人口占全体日本人口比为 25.5%,意味着约在 4 个人中就有 1 个人 75 岁以上,具体参见图 12-3。

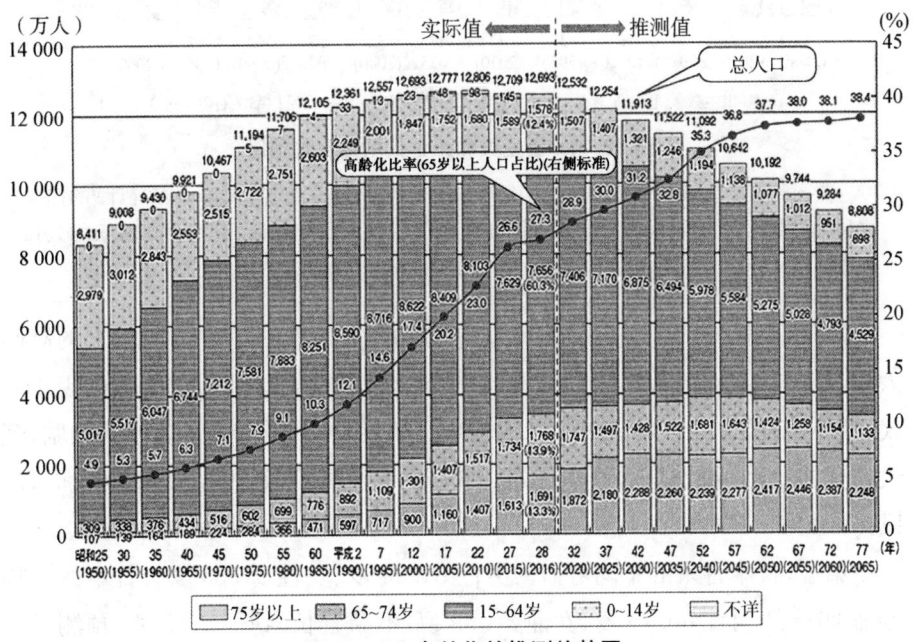

图 12-3 高龄化的推测趋势图

资料来源:截至 2015 年,来源于日本总务省《国势调查》。2016 年根据日本总务省《人口推测》(2016 年 10 月 1 日确定值),2020 年以后根据日本国立社会保障与人口问题研究所《日本将来的人口推测》(2017 年推测)的出生中位数和死亡中位数得出推测结果。

注:2016 年之后的年龄阶级别人口根据日本总务省《国势调查》。

第三，生产年龄人口约4 529万人。出生人口不断减少，预测到2065年，出生人口仅为56万人。由于出生人口逐年减少，日本的生产年龄人口到2029年不足7 000万，2065年只有4 529万人。另一方面，由于高龄人口增多，总人口的死亡数增多。2065年死亡率达到17.7‰。具体参见图12-4。

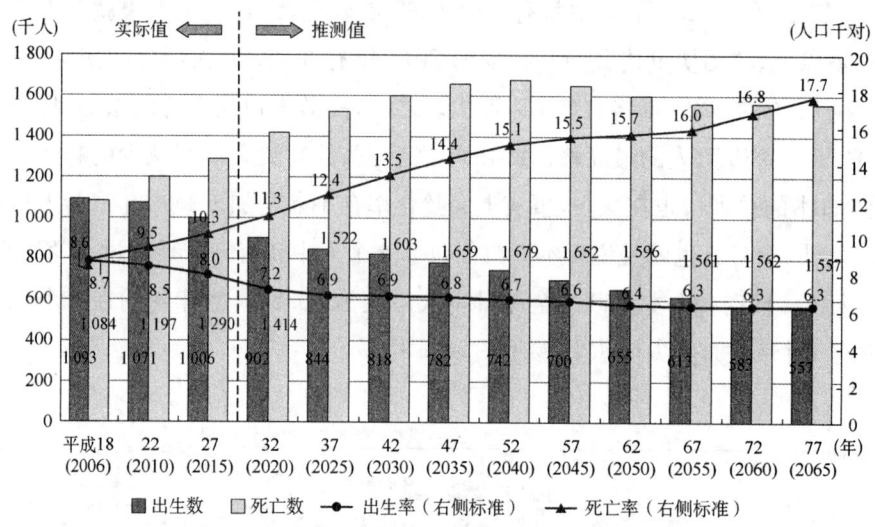

图12-4 出生数和死亡数的推测趋势图

资料来源：2006年、2010年、2015年根据日本厚生劳动省《人口动态统计》的出生数和死亡数。2020年以后根据日本国立社会保障与人口问题研究所《日本将来的人口推测》（2017年推测）的出生中位数和死亡中位数得出推测结果。

第四，现役时代1.3人供养1个高龄者的社会到来。从65岁以上的高龄人口与15～64岁的人口比率来看，从1950年1个高龄者对12.1人的现役时代，到2015年1个高龄者对2.3人的现役时代，再到随着高龄化不断加剧，现役时代的比例不断减小，可预测到2065年，1个高龄者对1.3人的现役时代，具体如图12-5。

第五，日本将来的平均寿命为男性84.95岁、女性91.35岁。日本的平均寿命2015年男性80.75岁、女性86.99岁，不断延长，到了2065年，预测平均寿命为男性84.95岁、女性91.35岁，具体见图12-6。

日本高龄化的原因主要可以从两个方面来分析，一是随着医疗技术的提高，健康意识的增强，公共卫生医疗系统的不断优化，人口平均寿命延长，死亡率降低，导致65岁以上人口总数增加，具体见图12-4、图12-8。二是少子化

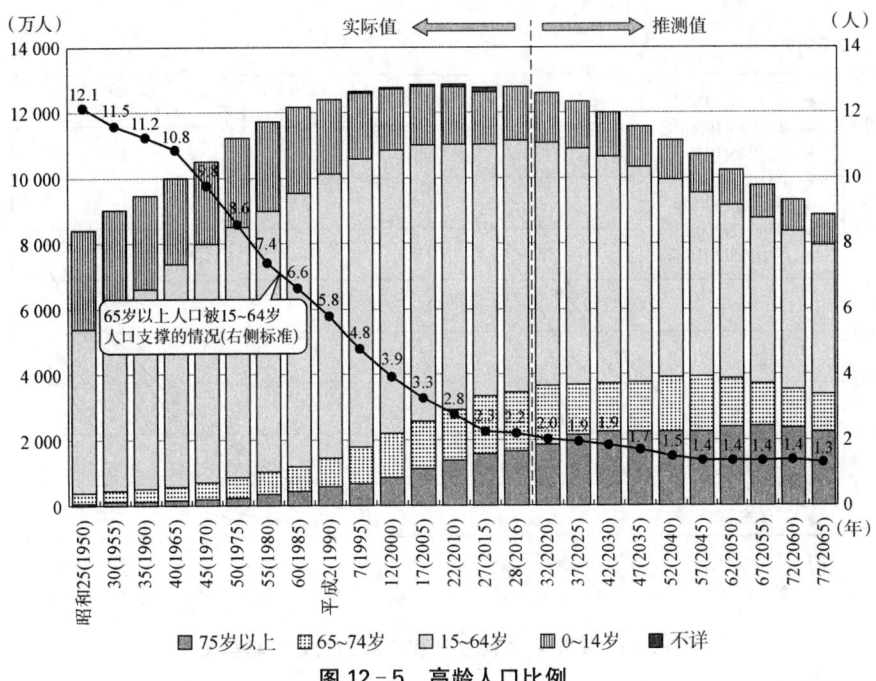

图 12-5 高龄人口比例

资料来源：截至2015年，来源于日本总务省《国势调查》。2016年根据日本总务省《人口推测》(2016年10月1日确定值)，2020年以后根据日本国立社会保障与人口问题研究所《日本将来的人口推测》(2017年推测)的出生中位数和死亡中位数得出推测结果。

注：2016年之后的年龄阶级别人口根据日本总务省《国势调查》。

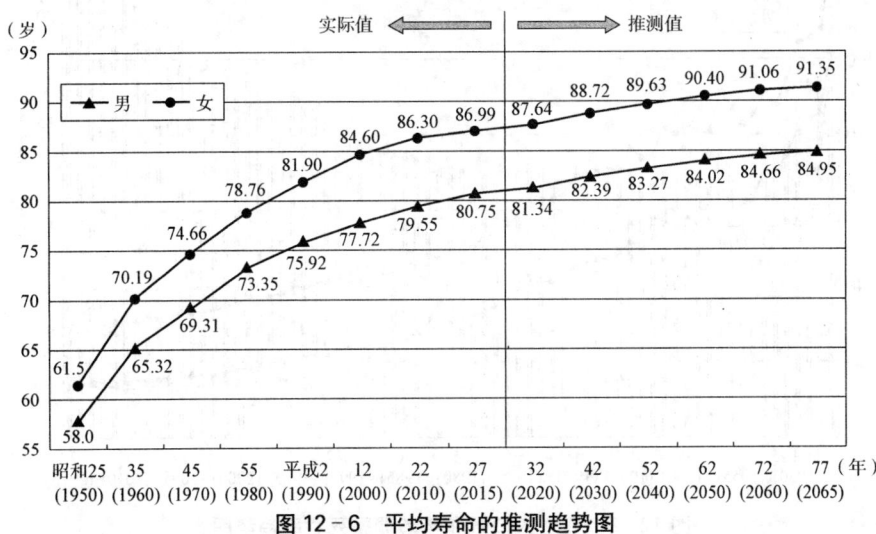

图 12-6 平均寿命的推测趋势图

资料来源：1950年根据日本厚生劳动省《简易生命表》，1960—2015年根据日本厚生劳动省《完全生命表》，2020年以后根据日本国立社会保障与人口问题研究所《日本将来的人口推测》(2017年推测)的出生中位数和死亡中位数得出推测结果。

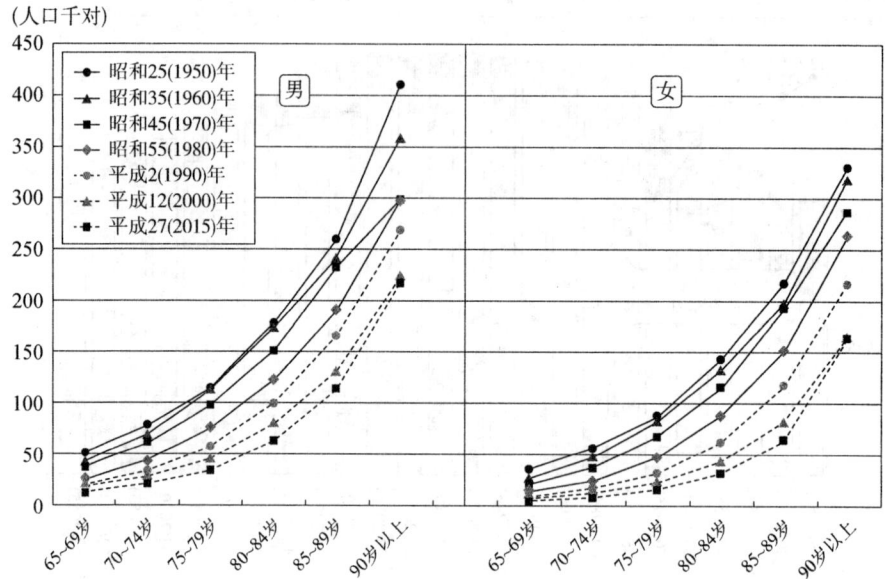

图 12-7 高龄者不同性别和年龄的死亡率趋势图

资料来源：根据日本厚生劳动省《人口动态统计》做成。

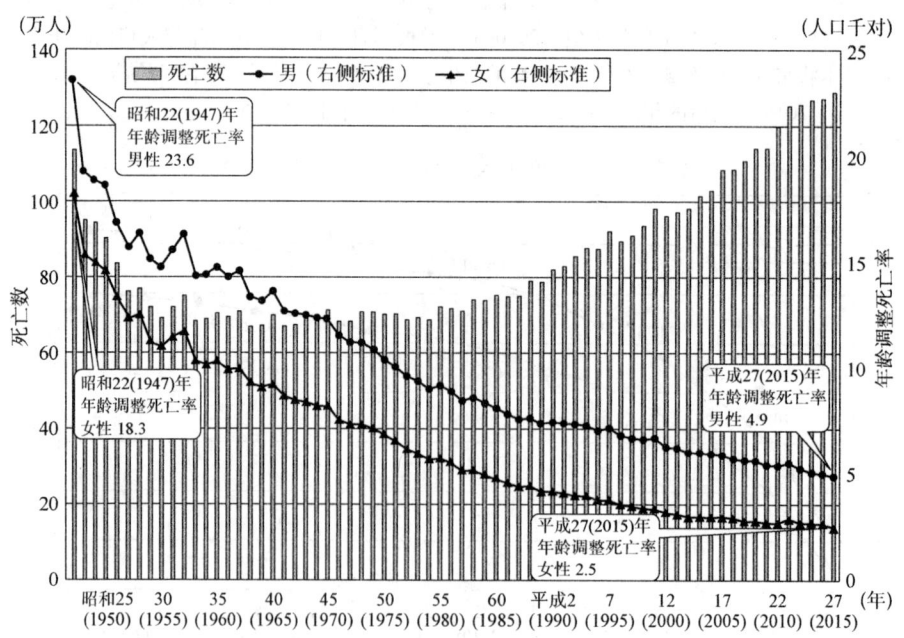

图 12-8 死亡人口数和年龄调整死亡率趋势图

资料来源：日本厚生劳动省《人口动态统计》。

注：年龄调整死亡率是以《昭和60年人口模型》为基准人口计算的。

的进程在加剧,新生儿越来越少,使整体人口的高龄化率不断上升。

从以上数据分析不难看出,日本的少子高龄化进程是在不断加剧的,拥有数目庞大且不断增多的高龄人口。并无移民文化的日本,怎样解决少子高龄化加剧的问题一直是日本政府和各界都需要面对的课题。日本政府积极促进高龄者雇用,期望其解决日本社会劳动市场人力不足的困境,并且缓解庞大的社会保险支出难题。

第二节　促进高龄者雇用的政策和法规

随着日本社会经济的发展,以下主要从时间线索,溯源日本对于促进和保障高龄者雇用的政策和法律以及其产生的背景。

一、第一阶段

随着战后日本经济的复苏和建设,对劳动力的保护随着劳动法制和社会保障法制的构建慢慢成形,日本的年金制度(对应中国的退休制度)也逐渐确立。日本政府最早制定了针对特定职业的退休制度,即1939年制定的为保障船员家人和本人上陆之后生活的《船员保险法》。随后,1941年制定了保护陆地上劳动者的《劳动者年金保险法》,并于1944年修订为《厚生年金保险法》。1954年日本政府又对退休制度进行了全面的改革,基本确定了日本的年金制度。具体内容是,将年金分为基础年金和报酬比例年金两部分,并将年金的支付年龄起始时间定为男性60岁,女性和重体力男性劳动者55岁。具体年金数额,以国民个人支付的保险金和保险给付金为基准,每五年统计一次并进行计算。1959年以《国民年金法》制定为标志,将年金制度扩大到全国民,正式确立了日本的国民皆年金体系。

在之后不久的1963年,随着医疗水平以及生活水平的提高,日本社会高龄人口逐渐增加,家族抚养的压力不断增大和赡养方式不断改变等背景下,高龄化导致各种各样的社会问题不断涌现。日本国民呼吁针对老年人福祉进行制度建设,日本政府为了应对可预见的老龄化社会的各种矛盾出台了《老人福祉法》。此法也被称为日本的老年人宪章,设计了日本的老年人福利制度体系。

随着社会的不断进步和科技的发展,1971年日本政府提出了终身教育的设想,针对日本国民在老龄阶段出现的各种社会问题,希望使日本高龄人口在日本社会中不被抛弃,不与社会进步脱节,适应日本社会的发展和自身的老龄化过程。

这一阶段日本政府的施政主要通过制定各种社会保障政策,即高龄者到达年龄的年金给付、福利给付以及再学习机会等,保障高龄者的老年生活顺利进行,并未对高龄者就业或者再就业产生关注。

二、第二阶段

随着日本社会少子高龄化的进展,高龄人口进入劳动力市场的需求增加,高龄者雇用政策的重要性不断提升。1971年《中高年龄者雇用促进特别措置法》中,根据劳动市场的需求变化以及职业种类的不同,规定了中高年龄即45岁以上的劳动者的雇用需要达到一定比率的雇用率制度。之后同法修正,企业有义务努力使高年龄即55岁以上的劳动者达到常用劳动者的6%以上的雇用比率。而且,为了使企业切实地保障高年龄劳动者的雇用比率,包含各种雇用方式,政府可以督促企业做出雇用比率达成计划并且可以劝告企业做出适当的措施,这种方式在之后的定年延长(即退休年龄延长)时也被要求同样的努力义务和手段。然而,高年龄劳动者雇用率制度在1986年由于修改法条而废止。从日本男性平均寿命超过70岁的20世纪70年代开始,定年(即退休年龄)提高成为政策的焦点。

1974年,日本政府将原有的1947年的《失业保险法》进行了全面的修改,制定了《雇用保险法》。此法在完善失业保险制度的同时,还对60~65岁高龄者的继续雇用和再就业促进有所规定,并设计了针对高龄者再就业发放补助津贴的促进政策。1985年日本政府制定了《职业能力开发促进法》,此法规定,在促进实行各个行业的专业职业训练的同时,也要尽量满足日本各个年龄阶段的就业相关的职业能力培训要求。

1986年,全面改正了1971年《中高年龄者雇用促进特别措置法》的《高龄者雇用安定法》公布了。把当时退休年龄一般为55岁提高到60岁。此法规定了60岁的退休年龄也就是普及全日本的定年制度(即退休制度)之外,为保障年龄60~65岁的高龄者的雇用和就业,从法律的角度第一次确定了雇用者的确保义务。之后,由于社保基金庞大的支出对财政的影响,厚生年金的开始支付年龄从 60 岁增加到 65 岁,日本政府进一步加大促进高龄者再就业的各种施政力度。1994 年,日本政府与《国民年金法》的再修订一起,在《高龄者雇用安定法》中增加了未到 60 岁的退休年龄设定的禁止,雇用者到 65 岁雇主继续雇用努力义务的规定,以及针对高龄劳动者的派遣业务的职种扩大等规定。

这一阶段是日本经济在高速发展背景下,国民总值不断增长且经济实力不断增强的阶段,也是日本政府和社会积极应对各种社会问题和不断完善各种政策制度的阶段。日本社会的年功序列和年金制度与日本长期稳定的财政状况相辅相成,造就了积极和富裕的社会景象。随着人均寿命的提高和身体健康程度的增强,高龄者的定义和退休年龄也产生了变化。在这一阶段,日本政府积极通过各种措施的制定和改善来辅助和支持高龄者以各种方式加入日本急需人才的劳动力市场。

三、第三阶段

2000 年开始,日本中高龄劳动者的失业率上升的环境下,《高龄者雇用安定法》增加针对雇用促进和支援的对象,不单单是原有的高龄者,对于中高龄和高龄劳动者都进行再就业的支援和促进。2004 年,《高龄者雇用安定法》又再与《国民年金法》的修订一起,进行了 65 岁为退休年龄等保障到 65 岁的雇用的措施制定,帮助制作求职活动支援书,对于雇主募集员工时年龄上限设定的场合,提示雇主违反法律义务的改正的内容。经过了几次重要的法条修改之后,《高龄者雇用安定法》在保护和促进高龄者就业和再就业的内容上,主要有如下几个方面。

首先,以法律强行规定的方式确定了退休年龄不能低于 60 岁。如果雇主违反法规设定退休年龄为 60 岁以下,这种设定视为无效,视为退休年龄没有设定。但是不包括劳动者自己意愿解除劳动关系的情况。同时对于坑内劳动等厚生劳动省规定的重体力劳动可以不适用于 60 岁或以上为退休年龄的规定。

其次,将 65 岁未满定为退休年龄的雇主,有为了使高龄劳动者可以被继续雇用到 65 岁的义务。具体来说,就是将现在制定的未满 65 岁的退休年龄提升至65岁,退休后继续雇用制度的导入,废止未满65岁的退休年龄的义务等。

再次,还规定了对于促进高龄者再就业的种种措施的制定义务。日本的厚生劳动大臣制定针对高龄劳动者的安定就业有关的各种对策。日本政府要以促进高龄者的就业和再就业为目的,确实地实施职业指导、职业介绍和职业训练,用人职种的开拓,用人单位和用人情报的收集和提供,雇主的指导和帮助等措施。雇主要参与和配合政府对于援助高龄者的再就业的要求。具体包括,有关援助再就业的措施的施行,超过5人的多数人离职的情况下有向公共职业安定所所长报备的义务,针对高年龄的离职预定劳动者想再就业的情况下,求职活动支援书的做成,到退休年龄的劳动者的退休有关的帮助等。还有针对雇主雇用高龄劳动者的经济上的诱导,作为雇用保险上的雇用安定事业的一项,日本政府对规定65岁以上为退休年龄和废止退休年龄的雇主,以及对到了60岁的退休年龄的劳动者继续雇用或者与本雇用相关联企业的继续雇用的雇用主,支付提高退休年龄的奖励金等名义的各种援助金。

最后,高龄劳动者再就业自主性组织"银色人才中心"制度化。"银色人才中心"是指,针对即使到退休年龄的劳动者和其他高龄劳动者仍有继续工作意愿的高龄劳动者,保障和提供临时的、短期的、简单的工作机会,高龄者的自主性组织。组织当初创建的目的是,希望创造高龄者与所在区域的社会紧密相连的就业机会,使其造福所在地域,并为高龄者继续寻找人生意义。最早是1975年左右在东京都的各区以"高龄者事业团体"为名获得行政上的支援逐渐发展起来的团体。日本政府在1980年以"银色人才中心"为政府的财政预算支出的一项为名,在全国普及开来,直到《高龄者雇用安定法》中进行了法律层面上的规定。

具体来说,各个都道府县的知事,以一定标准,在一个区域以一个组织为限,对于符合"银色人才中心"设立标准的一般社团法人或者一般财团法人进行行政上的指定。有临时和短期就业欲望的60岁以上健康的高龄者可以成为"银色人才中心"的会员。就业的职种,主要是与所处地域的日常生活紧密相关的临时、短期的工作,中心接受家庭、民间和政府的各种支付费用的委托,会员们接受各种委托并领取相应的工资。会员们缴纳中心运营维持下去所需的会费。

随着日本高龄者不断增加,"银色人才中心"也不断地发展完善,具体数据见表12-2。

表12-2　银色人才中心的契约金额、团体数、加入会员数

年度	契约金（亿日元）	团体数	加入会员数（男性）	加入会员数（女性）	加入会员数（合计）
1980年	42	92	33 442	13 006	46 448
1989年	681	425	138 429	64 828	203 257
2001年	2 577	1 688	450 153	231 488	681 641
2002年	2 740	1 790	484 241	245 197	729 438
2003年	2 916	1 866	507 171	255 118	762 289
2004年	3 067	1 820	513 763	258 434	772 197
2005年	3 168	1 544	509 697	255 771	765 468
2006年	3 239	1 343	506 322	254 725	761 047
2007年	3 270	1 332	501 442	252 969	754 391
2008年	3 198	1 329	509 408	254 754	764 162
2009年	3 070	1 332	533 178	258 681	791 859
2010年	3 066	1 298	532 340	254 566	786 906
2011年	3 032	1 294	516 344	247 083	763 427
2012年	2 982	1 299	503 748	240 221	743 969
2013年	2 979	1 300	492 392	236 814	729 206
2014年	3 050	1 304	485 182	236 530	721 712
2015年	3 085	1 314	483 470	237 478	720 948
2016年	3 137	1 323	481 247	237 128	718 375

资料来源:日本老人协会统计年报。

注1:只对1980年以及1989年的日本国库辅助对象团体进行统计。

注2:2007年之后的契约金包含银色人才派遣的实际值。

2004年随着《高龄者雇用安定法》的修改,"银色人才中心"作为劳动者派遣法的特例,被视为临时、短期的简单工种一般劳动者派遣事业的一种。

这一阶段,通过《高龄者雇用安定法》的制定、改正和实施,日本的高龄者

就业的保障和应对的各个主体,分工明确,责任清楚。对于日本政府和地方各级政府,积极应对和促进高龄劳动者的再就业,与社会组织协商研讨,不断探索帮助高龄劳动者再就业和继续就业的方式,帮助和辅导支持高龄失业者,对高龄劳动者进行就业和继续就业的各种指导,同时对提供高龄劳动者就业和继续就业企业进行财政上的支援。对于雇主,积极进行高龄者的雇用和再雇用,并改善工作设施和环境,应对高龄员工的需求,同时在规定的退休年龄到65岁之间保证有继续就业意愿的高龄员工的继续雇用。对于针对促进高龄劳动者就业的各种自治性组织,结合自身所在地域的具体情况,协商和制定并实施各种促进高龄劳动者就业的计划,为高龄劳动者创造各种就业机会。

第三节 近年日本政府促进高龄者雇用措施

一、安倍政府经济政策中的《日本再兴战略》

日本政府自 2012 年安倍首相上任以来,以安倍经济成长战略为企划,并以"安倍经济政策的第一阶段"为名,阶段性地提出了以振兴日本经济为目的的"三支箭"战略。这三支箭具体是由以量化宽松为主的金融政策作为第一支箭,以扩大公共支出为主的财政政策作为第二支箭和以振兴民间投资为主的经济增长政策作为第三支箭组成。随着安倍经济政策的各种具体政策的实施和进行,日本社会各界以及国际的各种评价接踵而至。这一阶段的经济政策的效果,从对各种评价的分析和归纳中,可以看到作为有经济政策性质本身的安倍经济政策,虽然是以阶段性政策为主,且带来的效果有滞后性,但也可以看到日本经济有所回转以及景气恢复的迹象。随后,在 2015 年 6 月 30 日安倍内阁确定的《日本再兴战略》(2015 年修订版)中,安倍政府的经济政策从以缓解通货紧缩为主要意图且解决内需不足为重心的第一阶段,在少子高龄化进程进一步加剧的日本社会大背景下,向以克服供给侧的制约限制为主要目的的第二阶段迈进。同时,在这个第二阶段,安倍政府提出了"新三支箭"战略。这新三支箭的主要目的是:发展经济、改善社会保障、支持儿童培育,旨在通过加强经济政策措施振兴日本经济,以期解决持续数年的日本国内人口的结构性问题,比如人口老龄化、劳动力短缺等。"新三支箭"具体内容如下:

"新第一支箭"是指日本 GDP 在 2020 年左右，达到 600 万亿日元；"新第二支箭"是指日本国内合计特殊出生率达到 1.8，"新第三支箭"是指争取实现从事护理工作的离职率为零。

《日本再兴战略》中关于高龄者雇用，明确了政府责任。为使日本的高龄者在社会中更活跃，发挥高龄劳动者在长期的工作中积累的经验、知识能力、技术能力和人脉能力等年轻人还不具备的能力。有工作意愿的高龄者，不论年龄，尽力创造他们可以在职场活跃、一生继续工作的社会环境。实现高龄者的愿望，使他们过上丰富的老年生活是非常重要的政府工作。

日本政府认识到，积极推进高龄者的雇用和就业是在日本社会人口不断减少的大环境下，维持日本经济社会活力的必要手段。

二、关于为了能创造实现一生工作社会而改善雇用和就业环境的检讨会

日本厚生劳动省根据日本政府的方针，2015 年开展了有关能创造实现一生工作社会的座谈会和研讨会，并于同年做出了报告书。此报告书中，提出了关于促进高龄者就业，改善就业环境等相关的各种建议，具体内容如下。

有针对性地促进在企业工作的高龄者的雇用，针对有 65 岁以上高龄者的继续雇用和雇用的企业进行各种支援，尤其支援企业在人事管理和雇用管理方面进行进一步改善和研讨。

针对高龄者关于职业生活设计和能力的开发支援，在劳动者的高龄期前就进行全职业生活的展望设计和能力的开发，对劳动者的未来展望的成果进行妥当评价，在这一方面对劳动者和企业还需要进一步充实对他们的支援政策。

对中高龄劳动者再就职的支援要针对劳动者自身的能力以及相适应的职业转变，要尊重劳动者自发性的选择，同时对就业支援中心（以日本的 hello work 为中心形成的覆盖全日本的就业支援组织）和雇用保险制度中的再就业支援内容的进一步推进进行探讨，为了使试用雇用、调职、移籍等各种职业转变的圆满实行还需进一步研讨。

为了推进和保障以地域划分的区域内多样的雇用和就业机会，要设置以地方自治体为中心的地域网络，对应地域自身的各种课题进行多种形态的雇

用和就业机会的挖掘和发现,以地域为中心在全国慢慢铺展开来。

进一步强化"银色人才中心"的机能,积极对应高龄者就业需求的变化和多样化,开拓劳动派遣事业和职业介绍事业等相关的就业机会和职种,尤其是对日本社会极其短缺的介护和保育等职业领域的积极引入,也就是对"临时的短期的轻体力的"的条件稍微缓和的可能性,民间急需行业的进入等措施的检讨。

三、雇用政策研究会的报告书——以人口减少背景下的安定成长为目标

属于日本厚生劳动省的雇用政策委员会,从2014年10月开始,立足于雇用政策领域,对于"人力资本的素质的提高""与全员参加社会相适应的劳动方式的构建""人手不足的产业""地域的雇用机会的保障"等雇用政策的课题进行了不断探讨和研究。其中,针对日本社会人才不足的问题,尤其是短缺严重的"护理""保育""看护""建设""运输"等行业,不仅是临时工连正式职工(上述行业的正式职工待遇是非常好的)的数量也是不足的,关于这些行业的人才的确保措施是非常紧迫和必要的。

以上这些领域也是与高年龄劳动者的雇用和就业相关的一个非常重要的方向。在日本的少子高龄化社会不断发展的现在,今后日本的高龄者继续进行劳动是非常重要的。实现一生就业就要注意和关注职种的选择和职业生活的设计,以及职业能力的开发和培养。

四、劳动政策审议会——今后的高龄者雇用对策

2015年12月,劳动政策审议会向厚生劳动大臣提出有关今后日本的高龄者雇用对策的建议。具体的内容是,高龄者就业虽然有很多是因为生活所迫,但是,尤其是65岁以上的高龄者,就业理由是"身体还很硬朗""生存的意义和参与社会"的比例在不断增加,高龄者就业需求不断呈多样化的态势,要根据各种不同的需求进行有效应对。

考虑到上述的理由,在促进企业确保雇用机会和支援有再就业意愿的高龄者的同时,以企业退休的高龄者的活动区域也就是他们的社会区域为中心考虑,保障他们与社会区域相关联的多种多样的就业机会是非常重要

的。已有几个自治体提供和帮助自己区域内的高龄者,在社会区域内再就业的良好经验和方法,这些优良的经验和方法可以在全日本推广,使其他自治体借鉴,使退休之后的高龄者可以从事与自己所在社会区域紧密相连的工作。

五、劳动政策审议会职业安定分科会雇用保险部会的报告

2015年8月开始,厚生劳动省下属的劳动政策审议会职业安定分科会雇用保险部,对包括高龄者的雇用保险制度的修订的方向性进行了多次讨论,同年12月做成了劳动政策审议会职业安定分科会雇用保险部会的报告书。此报告书的具体内容是,在新设定65岁以上的高龄者为雇用保险的被保险对象的同时,还建议从促进高龄者雇用的角度对雇用高龄者的企业进行支援。报告书还建议,鉴于今后日本的高龄者雇用动向和社会的经济形势等情况,有关高龄者雇用继续给付将会是一个中长期的任务。

六、《雇用保险法》的修正

厚生劳动省经过上述的各种劳动政策审议会的讨论和研究,于2016年1月向日本国会提出了《雇用保险法》的修正案,此法案于同年3月通过。此法的修正内容如下:

① 新设定65岁以上的高龄者为雇用保险的被保险对象。

② 地方公共团体、银色人才中心、企业组织等与高龄者就业相关联的组织联合起来组成有地域组织性质的协会。此协会的各种协议由地方公共团体策划和决定,得到厚生劳动大臣的行政许可之后,从事对高龄者雇用的支援事业和雇用保险事业。

③ 银色人才中心提供的工作,以往是有"临时的、短期的(每月10天左右)或者简单的(不超过每周20小时)"工作限制的,现在放宽限制,可以派遣和介绍每周40小时的就业机会。

七、一亿总活跃国民会议

日本政府直面日本社会人口结构的问题,为发展经济、改善社会保障、支持儿童培育,来实现安倍政府的"新三支箭"战略,而进行一亿总活跃的计划制

订研讨,于 2016 年 6 月提出了日本一亿总活跃计划。

在日本社会的少子高龄化不断进行的背景下,社会民众认识到日本的劳动供给一侧不断减少,将来的经济规模不断缩小,生活水平不断降低,经济持续的可能性的前景不明朗,对未来产生很多不安和悲观的预测。日本需要重视身体健康、有就业意愿、拥有丰富经验的高龄者,这也是日本政府直面日本少子高龄化问题的重要解决出路,即促进高龄者就业。

具体来说,日本有很多活跃的银发族即身体健康、有就业意愿、拥有丰富经验和知识的高龄者。而且,根据调查,高龄者的七成左右,都有超过 65 岁仍然工作的意愿,但是实际工作的高龄者只有不到两成。为了实现可以一生工作社会,继续雇用的延长和退休年龄的提高等针对高龄者工作环境的创造和准备,满足有就业意愿的高龄者的希望,需要充实各种就职支援政策。对于人口不断减少的日本社会,为了保持一定经济成长力,提高高龄者的就业率是非常重要的措施。一方面实施继续雇用的延长和退休年龄的提高等手段,另一方面也要重视高龄者的就职环境。在企业自发行动的基础上,政府也对继续雇用 65 岁以上的高龄者和将 65 岁设为退休年龄的企业进行各种支援,促进企业对高龄者的雇用。还要对实现了继续雇用的延长和退休年龄的延长的优秀事例进行宣传,对于接受高龄者的企业加强支援力度。

八、小结

从上述的政策,不难看出日本厚生劳动省针对高龄者的雇用和就业的对策,主要由以下 4 个方面组成:

① 2013 年开始实施的《高龄者雇用安定法修正案》,此法的实施确定了高龄者的雇用确保措施即雇用到 65 岁的义务。

② 不论年龄而以就业意愿和能力向适应的一生工作社会的实现为目的,促进高龄者就业。

③ 银色人才中心的建设和完善,通过此举措来保障高龄者多种多样的就业需求。

④ 针对高龄者再就业的援助和促进。

还需要注意到以下三点:第一,法律政策上来看,《雇用保险法》部分修正法案成立后,65 岁以上的高龄者也成为雇用保险的被保险者,要尽早出台针对

65 岁以上高龄者的积极的雇用政策。第二,银色人才中心一直致力于确保高龄者的各种工作机会,以往是有临时的、短期的或者简单的工作限制的,现在放宽限制,可以派遣和介绍每周 40 小时的就业机会,希望可以进一步放宽限制,使高龄者活跃在各种工作领域。第三,地域的各种协会要积极促进本地域高龄者的就业,并确保高龄者的就业机会和确实地实施雇用保险政策。政府财政上也会进行支援和帮助。

结　论

以下从几个方面针对日本高龄者雇用政策进行分析,并和中国的高龄者雇用政策做一些简单的分析比较。

一、日本以稳定的法律法规对高龄者雇用进行保护和促进

在高龄者雇用的政策上,日本侧重于稳定地、循序渐进式地制定相关法律法规。日本以《高龄者雇用安定法》为主,通过以劳动法法规中特别法的制定,来着重强调和规定关于保护和促进高龄者就业和再就业的内容。而在中国,一般是以市级的人力资源和社会保障局制定的《关于本市企业各类人才柔性延迟办理申领基本养老金手续的试行意见》、中央部委制定的《关于县(处)级女干部退(离)休年龄问题的通知》等规范性文件为主。不难看出,日本对于高龄者雇用是以法律层级的立法保护为主,并通过比较高层次的法律支持和作为依据来鼓励和促进高龄者就业和再就业。

二、日本政府积极促进社会观念的转变

日本内阁于 2018 年 2 月 16 日阁议决定《新高龄社会对策大纲》,来进行高龄者就业促进。这份大纲针对高龄者工作有如下考量:劳动人口不断减少,为了都市经济活力的维持,全社会全年龄层的日本人都要付出努力,想办法让各个年龄层都可以在职场上发挥作用,促进日本经济的再生。这也说明,随着日本社会职业生涯的长期化和劳动形式多样化的不断深入,劳动者一生都一直要接受学习和面对挑战的生活形态,并进行与之匹配的职业选择。并且日本政府也针对劳动者不同劳动阶段,助其不断开发和增长有体系的职业

能力,把人才的培育和确保与劳动生产率的提高相结合,实施职业培训和职业能力的可视化即职业能力的可测量可见化,鼓励民众终身学习进步,推进每个劳动者实现与自己愿望相符合相适合的终身职业。

与之相比,中国社会的复杂处在于人不单单是一个个体,而是与他人形成了各种关系,与其他人尤其是家庭成员有一定的牵连性。对于劳动的态度是因人而异的,高龄者就业的问题,很可能牵涉到家庭成员的支持和理解的问题。社会和家庭成员需要知道高龄劳动者不是社会的负担、家庭的无偿保姆,而是在长期的工作中积累了大量工作经验、知识能力、技术能力和人脉能力的个体。从高龄者自身的角度,在经济快速增长和科技手段日新月异的社会背景下,高龄者要有终身学习的准备和积极的态度。政府也需要对终身教育进行倡导和提供帮助与支持。

三、日本政府鼓励高龄者以各种方式积极进入劳动力市场

日本政府考虑到经过多年职场经历的高龄者,积累了丰富的职场经验和技术经验。有些高龄者想继续工作,并有意愿继续发挥这些经验而进行创业活动,因此要对可以使其发挥知识和经验的创业项目进行一定的支援。针对高龄者的创业,日本政府提供有关创业的各种手续的咨询业务,尤其是与金融有关的融资借贷等与创业资金相关联的各种咨询业务。

除对高龄者创业的支援外,日本积极推广高龄劳动者再就业的自主性组织"银色人才中心",努力保障和提供给高龄者临时的、短期的、简单的工作机会,并创造高龄者与所在区域的社会紧密相连的就业机会,使其造福所在地域,帮助高龄者继续寻找人生意义。中国可以借鉴"银色人才中心"的模式,利用自主性组织和地域性组织来探索适合本地域的高龄者的就业职种和模式,也可以由政府参与并针对老年人就业职种进行倾向性引导,在再就业培训等方面进行帮助。

四、日本政府积极对企业等各种用人单位进行政策性引导和支援

日本政府在《日本再兴战略》中明确指出:"有工作意愿的高龄者,不论年龄,尽力创造他们可以在职场活跃、一生继续工作的社会环境。"政府会议上进

一步提出,针对65岁以上高龄者的继续雇用和雇用的企业进行各种支援,尤其是在企业的人事管理和雇用管理方面进行进一步改善和研讨的帮助。日本的政府和企业,在日本的经济发展过程中,以"官产学"等手段和方法积累了一定的经验并形成了比较良好的互动和支援体系。日本政府通过了解企业的处境,共同探讨并努力找出达到目的的路径。在高龄者就业和再就业的过程中,中国政府在与企业等用人单位的沟通中,也可借鉴日本的一些经验,以最优的方法来争取高龄劳动者和企业等用人单位多方受益。

图书在版编目(CIP)数据

日本经济研究.第二辑 / 陈子雷主编 .— 上海：上海社会科学院出版社，2020
ISBN 978-7-5520-3416-5

Ⅰ.①日… Ⅱ.①陈… Ⅲ.①经济—研究—日本 Ⅳ.①F131.3

中国版本图书馆CIP数据核字(2020)第268105号

日本经济研究(第二辑)

主　　编：陈子雷
责任编辑：应韶荃　赵秋蕙
封面设计：右序设计
出版发行：上海社会科学院出版社
　　　　　上海顺昌路622号　邮编200025
　　　　　电话总机021-63315947　销售热线021-53063735
　　　　　http://www.sassp.cn　E-mail：sassp@sassp.cn
照　　排：南京前锦排版服务有限公司
印　　刷：上海龙腾印务有限公司
开　　本：710毫米×1010毫米　1/16
印　　张：18.75
字　　数：293千字
版　　次：2020年12月第1版　2020年12月第1次印刷

ISBN 978-7-5520-3416-5/F·647　　定价：95.00元

版权所有　翻印必究